과학적 의사결정과 선진사회

탁월한 선택, 훌륭한 결정! 선진사회의 바로 미터. 그 해결의 실타래를 풀어 갑니다.

역사적으로 탁월한 선택은 부강한 나라, 선진국으로 가는 조건이었다. 100년전 우리는 왜 망하였으며 대한민국을 선진사회로 만들어가는 조건은 무엇일까? 과학적 의사결정에서 그 해답을 찾는다 –

한울출판사

머리말

이 책을 쓰게 된 동기는 '왜 우리나라는 19세기 말엽에 국력이 점차 위축되어 일본에 의해 패망하였으며, 20세기 초반을 3류 국가로 살 수밖에 없었는가'라는 물음이었다. 대학에서 의사결정학과 의사결정지원시스템(DSS) 분야를 연구하고 가르치다 보니 이 질문에 대해 '의사결정'의 관점에서 한번 접근해 보자는 욕심이 일었고 그래서 집필을 시작하게 되었다.

이 책의 주요 결론은 국가든 조직이든 개인이든 잘못된 정보를 가지고 잘못된 판단과 결정을 지속적으로 내리다 보면 좋지 않은 결과가 누적되면서 경쟁력을 잃게 되고 결국에는 스스로를 지탱할 수 없는 지경에 이른다는 점이다. 우리나라가 한 때 독립을 상실하여 일본의 식민지로 전락하였던 것은 당시 창궐했던 제국적 식민주의를 표방했던 강대국에 의해 희생되었기 때문이었다. 이렇게 외세의 침탈을 멸망의 주요 원인으로 설정하는 것은 피해자의 입장에서는 지극히 당연한 시각이지만, 피해자가 스스로 잉태했던 원인들을 도외시 하는 핑계거리가 되기도 한다. 모름지기 개인이나 조직은 잘못된 과정과 판단의 결과를 가져온 원인을 자신에게서 찾고 그 잘못된 점을 시정하는 것이 조직과 개인의 미래에 도움이 될 것이다. 따라서 저자는 우리나라의 쇠락의 원인을 찾기 위해 우리 민족이 상당히 오랜 기간동안 내렸던 결정과 판단 그리고 그것에 의해서 가닥이 잡혀진 국가의 진로에 영향을 미친 것으로 추정되는 우리의 정신, 가치관, 의사결정 환경과 문화를 분석하였으며, 의사결정에 관한 다양한 이론과 합리적 판단과 결정을 돕는 이론적 도구들을 정리하여 제시하였다.

본서 「1장 불확실성의 덫」에서는 현대 사회의 기본 속성인 불확실성 문제를 거론하면서 정확하고 합리적인 판단과 결정의 중요성을 제기하였다. 개인과 조직은 이 불확실성을 낮추기 위하여 시간과 돈을 들이지만 결국 하나를 선택하는 데는 항상 불안할 수밖에 없다. 그래서 선진 사회란 이런 불확실성을 최소화하고 합리적인 결정을 내리기 위해 구성원과 조직이 협력과 조율을 효율적으로 하여 최적의 결정을 만들어가는 공동체로 정의하였다. 한편 우리나라는 최근 수세기 동안 중요한 결정들을 합리적이며 과학적으로 내리지 못하여 궁극에는 쇠락하였던 것이다.

「2장 선진사회에 관한 담론」에서는 선진사회의 정의를 나름대로 다양한 관점에서 규명하였다. 일반적으로 선진사회는 행복한 사회일 것이다. 그러나 세계의 국가들을 대상으로 조사한 객관적인 평가지표를 통해 볼 때 행복이 소득수준과 반드시 연관이 있는 것은 아니었다. 그렇지만 이 책은 선진사회의 측도를 효율성과 생산성의 측면에서 보았으며 더 많은 재화를 창출하고 그 대가로 더 많은 소득을 올리는 사회를 선진사회로 규정하였다. 개인과 조직의 생산성을 높이기 위해서는 합리적 이론을 근거로 한 과학과 기술이 뒷받침되어야 하며, 그로 말미암아 생산성이 향상될 때 그 조직과 국가는 더 효율적이며 경쟁력이 높아지는 것이다. 따라서 이 장에서는 물질적 부와 경쟁력이 사회와 국가의 선진성의 측도임을 전제하였다.

「3장 의사결정과학」에서는 합리적 결정을 위해 이용될 수 있는 과학적 도구들이 발전되어온 과정과 과학적 의사결정 방법의 한계를 설명하였다. 인간의 인지구조와 판단·결정과정 및 방식을 과학적으로 연구한 근세의 노력들은 대부분 서양에서 출발하여 동양의 여러 나라에 전파되었다. 중국의 송·당 시대에 발전된 과학과 기술문명이 거꾸로 유럽의 여러 나라에 전파되어 꽃 피웠던 6~9세기 때와 비교해 볼 때 역사는 돌고 돈다는 말이 맞는 것 같다.

「4장 과학과 기술 그리고 선진화」에서는 과학과 기술의 발전 그리고 국가의 발전(선진화)과의 관계를 설명하려 하였다. 15~18세기에 유럽 국가들 간에 고급 인력의 이동과 과학기술의 이전에 따라 그 나라의 산업의 경쟁력이 영향을 받았던 역사적 과정을 시대별로 설명하였다. 과학기술의 발전으로 가능하게 된 강한 군사력을 바탕으로 바닷길을 독점하며 무역을 통해 부를 축적한 영국, 프랑스, 독일, 네덜란드, 일본이 제국적 식민주의를 통한 국력의 확장으로 치닫는 동안에 우리나라는 그 조류에서 소외되었던 과정과 이유를 서술하였다.

「5장 동양의 정신세계」에서는 근대에 이르러 동양의 나라들, 특히 중국과 조선이 서구의 제국들에 비해 뒤쳐진 원인을 수세기에 걸쳐 당시 사람들의 판단과 결정에 영향을 미쳤던 정신세계와 가치관에서 찾으려고 시도하였으며, 「6장 조선의 근대화 실패와 원인」에서는 조선이 근대화에 뒤처져 국가의 독립성을 지탱할 수 없을 정도로 약화된 과정을 역사적 사건을 중심으로 서술하였다. 특히 조선말의 사회적, 경제적 상황은 회복할 수 없을 정도로 피폐된 국가 경쟁력의 단면을 보여준다. 이어 「7장 조선의 의사결정문화」에서는 조선시대의 조정과 민간조직들이 합의를 도출하고 결정하는 과정을 전통적 사학자들의 연구들에 근거하여 정리하였다. 사학자들은 조선시대의 의사결정체계와 결정과정에 상호견제를 보장하고 합의 도출을 소중히 여기는 민주적인 요소가 많다고 결론을 내리고 있지만, 결과만을 놓고 볼 때 그러한 의사결정문화에는 합리성과 과학성은 결여되었다고 볼 수밖에 없었다. 「8장 일본의 근대화가 주는 교훈」은 우리나라와 비슷한 시기에 유사한 자극과 기회를 제공받았던 일본이 개방과 개혁에 성공하여 강성한 제국으로 발전해 가는 모습을 통해 상대적으로 그 기회를 활용하지 못한 우리나라의 현실을 대비하기 위해 서술하였다.

9장부터는 선진사회에 이르는데 요구되는 과학적 의사결정에 관한 이론과 방법들이 역사적으로 발전되어온 과정을 설명하였다. 「9장 의사결정의 이해」에서는 의사결정의 본질과 개념, 인지과정에서 발생하는 여러 현상들을 알아보았다. 「10장 선택의 바다와 인간의 한계」에서는 더 넓은 선택의 바다에 던져진 개인들이 판단과 결정하는데 부딪치는 생리적, 심리적 한계들을 설명하였으며, 「11장 과학적 의사결정」에서는 이런 한계를 인간이 극복할 수 있도록 도울 수 있는 이론과 방법들을 소개하였다.

12장부터는 그룹의 의사결정을 다루었다. 「12장 그룹의 의사결정」에서는 그룹의 속성과 특성, 그룹이 토론을 하고 결정을 내리는 과정에서 발생하는 각종 긍정적, 부정적 현상들, 그룹의 판단과 결정에 영향을 미치는 각종 요인들을 광범위하게 다루었다. 「13장 탐색적 프로세스의 마술」과 「14장 공정한 과정의 힘」은 그룹이 결정을 내릴 때 구성원의 공정한 참여의 중요성과 구성원들이 과정에 적극 참여할 수 있도록 하는데 필요한 리더의 역할들을 주로 다루었다.

이 책을 막상 마무리를 하려하니 부족한 부분이 많다는 것을 인정하지 않을 수 없다. 당초 저자는 과학적 방법을 근거로 합리적인 판단과 결정을 내렸던 국가들은 선진국이 될 가능성이 높을 것이라는 가정을 검증하는데 필요한 이론을 논리적이며 체계적으로 전개할 계획을 세웠다. 그러나 저자의 일천한 학문적 역량과 안목의 부족, 문헌의 한계로 인해 당초 세웠던 목적을 100% 달성할 수는 없었다. 특히 수세기에 걸쳐 우리 민족, 특히 당시 지배계급의 관료들과 지식인들의 의사결정문화 그리고 그들의 판단과 결정에 영향을 미쳤던 요인에 대한 탐색은 문헌의 한계 때문에 제한적일 수밖에 없었다.

이 책은 의사결정학(decision making theory)과 관련된 학부 및 대학원 과목에서 활용될 수 있다. 특히 「3장 의사결정과학」, 「9장 의사결정의 이해」, 「10장 선택의 바다와 인간의 한계」, 「11장 과학적 의사결정」, 「12장 그룹의 의사결정」은 의사결정의 다양한 이론을 이해하는데 도움을 줄 수 있는 장들이다. 이 책의 목적이라 할 수 있는 과학적 의사결정과 사회 및 국가의 선진화와의 관계에 대한 담론을 목적으로 할 경우 「1장 불확실성의 덫」, 「2장 선진사회에 관한 담론」을 읽을 것을 권하며, 구한말 우리나라가 쇠락하여 멸망할 수밖에 없었던 원인을 비교·탐구하고 싶은 분은 「5장 동양의 정신세계」, 「6장 조선의 근대화 실패와 원인」, 「7장 조선의 의사결정문화」, 「8장 일본의 근대화가 주는 교훈」을 읽도록 권유하고 싶다. 다소 이론적으로 어렵고 딱딱한 내용들이 없지 않아 있지만 보다 합리적이고 과학적인 의사결정을 통해 개인과 조직의 성과를 높이고 싶은 분들에게도 인내심을 갖고 일독하실 것을 권하고 싶다. 특히 많은 회의를 주재해야 하고 다양한 의견들을 조율해야 하는 조직의 리더 되시는 분에게는 「13장 탐색적 프로세스의 마술」과 「14장 공정한 과정의 힘」이 많은 도움이 될 것이다.

끝으로 이 졸저를 집필하는 동안 묵묵히 참고 기다려준 나의 가족들에게 감사의 말을 꼭 전하고 싶다. 아내 성희, 딸 유정, 아들 승재. 이들의 기도와 사랑 그리고 박수 덕에 그나마 작은 작업 하나를 마무리할 수 있었다고 생각한다.

2008년 1월 벽두

계명대 성서캠퍼스에서 저자

차례

CONTENTS

Chapter 01

불확실성의 덫

현대인은 정보화와 인터넷을 통한 네트워크화로 인해 초스피드로 변하는 시대에 살고 있다. 정보화와 정보기술과 관련된 전문용어는 1-2년만 지나도 진부해지고, 개인이 일상적으로 접하는 정보와 머릿속에 기억되어 있는 지식의 수명이란 너무나 짧아 지속적인 업데이트가 없이는 그 가치란 제로에 가깝다. '유비쿼터스(ubiquitous)'라는 용어가 출현한지는 채 5년도 되지 않았지만 이제 이 용어는 'any time any place' 컴퓨팅과 네트워킹으로 보통의 상식을 가진 사람들에게는 보편적인 용어가 된지 오래다.

최근 정보화와 인터넷의 확산으로 사람들은 전례 없이 정보를 얻는 일과 네트워크에 로그 온 되어 있기를 목말라 하고 있는데, 그 이유는 어디엔가 연결되어 있으면 불안감이 줄어들기 때문이다. 요즘 사람들의 호주머니에 필수적으로 꽂혀 있는 휴대폰은 타인들과 24시간 지속적으로 네트워킹 되어 있기를 소망하는 휴대용 디지털기기의 대표주자이다. 일부 젊은이는 자신의 휴대폰으로 전화나 문자가 오지 않거나 자신의 홈페이지에 방문자가 없으면 불안을 느낄 정도가 되어버렸다. '유비쿼터스'의 매력에 흠뻑 빠져있는 사람들은 늘 자신을 세상과 연결되어 있기를 바란다. 휴대폰을 24시간 로그 온 시켜두고 잘 때조차도 침대 언저리에 두고 잔다. 개인 홈페이지, 블로그, 카페를 개설한 후 누군가가 자신의 사이버 홈을 방문해 주기를 희망하며 자신도 수시로 확인하기도 한다. 기업들은 항시 로그 온 되어 있는 고객들을 대상으로 광고용 문자를 날리고 고객에게 도움이 될 수 있는 각종 혜택(할인 구매 기회, 쿠폰 등)들을 수시로 알려주고 있다. 요즘 햄버거 체인점, 레스토랑, 베이커리에서 제 돈 다 주고 사 먹는 사람이 몇 명이나 될지 모르겠다. 구매를 할 때마다 나중에 적립하여 현금처럼 써 먹을 수 있는 포인터(보너스)를 챙겨주지 않는 거래가 얼마나 있는지 알 수 없을 정도이다. 인터넷을 통한 기업과 기업, 기업과 소비자, 개인과 개인의 24시간 양방향 정보교환과 의사소통은 이렇듯 끝이 없이 일상 생활속에서 상업적으로 진화하고 있다.

현대인들은 이러한 유비쿼터스 환경을 최대한 만끽하며 살아가고 있다. 오늘날 필요한 정보는 바로 우리 손끝에 지천으로 늘려있다고 해도 지나친 말은 아니다. 휴대전화를 이용하여 주식정보를 얻고 실시간으로 주식 거래를 할 수 있으며, 회의를 하다 막간을 이용하여 은행을 찾지 않고도 돈을 송금할 수 있으며, 방송시간을 굳이 기다릴 필요도 없이 자신이 원하는 드라마나 영화를 어느 곳에서나 감상할 수 있다. 더 많은 정보와 더 편리한 서비스를 어느 곳에서나 얻고자 하는 현대인의 끊임없는 욕구는 오늘날 최첨단 기술을 사는데 요구되는 높은 비용을 기꺼이 지불하려하고 있다. 재미와 편리성을 추구하며, 불확실성을 줄이기 위한 노력은 현대인들에게 필수적인 투자가 되었다.

정보와 지식에 대한 인간의 집착은 자신의 미래를 흐리는 짙은 안개와 같은 불확실성(uncertainty)을 제거하여 자신과 가족, 그룹 그리고 조직에 가장 좋은 선택을 하도록 하고 그래서 더 높은 효용과 행복을 추구하려는 인간의 본능과 직결된다. 사람들이 견디기 힘들어하는 불확실성은 모든 사람과 조직에게 불안감과 낭비를 안겨다 준다. 여름휴가 날짜를 잡았다면 그날 일기에 대해 불안해하기 시작하고, 입시제도가 자주 바뀌다 보니 자녀가 대학을 지원할 때 입시제도가 어떻게 바뀔지 불안해한다. 기업은 제품에 대한 미래의 수요를 정확하게 예측하기 힘들기 때문에 일정량의 재고량을 비축해 두어 품절의 위험에 대비하여야 하고, 중동지역의 정치적 불안 때문에 모든 국가는 일정량의 원유를 유사시를 위해 늘 비축해 둔다.

개인과 조직은 이러한 불확실성을 줄이기 위해 많은 노력을 기울이는데 이는 가급적이면 많은 정보를 구하는 일로 해결하고자 한다. 제품에 대한 향후 계절적 수요를 정확하게 예측할 수만 있다면 쌓아두어야 할 재고를 줄일 수 있고, 여분으로 가져야 할 생산시설에 드는 투자비용을 절감할 수 있다. 일기를 사전에 예측할 수 있다면 가장 좋은 날짜에 휴가를 잡을 수도 있고, 야외 행사의 날짜를 잡을 수 있을 것이다. 날씨가 판매에 엄청난 영향을 미치는 대형 이벤트를 기획한다면 1개월 뒤를 예측하는 고급 일기 정보를 얻기 위해 수십만 원을 기꺼이 지불하려 할지도 모르겠다. 여름 특수를 누리는 빙과 회사나 에어컨 제조사들은 성수기인 여름이 다 가오기 전부터 다가올 여름철 수요를 예측하기 위해 온갖 데이터를 모으고 이 데이터를 분석할 예측모델을 개발한다. 온도, 강우량, 장마 기간, 소비자들의 체감 경기 등을 고려하여 다가 올 여름의 수요를 나름대로 정확하게 예측하려 한다. 그리도 번번이 예측은 빗나가 더운 날이 많아지면 에어컨 생산을 급하게 늘리고 더운 날이 적으면 재고를 없애기 위해 할인판매하는 악순환을 겪는다. 미국의 우주항공국(NASA)이 발사하는 디스커버리호는 첨단과학기술이 모두 집적되어 있는 우주선이다. 지구의 자전속도와 중력, 우주선의 속도, 우주정거장의 위치 등의 데이터를 분석하여 출발시점, 로켓추진 속도, 우주에서의 작업시간, 지구로 귀환할 시간 등을 정확하게 계산한 후 이를 프로그래밍을 하여 디스커버리호 컴퓨터에 탑재한다. 불확실성으로 온통 가득 찬 미지의 우주는 슈퍼컴퓨터를 기반으로 확실성에 기초하여 운영되는 디스커버리호에 의해 하나씩 정복되어지고 있다. 그럼에도 불구하고 수십 개의 부품 중에 한두 개가 잘못되어 대형사고를 겪는 것이 우리 인간의 한계이다.

첨단 정보화 시대를 사는 우리, IT강국 대한민국에서 사는 우리는 어쩌면 과학적 의사결정을 통한 선진 한국으로 도약하는데 유리한 고지에 서 있는지 모른다. 그런데 기하급수적으로 늘어만 가는 정보와 지식으로 인해 개인과 조직이 느끼는 불확실성은 줄어들고 있는 것일까? 10년 뒤 20년 뒤에 큰 암 덩어리가 될 문제를 지금 해결하지 않고 키우고 있지는 않을까? 50년 뒤 100년 뒤에도 번영을 구가하는데 필요한 핵심적인 결정을 우리는 지금 내리고 있는가? 이 모든 질문에 선뜻 'yes'라고 대답하기는 쉽지 않을 것이다. 19세기말 흥선 대원군, 고종 황제, 명성황후 그리고 그들을 둘러싸고 있었던 대신들과 책사들은 자신들의 판단과 결정들이 500년 사직의 문을 닫게 되리라는 생각이나 하였겠는가? 결국 당대에 내려졌던 크고 작은 결정과 집행을 결집해 보면 한 국가의 생존과 번영을 도모하는데 필요한 합리적인 판단을 내리지는 못하였던 것이다. 불확실한 그 시대의 상황에서 최선의 결정을 하지 못한 것은 안개가 걷힐 때 까지 기다렸을 뿐, 안개 속에서 문제해결 방안을 찾기 위한 체계적이고 과학적인 노력을 하지 않았던 것이다. 안개가 걷히고 나니 아무도 모르는 사이에 우리나라는 식민지라는 나락에 떨어져 있었다.

정보가 넘쳐나도 불안하다

우리는 지나치다 싶을 정도로 많은 정보를 손에 쥐고 있음에도 정작 자신의 판단과 결정을 100% 확신하는 사람은 별로 없다. 그 이유는 우리가 내린 선택과 결정이 최선이라는 확신을 줄 수 있는 정보나 지식을 얻기 어렵기 때문이다. 따라서 결정과 선택에 대한 객관적인 피드백이나 결과보고서를 받기 전까지 그냥 불안해하며 기다릴 수밖에 없다.

우리는 정확하게 판단하고 올바른 결정을 내리기 위해 많은 데이터와 정보를 구한다. 바른 결정을 하였다면 좋은 결과를 기대할 수 있기 때문이다. 우리는 인터넷이라는 개방형 네트워크를 통해 수많은 정보 소스에 무료로 접근할 수 있으며, 비용이 들더라도 유료 사이트에서 고급정보를 구매할 수도 있다. 때문에 대량의 데이터들 솎아내어 엑기스 정보를 추출하고, 요인(변수)과 요인(변수) 사이의 관계를 예측할 수 있는 고급 자료 분석 소프트웨어를 이용하기도 있다. 고객관리를 위해 고객 정보를 실시간으로 다차원적(multi-dimensional) 분석을 할 수 Data Mining(데이터 마이닝), OLAP(온라인 자료 분석 처리시스템)라는 첨단도구들도 값비싼 돈을 주고 구매한다. 이런 분석 소프트웨어를 잘만 활용하면 고객들이 아침 7시에서 9시 사이에 어떤 종류의 김밥과 어떤 종류의 인스턴트 음식을 가장 많이 구매하는 지, 맥주를 구매한 고객이 땅콩을 같이 구매할 확률은 어느 정도인지를 정확하게 파악하여 그 시간대에 재고가 부족하지 않도록 준비할 수 있다. 정보의 정밀분석을 통하여 소비자들의 행동을 예측하고 사전에 준비할 수 있는 것이다.

오늘날 포탈사이트에서 검색서비스를 이용하면 얻지 못할 정보는 거의 없다. 인터넷 포탈의 검색창에 '선진사회'라는 검색어를 입력하면 사설 게시판의 글, 블로그 글, 뉴스, 칼럼, 논문 등, 링크(hyperlink)된 모든 전자문서들의 인터넷주소를 리스트로 한아름 받을 수 있다. 여름휴가지 정보를 얻고자하여 검색을 하면 포탈 사이트들은 지역별로 꽤나 긴 정보리스트를 제공해 준다. 관광 회사가 운영하는 홈페이지가 정보를 줄 수도 있고 낯선 사람의 블로그에서 여행 경험담에 접근할 수도 있다. 자동차를 구매하려 한다면 자동차회사의 웹 사이트를 방문할 것이다. 웹 사이트는 화려하고 세련된 방식으로 수많은 모델에 대한 정보를 문자, 이미지, 동영상으로 다양하게 제공해 준다.

유무선 인터넷과 모바일 통신의 보급률과 이용률이 세계 최고를 기록하고 있는 우리나라에서는 정보가 모자라서 라기 보다 오히려 너무 넘쳐나서 어려움을 겪는 경우도 있다. 정보의 홍수 속에서 합리적 의사결정을 내린다는 것은 모든 의사결정자들이 추구하는 중요한 가치(value)이자 목적(objective)이다. 그 이유는 판단과 결정이 과학적이고 합리적으로 내려졌다면 당초 기대했던 결과를 얻을 가능성이 높아질 뿐만 아니라 그 결정의 정당성도 높여주기 때문이다. 그러나 결정과 선택을 과학적으로 접근한다는 것은 그 선택을 신뢰하고 그 선택이 가장 최선이라는 확신을 주는데 도움을 줄 뿐, 실제 최선의 선택을 보증하는 인증서가 될 수는 없다. 정말 잘 내린 결정이거나 판단임을 100% 확실하게 확인하는 방법은 그 선택이 가져다 준 결과와 효과를 계량화해서 알아보는 방법이 있지만 그것이 늘 현실적으로 가능하지 않다는데 우리의 고민이 있다. 전능자가 우리가 내린 선택에 대한 절대적인 점수를 매겨주거나 궁수들이 쏜 화살을 보고 판정관이 그 자리에서 바로 들어주는 파란 깃발 또는 빨간 깃발이 없는 이상 우리는 우리가 내린 선택이 최선이었는지 차선이었는지 판단할 길이 없는 경우가 너무나 많다.

때로 선택의 결과를 분명히 알게 되기까지는 상당한 시간을 필요로 한다. 우리는 '역사의 심판'이라는 용어를 자주 쓴다. 일정 시간이 지난 후에야 우리가 내린 결정과 행동이 바른 선택이었는지 아닌지를 알게 되는 경우가 많기 때문이다. 1961년 쿠데타로 정권을 잡은 박정희 장군은 잿더미가 되어 있던 국내 경제를 일으키는데 필요한 재원을 조달하기 위해 서둘러 한일국교를 정상화 하였고, 일제의 강제점령으로 인한 피해보상을 받아낸 바 있다. 당시 정부가 내린 정책적 결정이 잘한 것인지 아닌 것인지는 훗날 두고두고 논쟁거리가 되었지만 시간이 지나면서 당시 어렵게 조달된 재원이 향후 경제발전의 밑거름이 되었다는 평가가 나오는 것을 볼 때 시간이 어떤 결정의 결과를 말해주기도 한다. 혹자는 그 결정이 잘 된 것이라기보다 그렇게 얻어낸 재원을 적절하게 투자한 경제정책에 대한 결정이 잘 되었기 때문이라는 주장도 할 수 있다.

그러나 선택의 결과를 기다릴 시간이 없는 상황에서 어떤 결정이 최선의 선택이었다는 확신을 얻기 위해서는 선택의 방법이 과학적이며 선택의 과정이 합리적이라는데 의존할 수밖에 없다. 과학적 방법은 원인과 결과에 대한 객관적이며 논리적인 설명(accountability)을 제공할 수 있어 강한 예측력과 설득력을 제공한다. 초코파이를 중국에 수출하겠다는 한 기업의 결정이 올바른 것인지 아닌지는 그 결정이 내려진 시점에서는 알 수 없다. 그러나 그러한 결정을 내리는데 근거가 된 정보와 지식의 생성과정과 분석된 정보의 해석이 객관적이었고 과학적이었다면 특별한 불운이 개입되지 않는 이상 그 결정은 실행되기도 전에 이미 성공을 예견하고 있다고 볼 수 있다.

경험은 재활용될 때 무한한 가치를 지닌다. 성공에 이르게 했던 수많은 크고 작은 결정의 순간들을 어떤 방식으로든 모두 기억해 두었다가 훗날 유사한 결정에 활용해야 의사결정의 선진화가 이루어질 것이며, 그로 인해 선진사회가 앞당겨 질 것은 자명한 이치이다. **선진사회는 합리적인 의사결정과정이 사회의 주류를 형성하고 과학적인 방법론을 신봉하는 결정자들이 많은 사회라 할 수 있다.**

그런 사회는 예측가능성이 높고 의사결정과정이 투명하여 구성원들에게 주는 스트레스가 적으며, 승리하는 방향으로 꾸준히 발전할 수 있는 사회이다.

문제의 제기

과학적 의사결정을 위해 정확한 정보를 확보하는 일은 매우 중요하다. 정확한 정보와 그 자료를 분석한 결과에 근거해서 내린 결정은 '합리적이다' 라는 말을 들으며 결정의 정당성을 확보하기도 쉽다. 그래서 우리는 문제가 있다고 생각하면 문제해결에 필요한 정보 찾기와 그것을 분석하는 일에 전력투구한다.

오늘날 개인과 조직의 문제해결 IQ는 얼마나 많은 정보를 보유하고 있느냐가 아니라, 어디에 정보가 있는지를 알고, 그것을 가공할 줄 알며 그 가공된 정보를 해석하는 능력에 있다 해도 과언이 아니다. 어떤 정보가 필요한지를 알기 위해서는 자기에게 닥친 문제의 배경지식이 있어야 하며, 정보를 찾은 후에는 문제해결에 도움을 줄 수 있는 양식으로 데이터를 가공할 수 있는 안목과 기술이 있어야 한다. 이는 그룹과 조직이 문제에 직면할 때도 마찬가지이다. 수 없이 산재해 있는 데이터에서 기업이 직면하고 있는 문제를 진단하는 일에 도움을 줄 수 있는 것을 골라 그것을 가공하여 의미 있는 정보를 창출해 내는 능력이야말로 조직과 기업의 문제해결능력, 즉 기업지능(corporate intelligence)을 결정짓는다. 이는 데이터의 양적 문제가 아니라 데이터를 조합하고 해석하는데 필요한 메타 지식(meta knowledge)이 더욱 중요해 짐을 말한다.

문제해결 지능이 개인과 기업에게만 해당되지 않는다. 한 민족과 국가도 다가오는 도전과 문제의 내용을 진단하고 이를 해결하거나 대응하는 능력 즉 총체적인 지능(intelligence)과 역량 그리고 대응 시스템이 분명히 있다. 한 민족과 국가의 문제해결능력을 정의하는 일은 매우 복잡하며 다차원적인 성격을 지닌다. 단순히 많은 정보를 확보하여 가공하고 이를 활용하는 차원에서만 바라보기에는 수많은 복잡한 정치적 구조와 절차, 리더십 문제 그리고 대외적인 요인들이 뒤섞여 있다. 정부의 행정 부처들은 당면한 문제를 해결하기 위한 각종 장단기 정책을 쏟아 내고 있다. 보건복지부는 국민연금을 현 상태로 운영할 경우, 20년도 되지 않아 파산할 수밖에 없다며 연금제도의 대폭적인 수술을 진행 중이다. 성능 좋은 컴퓨터가 있기에 현재 국민연금제도하에 들어오는 수입과 나가는 지출을 시뮬레이션해 보면 연금제도의 파산은 불을 보듯 명료해졌다. 진단은 되었지만 이제 문제해결방안을 찾는 문제가 남았다. 연금수령액을 줄인다면 가입한 국민들이 좋아할 리 없다. 공무원연금의 연금수령액을 조정하는 것 역시 해당 공무원들이 반길 리가 없다. 아무도 좋아하지 않는 이런 정책을 현재 정부가 추진해서 다음 선거에서 표를 깎아 먹힐 이유가 있겠는가? 그래서 결정을 다음 정권으로 자꾸 미뤄지고 그래서 국민연금제도에 기생하고 있는 암 덩어리는 점점 커갈 뿐이다. 현재 대학을 입학 할 고등학생 수가 절대적으로 줄어들어 많은 대학들이 겪고 있는 신입생 미충원 사태도 훨씬 전에 예견된 것이었지만 교육부가 해결방안의 실천을 미루어왔기 때문에 결국 곪아 터진 것이 아닌가?

문제를 확인하고도 이를 방관할 경우에 어떤 일이 예견되는지를 아는 지식은 오늘날 구하기가 그리 어렵지 않다. 요즘 연일 저 출산 문제와 사회의 고령화문제가 제기되고 있다. 거론되는 통계수치를 보면 명백하게 우리나라가 초고령화 시대에 접어들고 있음을 알 수 있다. 그러나 우리가 문제해결에 필요한 구체적인 행동을 실천하고 있는지는 알 수 없다. 문제를 해결하는데 필요한 적절한 솔루션을 갖는 일, 그리고 그것을 실천으로 옮기는 일, 각계각층의 사회적 합의를 이루어내고, 다수의 국민이 만족하는 해답을 도출하는 시스템을 지닌 국가가 선진국일 것이다. 때로 해결해야 하는 문제가 무엇인지 정확하게 파악하는 일, 정말 문제가 있는지 없는지를 진단하는 일도 어렵고 힘든 경우가 많다. 기업이 작년과 같은 분기의 매출과 비교해서 올해 매출이 떨어졌다면 금방 그 기업이 문제가 있다고 진단할 수 있다. 그러나 국가경제 차원에서 '현 정부가 들어선 후 국민이 더 살기 좋아졌는가?'라는 질문에 답하기란 결코 쉽지 않다. 실업률, 경제성장률, 물가상승률, 소득상승률과 같은 거시적 경제지표만을 보면 정부가 경제를 잘 운영하고 있는 것 같지만 서민들이 느끼는 체감경기란 이러한 경제지표와 무관한 경우가 많기 때문이다. 언론, 기업인, 일반 국민들은 노무현 정부 내내 경제가 엉망이어서 살기가 힘들다고 아우성을 쳤지만, 정작 정책을 집행하는 정부는 이에 동의한다며 경기부양에 필요한 적극적인 조치를 취한 적은 없었다.

과학적으로 볼 때 현재 상황을 분석하여 문제가 있는지 없는지를 알기 위해서는 기대치(expectation)의 설정과 이 기대치의 높낮이에 의해 좌우된다. 즉 우리가 기대치를 어떻게 설정하는가에 따라

현 수준과의 차이를 가늠할 수 있고 이 차이가 바로 문제상황인식의 잣대가 되는 것이다. 우리는 빈부차이를 객관적으로 가늠하기 위한 여러 가지 방법을 활용할 수 있을 것이다. 예를 들면, 삼성경제연구소가 2003년 4월에 성인 남녀 1천200명을 대상으로 사회가치관을 조사하였으며 그 결과 응답자의 58.8%가 '한국사회의 빈부갈등이 매우 심하다'고 응답한 내용을 빈부차이를 가늠하는 자료가 될 수 있다. 다른 방법으로는 최근 통계청이 도시근로자 상위 10%의 소득과 하위 10%의 소득간 격차를 계산하기도 하였다. 올해는 9.12배여서 작년의 8.47배에 비해 소득격차가 더 커졌다고 결론을 내릴 수도 있다. 소득격차 지표는 그 나라의 경제사정과 계층간 갈등의 소지를 알리는 지표라 할 수 있다. 삼성경제연구소가 설문을 통해 얻은 자료는 상당히 객관적인 과학적 자료를 제시한 것이다. 그러나 '한국사회의 빈부갈등이 매우 심하다고'고 58.8%가 동의했다는 사실만을 가지고 빈부갈등의 상대적 심각성을 짐작하기는 힘들다. 좀더 객관적인 자료를 얻기 위해서는 최근 3-4년 동안 동일한 질문을 물었을 때 얻은 결과가 있다면 달라질 것이다. 두 번째 방법(통계청 자료)을 통해 얻은 통계수치를 가지고도 빈부격차의 심각성을 정확하게 가늠하기는 힘들다. 주어진 정보를 가지고는 작년에 비해서 상위 10%의 소득이 하위 10%의 소득보다 0.65배 늘었다는 의미는 가진다. 그러나 8.47배는 적은 것이고 9.12배는 많은 것이라고 단정할 수는 또 없다. 문제의 심각성을 정확하게 가늠하기 위해서는 적어도 같은 시기에 같은 방법으로 다른 나라의 수치도 가졌을 때 문제의 심각성을 정확하게 알 수 있으며, 어느 정도의 수치라야 소득양극화 문제가 없다는 결정도 쉽게 할 수 있다.

이렇듯 문제를 진단해야 하는 대상의 범위가 크면 클수록, 현상을 이해하는 잣대가 다양해지고 개인과 조직의 주관이 개입되며, 원인을 설명하는 요인과 요인들 사이의 전후 상관관계를 이해하는 시각 차이가 커져버린다. 그래서 일부 사람들에 의해 제기된 문제에 대해 사회 구성원들이 모두 동의를 하지 않게 되고, 동조하지 않는 세력에 기반을 둔 권력주체는 그 문제를 외면하거나 미루게 된다. 이런 국가적 직무유기에 대한 결과의 잘잘못은 결국 시간이 지난 다음 회복할 수 없는 시점에 이르러 알게 되기도 한다.

민주주의의 비밀 투표제도는 과반수이상이 선택한 것을 전체가 선택한 것으로 간주하여 공동체가 쉽게 합의하도록 만드는 장점이 있다. 지금까지 인류가 발명한 가장 합리적인 제도의 하나로 받아드려지고 있는 이 제도는 선택하지 않는 자의 권리를 보장해 주지 않는다는 치명적인 약점이 있다. 특히 미국과 같이 양당제도하에서 특정 당이 약간의 표를 더 얻어 집권을 했을 경우, 상당수의 반대쪽 사람들은 내가 선택하지 않은 대통령의 통치를 받아야 하고, 내가 선택하지 않은 국회의원에게 나의 권리를 위임해야 하고, 내가 동의하지 않거나 원치 않는 제도와 프로그램이 내가 낸 세금으로 추진되어도 이를 감수할 수밖에 없다. 이 과반수 제도를 민주사회를 운영하는데 있어 대체할 수 없는 최선의 방법으로 삼는 중요한 전제는 다수는 항상 선하고 옳다는 것인데, 이는 항상 그렇지 않았다는 것이 역사가 증명해 준다. 결과적으로 공동체의 일부 구성원들은 늘 자신이 선택하였던 선택하지 않았던 다수가 내린 결정의 단 과실과 쓴 과실을 운명처럼 나누어야 하는 아이러니에 빠질 수밖에 없다.

최근 몇 년간 한국은 다수가 선택한 정부와 대통령 그리고 그들을 선택하지 않은 소수의 국민들과 끊임없이 대립해 온 불필요한 소모적 과정을 겪었다. 즉 집권을 한 다수가 생각하고 인지하는 문제의 종류와 심각성이 집권을 하지 못한 소수의 그것들과 현저한 차이를 보이면서 사사건건 충돌이 일어났던 것이다. 김대중 정부에 이어 노무현 정부는 과거에 민주화 운동을 하며 희생과 옥고를 치렀던 사람들을 복권시키고 보상금을 지급하였다. 위원회는 과거 민주화 운동을 평가하는 잣대를 만들었고, 그 잣대에 따라 각종 민주화 운동을 심의하는 과정에는 비주류가 된 반공 및 보수이념에 투철한 사람들이 보기에는 터무니없는 사람들도 민주화 운동가로 분류되는 일이 발생하면서 심한 갈등을 양산하였다. 민주화 운동인지 아닌지를 판단하기 위해 만든 위원회는 각종 정보를 수집하고 그 정보를 분류하고 가공하여 판단하는데 활용하여야 하는데 이 과정과 결정이 합리적일지는 의문의 여지가 많다. 왜냐하면 수집한 자료 자체가 이미 주관적 판단이 개입되어 내용이 부풀려져 있거나 조작되어 편향되어 있기 때문이다. 왜곡된 자료와 정보로 인해 민주화 운동을 정확하게 이해하지 못하고 결국 모두가 긍정할 수 있는 객관적인 판단을 내리는데 걸림돌이 될 여지가 얼마든지 있다. 그래서 시간이 더 필요한데 성급하게 추진한다는 비판을 면치 못하는 것이다.

정부에 비판적인 언론사와 우호적인 언론사가 각종 정책을 평가하기 위해 인용하는 통계와 정보를 제시하는 방법에서도 큰 차이를 보이는데 이는 결국 대중이 알아야 할 진실을 은폐하고 독자들의 눈을 속이고 국민 개개인의 객관적인 판단을 왜곡하는 걸림돌이 될 수 있다. 실업률, 청년 실업률, 빈부의 격차를 말해주는 소득격차 지표, 소비지수, 수출증가율, 경제성장률과 같은 통계를 제시할 때, 어떤 통계를 헤드라인에 올리고, 기초 자료들을 어떻게 조합하고, 어느 시기, 어느 나라의 자료와 비교해서 제시하는가에 따라 정부 정책의 옳고 그름이 부풀려지기도 하고 축소되기도 한다. 이렇게 사소하게 개입되는 모든 선의의 또는 의도적 조작들을 독자들이 다 헤아리며 정보(기사)를 읽는다는 것은 사실 불가능하다. 아울러 수많은 정보들의 질과 신뢰성을 객관적으로 측정하기 위한 기준이나 잣대를 선정하는 일 또한 쉽지 않다. 무엇보다도 주어진 정보를 해석하는 일은 결국 사람의 몫인데, 정보를 객관적이며 치밀한 눈으로 따져본 후, 새의 시각(bird's eye)으로 멀리 문제를 바라보는 능력을 가진 사람이 많지 않다. 선진사회는 이런 새의 시각을 가지고 다양한 정보를 냉철하게 분석하고 이를 타인에게 설득할 수 있는 시민이 많은 사회이다.

조직이나 사회 그리고 국가를 구성하고 운영하는 주체는 개인들이다. 우리는 개인을 위해, 그룹이나 사회 그리고 국가의 안녕과 발전을 위해 국민으로서, 조직의 구성원으로서, 때로 국민의 공복으로서 수없이 판단하고 결정을 내린다. 그렇다면 개인, 그룹, 사회, 국가의 미래는 결국 누구에 의해서 좌우되겠는가? 바로 조직 구성원과 국민 한 사람 한 사람이 내린 판단과 선택의 총합일 것이다. **개인, 조직, 사회의 현재의 역동성과 미래의 발전은 그 시대가 공유하는 가치관과 신념, 정책, 전략, 세부적 전술과 절차에 대한 합의와 선택의 조화(harmony)와 총합(aggregation) 그리고 이것들**

의 시너지로 형성된다. 크든 작든 우리는 이러한 합의와 선택의 과정에 일정 부분 관여하고 있고, 결정권을 가진 사람과 집단(정부와 정당)에게 직·간접적으로 영향력을 행사한다. 이를 위해 여론형성이 필요하며, 다수의 시민은 정당한 절차를 거쳐 비정부단체와 정당에게 영향력의 행사를 위임한다. 따라서 어떠한 결정의 결과에 대해서 모든 국민은 1/N의 책임이 있음을 부인할 수 없다.

민족과 국가의 문제해결능력은 단순히 정보처리능력을 통한 문제의 파악과 진단에만 있지 않고 이해를 달리하는 다양한 세력들을 설득하고 갈등을 통합하는 정부와 정치적 리더의 능력도 포함된다. 갈등을 최소화하고 이해관계를 조정하는데 필요한 객관적이고 과학적인 데이터가 공급되어야 하며, 이러한 정보를 수긍하고 자신의 이해관계를 조정하려는 성숙한 시민의식도 동반되어야 한다. 여러 대안들 중에 다수가 선택하였으면 받아들일 수 있어야 하며, 필요하다면 합리적인 평가표를 만들고, 객관적 평가 잣대를 이용하여 평가한 결과를 제시하여 모두가 승복하는 성숙된 시민의식이 동반되어야 한다. '목청이 큰 사람이 이긴다'로 표현되는 후진적 의사결정이 아닌 합리적이고 이성적인 판단과 결정이 국가와 민족의 문제해결능력에 기본이 되어야 한다. 이는 정보의 양의 문제가 아니라 의사결정의 질적 문제이다.

글의 방향

선진사회란 무엇일까? 정보가 막힘없이 흘러 누구든지 접근할 수 있으며, 정보를 과학적으로 가공하고 분석할 수 있으며, 합리적이며 객관적인 이해와 서로의 입장을 고려한 판단들이 사람들의 대화과정과 집단의 합의과정이 보편적으로 적용되는 사회를 말하며, 이것들을 가능하게 하는 분위기, 문화, 가치관 그리고 판단과 결정을 지원하는 법적, 기술적 인프라가 원활하게 작동되는 사회라고 할 수 있다. 개인과 공동체가 자신에게 가장 좋은 결과와 장기적인 관점에서 최대의 행복을 가져다줄 수 있는 대안들을 찾아내고 가장 좋은 방안에 의견을 모아 결정을 잘 해내는 사회야말로 '선진사회'이다. 국가적, 공동체적 목적(예: 남북통일, 선진국 진입)과 그 목적에 이르기 위해 대다수의 사람들이 동의할 수 있는 이데올로기, 가치관, 우선순위, 전략을 도출한 후 이를 추구하기 위해 구성원 모두가 일사불란하게 에너지를 모으는 국가와 공동체가 '선진사회'일 것이다.

우리나라의 의사결정문화를 보면 선진사회로 가기에는 한계가 될 수 있는 걸림돌이 아직 많이 있다. 많이 개선되고 있기는 하나 가부장적인 유교문화와 계층/계급 문화는 아직 의사결정과 합의과정을 지배하고 있어, 소수의 상급자나 연장자의 독단과 편견이 의사결정과정을 왜곡하는 경향이 많다. 주관적 경험과 경륜이 과학적이며 객관적인 정보보다 더 중시되어 결정과정의 합리성이 훼손되고 그 결정이 성공적인 실행으로 이어지는 가능성을 떨어뜨리는 것이다. 혈연, 지연, 학연은 여전히 자신을 중심으로 한 핵심그룹을 구성하는 중요한 조건이 되고 있어 그로 인한 파벌 형성의 폐단은 여전히 우리 사회의 주요 이슈가 되고 있다.

한국인과 중국인은 유난히 과거에 집착하는 경향이 높다. 험난한 사건과 문제에 부딪칠 때마다 역사 속에서 그 해답을 찾고 비슷한 상황이 있으면 그를 통해 위안을 얻는다.[1] 온고지신(溫故知新), 즉 옛것을 익혀 새로운 것을 안다는 말은 우리가 일상생활에서 자주 쓰는 사자성어이다. 김경일(1999)은 다소 과장되지만 이 온고지신 정신이 우리나라의 발전을 가로막은 주범의 하나로 지목하였다. 새로운 현상이나 문제가 발생하면 해결방안을 찾기 위해 과거의 경전을 뒤적였고 과거의 틀에 맞지 않으면 배척하고 폐기하는 바람에 개혁과 발전이 매장되는 것이다.

나라의 장래에 큰 영향을 미칠 수 있는 국가적 중대사를 결정하는 과정에도 민심과 표를 얻기 위해 비이성적, 정치적 요인들이 개입되면서 합리적이어야 할 의사결정과정이 심하게 왜곡되기도 한다. 이른바 포퓰리즘(populism)은 후진국에서 자주 발견되는 병폐로써 우매한 민중을 대상으로 정치가들이 단기간에 성취할 수 있는 이익을 약속하여 표를 얻는 전략이다. 이 포퓰리즘은 국민들로 하여금 멀리 내다보지 못하게 하며, 단기간 이익의 단맛에 길들여지게 하여 합리적이고 과학적 의사결정과는 거리가 멀게 만든다. 모 재벌그룹의 방대한 인적 네트워크가 우리 사회의 의사결정과정을 장악하고 있다는 우려도 있었다. 인적 네트워크가 중시되는 한국사회의 특징을 잘 아는 재벌기업이 퇴직한 전직 고위 관료, 판사, 검사들을 대거 영입하여 기업에 유리한 영향력 있는 인적 네트워크를 만드는 일을 마다할 리 없다. 이렇게 영입된 사람들은 특정 기업의 발전에 필요한 고속도로를 놓아주고, 특정 기업의 발전에

---

1) 김경일, 『공자가 죽어야 나라가 산다』, 바다출판사, 1999, p. 132.

걸림돌이 되는 것을 제거하는 일에 자신의 인적 네트워크를 활용하는 것은 어쩌면 당연할 것이다. 이렇듯 특정 집단이 끊임없이 추구하는 집단 이기주의와 근본적인 문제해결 없는 근시적 해결방안은 선진사회가 되기 위해 검토되고 지양되어야 과제들이다. 60~70년대 산업화 과정에서 초고속 압축성장을 경험한 우리나라는 '빨리 빨리'문화에 젖어 문제 원인의 진단을 소홀히 하며 100~200년을 내다보는 거시안적 해결책을 설계하는 일에 익숙지 않다. '빨리 빨리'문화가 의사결정과정에 침투되면 의사결정의 질은 떨어질 수밖에 없으며, 결국 부실한 결과를 잉태한다. 삼풍백화점 붕괴참사, 성수대교 붕괴참사 등은 이 '빨리 빨리' 의사결정의 산물을 보여준 비극적 사건들이었다.

본 저서는 우리나라가 선진국으로 가기 위해 어떠한 의사결정문화와 방식을 지향해야 할 지에 대해 미약하나마 해답을 제시해 보려한다. 이러한 해답을 제시하기 위해 인간의 판단과 결정에 관한 보편적인 오류와 이를 극복하기 위한 대안과 이론들을 검토할 것이다. 이를 근거로 선진국형 의사결정문화와 방법에 대한 심도 있는 담론을 전개해 보려한다. 본 저서는 또한 '우리나라는 언제 자타가 공인하는 선진국이 될 수 있을까?'하는 질문에서 출발하였다. 잘 산다(living well)는 의미는 무엇일까? 물질에 대한 지나친 강조도 문제이지만 물질적 웰빙이 '잘 산다'의 키 워드가 되어야 한다고 생각한다. 그래서 '선진국'의 가장 중요한 척도가 일인당 국민소득이 아니겠는가? 물질적 웰빙을 말하자면 우리나라가 한 때 지지리도 가난하였고 여러 강대국들로부터 짓밟혀 결국에는 나라의 주권까지 잃고 수모를 당했던 과거의 슬픈 역사를 떠올리지 않을 수 없다. 구한말에 어떤 이유로 우리는 계속 힘을 잃어갔고 우리 스스로를 책임질 수 없을 정도의 지경에까지 이르게 되었을까? 이러한 의문에 대해 여러 분야의 학자들이 깊은 연구를 해 온 것이 사실이다. 군사적인 측면, 외교사적 측면에서 분석하기도 하였다. 그렇다면 이 책은 이 거대한 의문에 어떻게 다가갈 것인가? 나는 과학적 의사결정의 관점에서 바라보고자 한다. 우리 선조들은 아마 오랫동안 국가의 경쟁력과 관련된 문제의 본질을 정확하게 분석하지 못하거나 유기하였고, 해결대안들의 설계 그리고 합리적 판단과 결정을 등한시 하였으며, 그것들이 수백 년 누적되다보니 긍정적인 국운에서 일탈한 것이 아닌가? 합리적 결정을 하는 데 필요한 논리적 사고와 문제해결을 위한 과학적 패러다임이 부족하지는 않았는가? 차선의 악수(惡手)들이 누적되어 결국 우리는 한동안 삼류국가로 전락해 질 수 밖에 없었던 것은 아닌가? 이러한 질문에 대한 부분적인 해답들을 이 책에 모으고자 한다.

Chapter 02

선진사회에 관한 담론

한 국가와 한 사회의 '선진성(being advanced)'은 절대적인 개념이라기보다는 상대적이며 다면적이며 추상적인 개념이다. 우리가 일반적으로 생각하는 선진국(developed country)들은 어떠한 나라들일까? 미국, 일본, 프랑스, 독일, 영국까지는 어느 정도 줄줄 외다가 그 다음부터는 약간 주춤거리게 된다. 우리가 잘 알고 있는 이러한 국가들을 '선진국'으로 인식해 온 것은 이 국가들이 지난 세기동안 국제사회에서 정치·경제적으로 주도적 역할을 해 온 데 연유하고 있다. 이러한 나라들이 선진국으로 불리는 것은 경제력과 군사력에 기반 하여 과거부터 지금까지 행사해 온 세계사적 주도권에 있지 않을까?

우리는 흔히 어떤 국가가 어떠한 국제기구에 가입해 있는가에 따라 선진국 여부를 결정하기도 한다. 우리나라는 1996년에 당시 많은 반대 여론에도 불구하고 김영삼 대통령이 앞장서서 OECD(경제협력개발기구: Organization for Economic Cooperation and Development)에 가입하였다. OECD는 1948년 16개 서유럽 국가를 회원으로 출발할 때만 하더라도 부자 국가들의 클럽이었다. OECD에 가입하기 위해서는 GDP규모, 무역규모, 1인당 GDP, 1인당 공교육비, 교사 1인당 학생수, 문맹율, GDP대 보건지출, 환자 천명당 의사수의 지표에서 일정 수준을 넘어야 한다. 우리나라도 이 기구가 요구하는 가입 조건에 어느 정도 부합했기 때문에 가입할 수 있었는데 그렇다면 우리나라를 선진국으로 인정해 준 것일까? 그렇지 않은 것 같다. 이는 한 백과사전의 OECD에 대한 설명의 일부를 빌어서 보면 알 수 있다. "... 1990년대 이후 한국, 터키, 그리스, 멕시코 등 비선진국까지 회원국으로 가입하여 2002년 현재 회원국은 30개국이다." 즉 OECD의 멤버라고 해서 우리나라가 선진국이 된 것은 아니며, OECD도 더 이상 서방 선진국들의 모임은 아니라는 뜻이다.

많이 알려진 국제회의의 멤버십을 보면 선진국들의 면모를 알 수 있기도 하다. 그 한 예가 G7이다. G7은 냉전이 한창이던 1975년에 미국이 주도하여 영국, 프랑스, 독일, 이탈리아, 일본, 캐나다를 포함 한 서방선진국들의 회의기구이다. 이 회의기구의 멤버십은 조금씩 변해 왔다. 1976년에 EC(지금의 EU)가 참가한 이후, 추가 멤버로 거론되고 있는 국가는 러시아와 중국이다. 그렇지만 이 두 나라를 강대국이라 부를지언정 선진국으로 분류하는 사람은 별로 없다. 그렇더라도 두 국가를 멤버로 영입해야 한다는 이야기가 자주 거론되는 이유는 광활한 영토, 많은 인구, 강한 군사력, 경제규모, 국제사회에서의 정치적, 외교적 영향력 때문일 것이다. 여기에서 강대국과 선진국이라는 말은 다른 의미를 지닌다는 것을 알 수 있다.

행복지수는 선진국 순이 아니다

앞서 OECD의 가입 조건으로 내건 소득수준, 교육수준, 보건수준은 국가의 선진화 정도를 정량적으로 평가하는 잣대들이다. 이러한 정량적 통계가 있기 때문에 현재 비회원국은 OECD에 가입하기 위해 국가적으로 개선해야 하는 지표를 명확하게 이해할 수 있다. 후진국이나 개발도상구들은 자신의 지표들을 선진국의 그것들과 비교해서 자신의 현 위치를 파악한 후 지속적인 경제발전을 통하여 이러한 지표를 향상시키려 노력할 것이다.

그러나 이러한 정량적 통계만이 '선진성'의 지표가 될 수 있을지는 의문이다. 국민의 만족도(행복지수)를 예로 들어보자. 극단적인 예로 일인당 국민소득이 3만불이 넘는 나라의 국민의 만족도와 행복지수가 국민소득 1000불 이하인 나라보다 낮다하더라도 선진국이라 부르는데 문제가 없는가? 답은 '예', '아니오' 둘 다 가능하다. 어떠한 관점에서 '선진성'을 인정하느냐에 따라 달라지기 때문이다. 5점 내지 10점 측도로 측정한 만족도, 행복지수, 부패지수와 같은 정성적 지표들이 '선진성'의 정의를 사뭇 모호하게 할 수 있지만, 선진화를 측정하는 지표에서 완전히 배제하기는 어려운 것 같다.

권위 있는 국제기관들이 주기적으로 여러 국가의 국민들의 행복지수를 측정하여 발표하는데 그 나라의 정량적인 수치를 고려할 때 이해하기 힘든 결과가 나오기도 한다. 영국 레스터 대학 애드리안 화이트 교수는 2006년 178개 국가를 대상으로 건강(평균수명), 부(1인당 국내총생산(GDP)), 교육(중등교육을 받을 수 있는 가능성) 등 3가지 요소를 토대로 한 '행복지수'를 발표했다. 덴마크가 1위, 스위스가 2위, 오스트리아 3위를 차지하는 등 유럽 국가들이 상위권을 휩쓸었다. 미국은 23위, 한국은 102위에 그쳤다. 최하위인 178위는 콩고민주공화국이었다. 특이한 사항으로는 1인당 GDP가 3만 1,500달러에 달하는 경제대국 일본의 행복 순위가 90위인 반면, 1인당 GDP가 1,400달러밖에 안 되는 히말라야의 작은 나라 부탄은 8위에 올랐다는 점이다. 국민소득이 바닥권에 있는 일부 힌두교 및 불교권 동남아 국가들의 행복지수가 소득이 월등이 높은 선진국들의 그것 보다 간혹 높게 나온다. 이는 물질적 풍요가 바로 인간의 행복을 보장해 주지 않는다는 것을 잘 알면서도 우리는 행복지수가 높다 해서 그 나라를 선진국으로 분류하지 않는다. 이는 '물질적 풍요가 바로 행복의 바로미터'이라는 우리의 뿌리 깊은 고정관념 때문이다. 그렇더라도 국민에게 행복을 주지 않는 선진화란 무슨 의미가 있겠는가? 그래서 이 책은 소득만 높은 선진국이 아닌 행복한 선진국을 지향한다. **스트레스와 갈등이 적으면서 아등바등 죽으라고 살지 않아도 되는 풍요로운 나라가 행복한 선진국이라 할 수 있다.**

국민소득이 높은 선진국

대다수 우리 국민들은 우리나라가 아직은 선진국에 진입하지 못했다는 것을 인정하고, 하루빨리 선진국에 진입하기를 희망하며 살아가고 있다. 국민들이 염원하는 '선진국'의 그림 밑바탕에는 물질적 풍요와 높은 삶의 질에 대한 갈망으로 채워져 있다. 물론 이러한 갈망은 물질적 풍요가 주관적인 행복지수도 높여 줄 것이라는 생각이 전제된 것이다. 우리가 선진국을 생각하면 가장 먼저 떠올리는 것이 바로 적어도 3만 달러는 넘기는 일인당 국민소득이다

지금 우리나라는 1997년 IMF를 맞기 이전에 달성했던 일인당 국민소득 1만원대에 머물고 있은 지가 10년이 넘어간다. 하루속히 2만 불 시대가 찾아오기를 모두들 손꼽아 기다리고 있다. 2만 불 시대란 국민 한 사람이 평균 벌어들이는 돈이 2만 불, 우리 돈으로는 2천만원 정도가 되는 것이며, 이렇게 되기 위해서는 국민 한 사람이 책임져야 하는 생산량이 증가되어야 한다. 삼성, LG, 현대그룹의 계열사와 같은 대기업들이 나서서 이 생산량을 늘려주는 부분도 많겠지만, 개인 그리고 서비스 부문에서 일하는 모든 사회구성원의 총생산량도 같이 증가되어야 함을 말한다.

일인당 GDP란 국내총생산액(GDP)을 총인구수로 나눈 것이다. 여기서 주목해야 할 것은 국내총생산액인데, 한 국가의 인구가 단기간에 큰 변동이 없기 때문에 일인당 국민 생산액을 높이기 위해서는 이 국내총생산액을 증가시키는 길 밖에 없다. 일인당 국민 소득을 늘이기 위해서는 국민 한 사람 한사람이 국가의 총생산에 기여하는 정도가 증가되어야 한다. 즉 선진국이 된다는 것은 국민 한

사람의 경제적 기여도가 늘어나야 됨을 의미하며, 이 말은 똑같은 원자재(원료, 기계, 사람, 지식 등)를 가지고 똑 같은 시간 안에 더 많은 생산을 하고 부가가치를 창출해야 함을 말한다. 결국 선진국과 비교해서 뒤로 처진 나라의 차이점은 이 개인의 생산력의 차이로 요약될 수 있다. 투입물은 동일하더라도 이를 효율적으로 가공하여 더 많은 산출물(재화와 서비스)을 생산할 수 있는 생산시스템, 경영시스템, 기술역량, 지식경쟁력, 혁신역량을 가져야한다. 이러한 역량을 갖기 위해서는 미래를 정확하게 관측하고 현실적 역량을 정확하게 파악한 후 올바른 산업정책을 수립하고 이에 맞는 적절한 자원배분을 통해 선택과 집중을 할 수 있어야 한다. 그리고 모든 활동에는 과학적이며 이성적인 판단과 의사결정이 필수적으로 수반되어야 한다.

생산성(productivity)이란 효율성(efficiency)과 상호교환해서 사용되는 용어이다. 이론적으로 말하면 투입물(input) 한 단위로 생산하는 산출물(output)의 비율로 정의된다. 즉 주어진 노동력, 원자재, 자본을 가지고 더 많이 생산하느냐 하는 문제인 것이다. 선진국이 되기 위해서는 이 생산성이 꾸준히 향상되어야 함은 당연하다. 자본주의와 자유시장경제에서는 개인이나 조직이 경쟁자보다 생산성을 더 높이고 비용절감을 하지 않는다면 스스로 도태된다. 계속적으로 생산성을 높여 원가를 낮추어 가격경쟁력을 가지지 않으면 그 기업의 상품이 시장에서 팔릴 리가 없고, 교육과 훈련을 통해 스스로의 가치를 높이지 않는 개인은 노동시장에서 그 개인의 가치는 점점 줄어든다.

그렇다면 개인의 생산성 향상을 위한 노력이 국가의 국민총생산액(GDP)의 증가와 어떠한 관계가 있을까? 혼자 간단한 기계의 도움을 받아 면장갑을 제조하는 A씨가 있다고 가정해 보자. 그의 생산성은 매일 생산하는 장갑수로 측정될 것이다. 똑 같이 주어진 24시간으로 동일한 품질을 유지하면서 생산량을 늘려간다면 그의 생산성은 향상될 것이며 그의 소득도 따라 증가할 것이다. 그렇지만 24시간이라는 시간적 제한과 개인의 체력적 한계 때문에 어느 정도의 생산성에 이르게 되면 한계에 부딪친다. 이 시점에서 그는 몇 가지 선택의 갈림길에 서야할지 모른다. 육체적으로 피곤하지만 자신의 기능을 더 숙련시켜 주어진 시간에 더 많은 장갑을 짤 수도 있다. 좀더 나은 기계나 설비를 도입하여 생산량을 늘릴 수도 있다. 그렇게 하기 위해서는 다른 사람을 고용하여 생산에 투입할 필요도 있을 것이다. A씨가 자동화설비를 도입하고 더 많은 사람을 고용하면서 기업이라는 조직이 만들어지게 된다. 이제 A씨는 고용한 직원들과 복잡한 설비들로 구성된 새로운 시스템을 가지고 혼자서 작업을 할 때 보다 더 많은 생산량을 달성해야 한다. 그러나 조직이 자기 혼자서 할 때만큼 잘 움직여주지도 않고 생산성을 높인다는 것이 쉽지 않다는 것을 알게 된다. 여러 생산 요소들(직원, 노조, 설비, 부서, 절차, 규정, 협력업체 등)들이 상호작용하면서 예기치 않았던 비효율적인 일들이 생겨나면서 특별한 관리가 필요하게 된다. 장갑에 대한 시장 수요가 지속되어야 함을 물론이지만, A씨가 비효율적인 요인들을 제거하면서 원가절감을 위한 관리 능력을 발휘하지 않는다면 기업의 성공은 장담할 수 없다. 그러나 기업이 이윤을 남기면서 성공적으로 생존한다면 혼자서 운영하던 구멍가게 보다 국내총생산에 기여하는 정도가 더 커질 것이다.

자신은 물론이고 고용된 사람에게 주는 월급은 더 많은 소비를 창출하여 다른 기업에게도 이익이 될 것이다.

기업이 국가의 GDP에 기여하는 길은 미래의 수요를 예측해서 제 때에 필요한 제품을 최저비용으로 생산하여 소비자들에게 공급하면 된다. 그러나 기업에 영향을 미치는 환경을 포함하여 자유경쟁시장 전체를 바라보면 기업이 부도를 내지 않고 잘 굴러가게 만든다는 것이 결코 쉬운 일이 아니다. 자본주의 자유경쟁시장에서는 수많은 경쟁 기업들이 있으며, 이들에게 원자재를 공급하는 기업도 있으며, 생산한 제품을 유통해주는 유통업체들이 있으며, 제품을 소비해 주는 고객들이 있다. 기업의 인·허가를 관장하는 정부기관이 있으며, 필요한 자본을 공급해 주는 금융시장이 존재하며, 기업에 양질의 노동력을 제공하는 교육기관들이 있다. 기업이 이윤을 남기며 GDP에 기여하는 조직이 되기 위해서는 이러한 연관 조직들과 잘 협력하고 환경의 변화에 따른 대응방안을 잘 생각하고 결정해야 한다. 자유경쟁시장에서 기업의 경영자들은 제품이나 서비스의 종류와 품질의 수준을 결정해야 하고, 이러한 제품의 생산과 서비스 제공에 필요한 생산 및 관리시스템을 잘 구비하여야 한다. 제품의 소비량을 정확하게 예측하고 경쟁업체들의 생산능력을 고려하여 자기 회사의 생산능력을 결정해야 한다. 생산직 및 사무직 종업원의 적정 수를 계산해야 하고, 자동화 설비와 같은 자본재 투자비율도 결정해야 하며, 이윤이 창출되면 그 이윤을 활용할 방안도 생각해야 한다.

기업이 큰 문제없이 잘 굴러간다는 것은 내부적으로 수많은 결정이 합리적으로 내려지고 있다는 것을 의미할 뿐만 아니라, 그 기업과 관계를 맺고 있는 모든 조직과 기관들이 그 기업과 관련해서 내리는 결정들이 내부의 결정들과 잘 조화되어서 결국은 매출이 오르고, 이윤을 내며, 좋은 기업이미지를 창출하는 것이다. 아무리 좋은 물건을 제조한다하더라도 수요예측을 잘못하여 설비투자를 지나쳤다면 투자비용을 상계할 수 있는 충분한 매출을 내지 못하고 금융비용을 감당하지 못해 결국은 도산할 수밖에 없다. 아무리 겉모습이 멋지게 디자인된 자동차라도 협력업체가 공급한 불량 부품으로 인해 전체 자동차를 리콜해야 할지도 모른다. 인·허가를 내는 과정에서 정부가 늑장을 부렸다면 기업의 의사결정은 그만큼 더딜 것이요 변하는 시장에 신속하게 대응하지 못하여 중요한 사업적 기회를 놓칠 수도 있다. 사회가 투명하지 못하여 공무원과 협력업체의 구매책임자에게 뇌물을 준다면 이는 기업이 고스란히 부담해야 하는 추가적 비용이 될 것이고 결국 원가 상승을 유발시키는 요인이 될 것이다.

오늘날 기업이 계획하고 전략을 수립할 때 자기 회사만을 생각하는 좁은 그림보다는 기업과 관계를 맺고 있는 모든 기관과 조직을 포함한 큰 그림, 즉 확장 기업(extended enterprise)관을 가져야 한다. 최근에 e-비즈니스 전략의 일환인 SCM(Supply Chain Management: 공급망관리)이 강조하는 것도 기업이 자기의 경쟁력만 챙겨서는 더 이상 생존할 수 없고, 그 기업에 원자재를 공급하는 업체들, 그 기업의 제품의 유통을 책임지는 기업 등 공급망을 구성하는 모든 기업들의 경쟁력의 총합이 바로 그 기업의 경쟁력을 결정한다고 믿기 때문이다.

선진국이 된다는 것은 그룹, 조직, 공급망(supply chain)으로 연관

된 모든 기업들의 생산성이 선진국 수준에 도달해야 함을 말한다. 개인적인 생산성을 따지자면 우리나라가 미국과 같은 선진국에 못지않을 것이라 생각된다. 그 이유 중에 하나는 초고속인터넷과 휴대전화도 더 많이 보급되었고 그 활용도 매우 다양하다는 것이다. 인터넷강국으로써 가진 강력한 통신 인프라는 개인과 기업으로 하여금 일을 더 효율적으로 처리할 수 있을 것으로 예상된다. 그러나 국가별 데이터를 비교해 보면 아직 우리나라의 생산성은 미국이나 일본의 절반에 미치지도 못한다. 이는 무엇을 의미하는가? 생산하고 서비스를 제공하는 시스템, 일을 처리하는 프로세스, 파트너와의 협력관계가 아직 비효율적이어서 똑 같은 자원을 투자해도 우리는 미국이나 일본의 생산량의 반에도 미치지 못한다는 것을 의미한다. 초고속 인터넷과 휴대전화 보급률이 아무리 높다하더라도 기업의 time-to-market[1)]과 같은 의사결정시간을 단축하고 업무처리의 효율성을 높이기 위해 이용되기보다 학생들이 인터넷 서핑이나 하고 친구들에게 문자메시지를 보내기 위해 주로 이용된다면 첨단기술과 인프라가 국내총생산에 영향을 주는 생산성향상과 국민소득증대와는 별 상관이 없는 것이다.

실타래 같은 비효율성

현대 사회에는 얽히고설킨 수많은 이해집단들이 존재한다. 이들

1) 기업이 신제품을 디자인하여 시장에 출시하기까지 걸리는 시간.

이 추구하는 목표는 각기 달라 서로 상충되기도 하며 그 목표에 이르기 위한 전략도 다르다. 다름으로 인해 발생하는 크고 작은 갈등은 어느 사회든 있을 수 있는 자연스런 현상이다. 그러나 갈등의 많고 적음, 갈등을 해소하는 방법과 해소과정의 효율성(생산성), 그리고 그러한 과정에 대한 사람들의 만족도가 그 사회의 선진성을 말해준다.

사회적 갈등이 합리적 관례, 제도, 규칙에 의거하여 정리되지 못하고 개인이나 조직에게 전가되어 스스로 해결해야 한다면 그것은 견디기 어려운 스트레스의 원인이 된다. 후진 사회일수록 개인과 조직이 감내해야 하는 스트레스와 갈등이 많아진다. **후진 사회는 신속한 문제해결과 갈등의 해소에 필요한 사회의 보편적 규범이나 관행이 성숙되어 있지 않고, 갈등 해소를 중재할 수 있는 권위를 인정받은 정치적 시스템도 없다**. '양보'와 '배려'라는 정신적 여유가 부족하며, 과도한 생존경쟁으로 스트레스에 시달리며, 불확실성이 높아 미래를 예측하고 계획하기가 어려운 사회는 후진 사회이다. 이러한 요인들은 결국 개인과 기업이 생산량을 증가시키고 생산성의 향상을 위해 투입하는 노력의 결과를 상쇄시키며, 합리적 결정을 어렵도록 의사결정과정을 왜곡시킨다. 개인과 조직은 이런 갈등과 부조화를 개별적으로 극복하기 위해 의사결정의 합리적 틀을 허물어야 하고, 수많은 정치적, 사회적, 경제적 제한 조건들에 속박되고, 이해집단의 다양한 목표들을 고려하여 자신의 목표를 합리적으로 조정할 수 없다. 그러다 보니 개인과 기업 그리고 각종 이해집단들이 내리는 결정들은 서로 조율되질 못하여 결국에는 그러한 결정들의 총합이 최적화가 되지 못해서 투입한 노력들이 고스란히 국내총생산의 증가에 반영되지 않을 것이다. 이러한 난맥상을 노무현 정부의 한 고위 관리는 "... 우리 사회의 의제형성 및 정책결정 과정을 왜곡시키고 있는 지역분할구도와 그에 근거한 정당체제, 양극화 현상, 권위주의 체제 아래서 일그러진 국가 관리 기능, 우리 사회의 사회경제적 근간을 흔들어 놓을 수 있는 저 출산과 고령화 문제 등 우리 사회 근본적 위협 요인이 감지되고 있다"고 표현한 적이 있다.

최근 임금상승의 압박으로 우리 기업들이 겪는 어려움을 보면서 국가가 추구하는 경제운영방향과 특정 이익집단의 이익추구 사이에서 발생하는 괴리, 장기적 이익이나 효율성을 희생하여 단기적 이익만을 추구하는 근시안적인 성향, 정치인들의 대중영합주의(포퓰리즘)가 우리 경제의 선진화의 발목을 붙잡고 있다. 이러한 모습은 우리나라가 선진국으로 향해가기 위해서는 불가피하게 겪어야 하는 성장통이기도 하지만 그 정도가 심하고 변화의 속도가 너무 빨라서 국가의 발전에 심각한 저해요인이 될 수도 있다. 박정희 대통령의 개발 독재시대에는 재벌과 소수의 가진 자들에게 상대적으로 많은 혜택이 돌아간 반면, 노동자를 비롯한 서민 계층의 권익은 상대적으로 희생된 시대였다. 그 후 민주 정부들이 속속 들어서면서 과거에 희생을 당했던 집단에 대한 보상심리가 작용하여 노조의 협상력이 강해졌고 노동자들의 권익(물론 일부 노동계층에만 한정되었다는 비판도 있지만)은 급격하게 신장되었다. 그 결과 오늘날 대규모 사업장의 노조원들은 타 업종에 비해서 높은 임금과 고용의 안정성을 향유하게 되었다. 그러나 일부 노동자들이 이러한 것들을 성취할 수 있었던 것은 기업들의 적지 않은 양보도 있었지만 고용 규모의 유연성을 포기한 대가로 얻어진 것이었다. 장기적으로 볼 때 임금수준이 낮고 해고하기 쉬운 비정규직이 양산되면서 기형적 고용구조를 낳았고, 그로 인해 다음 세대의 직업적 안정성까지 훼손되어 '88만원' 세대를 양산하였다. 최근 대기업들의 생산현장에서 젊은 신입사원을 찾아보기 힘들어진 것도 그런 것에 연유한다. 상대적으로 호봉이 높은 직원들로 구성된 생산현장은 생산성을 담보하지 못하는 고임금, 저생산성의 한국적 고질병을 낳았고 결국 경영진은 애꿎은 젊은 사람들을 비정규직으로 고용하여 고비용의 압박을 피해가는 경영을 일삼게 만들었다. 기업의 운영비 중에 임금은 큰 몫을 차지한다. 따라서 경기가 나빠지면 기업은 감원과 같은 구조조정을 통하여 비용부분을 어느 정도 조절할 수 있어야 한다. 그러나 우리나라의 기업들은 이러한 면에서 유연성이 크게 떨어진다. 그래서 기업들은 목청 큰 대기업 노조 소속 노동자들에게 안정된 고용과 상대적으로 높은 임금을 허락하여 입을 막은 후 비용절감을 위해서는 다른 대안들을 찾기 시작하였다. 근래에 임금이 상대적으로 싼 중국을 비롯한 동남아시아 국가에 기업들이 대거 공장을 이전하는 모습이나 쉽게 해고할 수 있는 비정규직(계약직)의 비율이 가파르게 상승하고 있는 것이 바로 그런 부작용들이다. 그런데 그 여파가 그것으로 끝나지 않는다. 공장의 해외이전은 가득이나 위축된 경제로 일자리가 창출되지 않는 마당에 우리나라에 있어야 할 일터가 해외로 이전되는 결과를 가져오고 있다. 단순히 생산직만 줄어드는 것이 아니라 이 생산직을 관리 감독해야 하는 관리직도 같이 줄어드는 것이다. 이처럼 특정 이익집단이 사회적으로 조율되거나 합의되지 않은 목표를 설정하고 이를 시류에 편승하여 정치적으로 쟁취하려 할 때 그리고 이러한 일방적 행동에 제동을 걸고 균형을 잡으려는 권위적 정치 시스템, 반작용적 사회적 운동과 분위기가 적절하게 작동되지 않을 때, 전체 시스템과 조직은 굳이 치르지 않아도 될 비효율성의 손실을 지불해야 한다.

'나비효과'라는 것이 있다. 개인이나 조직이 내린 작은 결정이나 행동이 타인과 사회에 미치는 파급효과를 무시할 수 없다. 각 개인은 개인주의적인 틀 속에 자신을 위해 결정하지만 자신의 결정이 타인의 삶과 운명에 어떠한 영향을 미치는 지를 사려 깊게 생각하고 결정을 할 때, 그리고 그런 결정을 유도하는 사회적 제도와 문화가 성숙되었을 때 그 사회는 선진사회라고 할 수 있다. 나의 결정은 누군가에게 영향을 미치며 그 결정은 다시 또 다른 결정에 영향을 미친다는 것을 이해하는 것이 중요하다. 최근 정부가 의약분업을 추진하면서 진정으로 그 수혜의 대상이 대다수의 국민임에도 불구하고 당장 집단결집력이 강한 의사와 약사들의 눈치를 보다보니 의료비용과 서비스 접근편의성에 있어 국민들에게는 나아진 것이 별로 없었다. 의약분업이라는 결정은 의사와 약사들의 치료 및 조제권의 분담에 결정적인 영향을 미쳤으며 그 영향은 다시 국민들이 받는 의료서비스의 수준에 영향을 미쳤다. 결정의 기준이 개인과 소수집단의 이익만이 우선 시 될 때 사회적, 국가적 최적의 결정이 이루어질 수는 없는 법이다. 많은 사람들이 추운 겨울에 리모컨을 이용하여 자동차를 미리 시동하여 워밍업을 한다. 개인적으로 자신의 편의를 위한 행위지만 자신의 행위로 인하여 발생하는 연료의 낭비와 공기오염은 대수로운 일이 아니다. 자동차

리모컨을 설계·제조하는 기업은 고객의 편의, 즉 자동차의 시동을 멀리서 미리 걸어둠으로 여름에는 시원한 실내를 겨울에는 따뜻한 실내를 미리 만들어 두려하는 욕구충족만을 생각하지 이러한 기기들이 어떻게 환경과 연료절약에 악영향을 미칠지는 생각하지 않는 것이 현실이다. 상호 연관성을 무시하고 눈앞의 이익에만 급급한 사회, 그러한 것이 또한 생각 없이 방치되는 사회는 결코 선진화되었다고 할 수 없다. **선진사회는 자신이 서빙하는 일차적 껍질의 이해당사자만의 이익만을 생각하는 것이 아니라 2차, 3차적 껍질의 이해당사자까지 생각하는 분위기, 전통, 문화를 공유하는 사회라 할 수 있다.**

선진적 의사결정의 모습

조직에서 결정을 내리는 사람들은 결국 수많은 개인이요 개인들로 구성된 집단이라는 사실을 간과해서는 안 된다. 이들이 내리는 수많은 결정과 그 결과는 개인과 그룹이 지닌 지적능력과 합리적 판단능력을 종합한 것이다. 사회와 조직이 복잡해지면질수록 의사결정자들이 더 많은 결정을 해야 하고 결정과 다음 결정의 상호성과 연결성은 더욱 복잡해져 조율과 배려가 더욱 필요해진다. 그래서 피터 드러커는 기업의 경영자를 오케스트라의 지휘자로, 경영을 예술행위로 비유하였다. 예술 작품은 어느 한 요소가 드러나 보이지 않으면서 전체적으로 조화를 이루며 작품의 목적을 성공적으로 달성한다. 수많은 개인과 그룹들이 조화를 이루면서 최선의 결정을 내리고, 개별 기업들은 각자의 시장 환경에서 가장 합리적 결정을 내리면서 이 결정들의 총합(aggregation)이 긍정적인 방향으로 극대화될 때 그 사회는 선진화의 방향으로 나아갈 것이다.

한 국가가 선진사회에 이르기 위해서는 다양한 이해집단의 이질적인 목표와 접근방법들을 국가적 비전과 공동체 목표에 부합하도록 용해시키고 이해집단간의 갈등을 최소화하고, 자본이 효율적으로 배분되어 낭비가 최소화되도록 하는 합리적 의사결정과정과 이를 가능하게 하는 조직, 교육, 문화적 인프라들을 필요로 한다. 개인과 조직들이 보유하고 있는 생산능력(capacity)은 충돌하는 가치관과 관습, 조율되지 않은 정책과 전략, 조직의 비효율성 그리고 이러한 것들의 복합적 역기능에 의해 상당히 제한될 수 있다. 우리나라가 선진사회로 진입하기 위해서는 개인과 조직의 역량이 최대한 발휘될 수 있어야 하고 그 역량이 고스란히 국내총생산(GDP)의 증가에 반영될 수 있도록 정치, 경제, 사회의 비효율적 장벽들이 제거되어야 한다. 순간순간 내려야 하는 합리적 판단과 결정 그리고 현재의 결정이 미래에 미칠 영향과 다른 조직에 미칠 영향을 고려하여 그 결정을 조율할 수 있는 능력을 보유할 때, 관습, 가치관, 정책, 조직과 시스템, 교육제도가 합리적 판단과 결정을 하는데 순기능을 해줄 때 선진국이 되는데 필요한 역량이 축척되는 것이다.

개인과 기업이 효율적으로 정보를 분석해서 최적의 결정할 수 있도록 하기 위해서는 가급적이면 많은 정보를 제공하여 불확실성을 낮추어주고 문제를 체계적이며 과학적으로 이해할 수 있는 사고의 틀과 도구들이 제공되어야 한다. 우리가 지향하는 정보화 사회란 삶속에 필연적으로 내재되어 있는 불확실성을 현저하게 줄여주어 스트레스와 갈등을 최소화시켜 주는 사회라고 할 수 있다. 이는 사회구성원들이 합리적으로 사고하고 판단하는데 필요한 정보들이 체계적으로 공급되는 사회를 말하며 그로 인해 판단과 예측의 정확도가 증가됨을 의미한다. 정부와 교육기관은 사회구성원들의 판단과 예측력을 높이기 위해서는 인간이 지닌 인지적 한계를 극복할 수 있도록 도와야 한다. 그래서 **선진사회란 사회구성원의 인지적 한계와 정보의 과부하를 극복하도록 돕는 시스템이 잘 작동하는 사회라 할 수 있다**.

결론적으로 선진국이 된다는 것은 개인, 가정, 기업, 정부가 합의된 국가적 비전과 목표를 근거로 국민총생산량(GDP)의 증대와 생산성 향상을 위해 구석구석에서 최선의 판단과 결정을 내리고, 국가와 사회가 주는 스트레스로 인한 역량의 낭비를 최소화하는 사회를 말한다. 구성원들은 과학적이며 체계적으로 문제를 탐색하고 진단할 수 있어야 하며, 창의적으로 문제해결 대안들을 만들 수 있어야 하며, 합리적 분석을 통해 최선의 선택을 할 수 있어야 한다. 그렇게 되면 그가 속한 그룹과 조직이 최선의 결정을 하게 될 것이고 이러한 선택들이 모여지면 나라 전체가 최상의 선택과 합리적인 방향을 지향하여 나아가게 되는 것이다.

Chapter 03

의사결정과학

의사결정을 합리적이며 객관적으로 한다는 말에 따라다니지 않을 수 없는 용어가 '과학', '과학적'이란 단어이다. 과학이란 일정한 인식목적을 가지고 행한 합리적 연구의 결과에서 얻어진 지식 사이의 학문적 체계이다. 과학을 넓게 정의하면 종교와 예술을 제외한 모든 학문을 포함하나 좁게 정의하면 '자연 과학'을 주로 말한다. 그러나 '과학적 의사결정'이라는 용어에서 '과학'은 자연과학만을 의미하는 것은 결코 아니다. 의사결정을 과학적으로 하기 위해서는 많은 학문들이 이용될 수 있기 때문이다. 수학과 통계학과 같은 자연(수리)과학과 심리학, 사회학과 같은 사회과학이 활용될 수 있다. 신속한 정보인식과 처리 그리고 효과적인 정보 디스플레이를 위해 정보과학과 정보처리기술도 활용된다.

과학은 요인(변수)들 사이의 인과관계를 객관적으로 증명한 산물들을 체계적으로 구성한 것이다. 따라서 연구자나 결정자의 주관적인 추론에만 의지한다면 그 산물을 과학이라 할 수 없다. 어떤 결과를 있게 한 원인들을 찾고, 실제로 그 원인들이 그 결과를 가져오는데 어떠한 역할을 하였는지를 확인하기 위해서 요인(변수)들을 측정하고, 측정한 데이터를 분석한 후 그 결과를 가지고 추론한다. 변수 측정과 자료 분석 과정이 적절하고 객관적이었다면 인과관계에 대한 어떤 결론에 대해 우리는 일정 수준의 확신을 할 수 있게 된다. 그게 바로 과학인 것이다. 예를 들어보자. 어떤 기업이 지난 1년간 3%의 생산성 향상을 이루었다. 이 생산성의 향상에 기여한 요인들은 많이 있을 것이다. 새로 도입한 기계설비, 생산직원을 대상으로 한 훈련, 급여체계와 인센티브제의 변경, CEO의 교체, 경영혁신운동 등. 이러한 요인들과 생산성 향상과의 인과관계를 과학적으로 규명하기 위해서는 새로운 설비가 도입되기 전의 생산량과 도입 후 생산량에 대한 자료를 얻거나, 직원을 대상으로 설문조사를 실시하여 분석에 필요한 자료를 얻어야 할 것이다. 과학적으로 인과관계를 규명하였다면 이는 나중에 이와 유사한 생산성 향상을 위한 전략을 수립할 때 합리적 판단을 내릴 수 있는 참고모델이 되어줄 것이며 한 걸음 더 나아가 체계적인 학술논문까지 될 것이다. 그렇지 않고 CEO가 막연히 이러한 조치들이 생산성 향상에 기여하였다는 식으로 선언만 한다면 두 요인들의 인과관계를 확신하는 과학적 지식은 존재할 수 없을 것이다.

군대 조직과 기업에서는 결정과 판단의 질과 스피드가 조직의 성공과 미래에 미치는 영향이 지대하므로 결정 행위의 과학화를 오랫동안 추구해온 분야들이다. 군 조직에서는 무기와 병력의 효율적인 배치와 신속한 이동 결정을 과학적으로 하기 위해 OR(operations research)이라는 학문이 발전되었다. 1, 2차 세계대전을 전후하여 개발된 많은 OR기법들이 20세기 기업의 경영에 적용되면서 경영과학과 생산운영관리라는 학문분야가 발전되어 갔다. 경영과학과 생산관리를 위해 연구된 많은 이론과 기법들이 기업 현장의 합리적 결정을 내리는데 많은 기여를 해 왔음을 부인할 수 없다. 예를 들어 제조업체가 비용을 최소화할 수 있는 부품의 주문량을 주문비용, 재고유지비용, 년간 수요량이라는 요인을 고려해야 한다는 공식(함수)의 출현은 기업들이 재고관리를 보다 과학적으로 해야 한다는 필요성과 과학적 경영의 가능성을 가르쳐준 계기가 되었다.

의사결정(decision-making)이란 행위는 다양하고 복잡한 측면들을 동반하고 있다. 무언가를 결정해야 한다는 것은 어떤 문제가 있다는 것을 전제하는 것이며, 문제가 있을 때 적절한 해결책을 찾아야 함을 말한다. 문제해결방안은 다양한 방법으로 탐색된다. 개인이든 소수의 그룹이 주도하는 경우든 방대한 정보 탐색과 토론과 협의가 필요하다. 이 과정을 거쳐 여러 대안들이 도출되면 그 중에서 가장 좋은 대안이나 다수의 대안을 조합한 최선의 방안을 선택해야 한다. 과학적 의사결정이란 위에서 말한 과정과 단계에서 과학적으로 접근한다는 것이다. 그렇다면 문제가 있음을 확인하기 위해 어떻게 과학적으로 접근할 것인가? 매출이나 시장점유율의 감소라는 문제가 감지된다면 실제 문제가 있는지, 어느 정도 심각한지를 확인하기 위해서는 과거의 자료를 분석해 감소 추세를 확인하는 것이 과학적일 것이다. 한 걸음 더 나아가 이러한 감소의 원인을 밝힌다고 생각해 보자. 이를 위해 객관적인 데이터를 구하는 일도 쉽지 않다. 그래서 최선의 방법은 고객, 영업사원, 관리자 등을 대상으로 광범위한 인터뷰와 설문조사를 시행하는 일이 과학적 방법의 하나일 것이다. 이어서 문제가 있다고 판단되고 원인에 대한 규명이 어느 정도 이루어지면 해결방안을 찾아야 할 것이다. 이를 위해서 다른 기업의 유사한 사례를 벤치마킹 한다든지, 전략기획단을 만들어 집중 토론을 통하여 방안을 도출하는 것도 최선의 과학적 방법일 것이다. 최종적으로 여러 대안 중에 하나의 안을 선정할 때도 각 대안별 투자비용이나 기대효과를 컴퓨터 시뮬레이션을 통하여 분석해 본다면 과학적 접근방법일 것이다.

합리적이며 과학적인 의사결정을 논의할 때 이용되는 학문으로는 어떠한 것들이 있을까? 경제학, 정치학, 심리학, 사회학, 경영학, 행정학, 수학, 통계학 그리고 응용수리학들을 들 수 있다. 각 학문 분야의 연구자들은 각자의 관점에서 의사결정 문제를 바라보았는데, 어떤 이들은 의사결정과정 중 몇 개의 특정 부분에만 관심을 보였고 어떤 연구자는 결정이라는 행위와 관련된 다양한 차원을 넓은 관점에서 바라보기도 하였다.

먼저 학문의 시초라고 할 수 있는 **철학**은 인간을 합리적인 존재라는 것을 전제로 한다는 점에서 의사결정과 관련이 깊다. 초기 철학은 지식을 얻기 위해 인간의 이성에 의존한다는 합리주의(이성주의)를 제시하였는데, 이는 경험을 통한 실질적인 증거를 제시해야 진리에 도달할 수 있다는 실증주의와는 대비가 되는 사상이었다. 철학적인 논쟁을 거쳐 생성된 다음 두 가지 핵심생각은 오늘날 의사결정이론에 중요한 의미를 갖는다. 첫째, 합리적(이성적) 인간이란 감정이나 정서가 결여된 사람을 의미한다. 즉 감정의 영향권에서 완전히 벗어나 정보를 객관적으로 평가할 수 있는 사람을 합리적 인간이라 부를 수 있는데, 신이 아닌 이상 이런 사람을 찾기는 쉽지 않은 일이다. 둘째, 합리적인 사람은 합의된 기준을 근거로 의사결정을 할 수 있는 자를 말한다. 합의된 기준을 존중하고 따르려하는 관례와 의지가 필요할 것이다. 영국의 공리론자 같은 철학자들은 올바른 결정이란 사회적 총합을 위해 최대의 선을 만들어내는 것이라고 말하기도 한다.

18-19세기 문헌을 보면 **경제학** 분야에서도 인간을 합리적인 존재로 보고 있다. 시장에서 합리적 결정을 내리는 인간은 최근의 의사결정모형에서 조차 중요한 전제조건이 되고 있다. 아담 스미스는 그의 국부론에서 사람을 경제적 자기이익을 추구하는 동물로 묘사하고 있다. 즉 자신의 결정이 초래할 결과를 용의주도하고 이성적으로 고려해서 판단할 수 있으며, 최대한 경제적 이익을 가져다 줄 것으로 예상되는 대안을 선택할 수 있는 동물로 그리고 있는 것이다. 인간에 대한 이러한 시각은 인간이 감정적, 사회적, 정치적 동물이라는 점에서 많은 도전을 받아 수정되고 있다.

의사결정의 과학적인 측면에 가장 큰 영향을 준 분야는 **통계학**과 **수학** 그리고 OR(operations research)임을 부인할 수 없다. 특히 이 학문들이 영향을 미친 분야는 두 가지 정도를 꼽을 수 있다. 첫째는 사람들이 일하는(결정하는) 방식을 수학적으로 개념화했다는 점이다. 학자들은 이러한 개념적 모델을 수학방정식이나 컴퓨터 시뮬레이션 등 다양한 형태로 표현하였다. 경제적 인간, 심리학 그리고 생리학이 제공한 다양한 가정들이 이 모델들에 포함되면서 의사결정과정에 대한 이해를 한 단계 높였다. 따라서 우리는 실제

의사결정과정이 이러한 모델이 설명하는 것과 어떻게 얼마나 다른지 이해할 필요가 있다. 두 번째로 기여한 점은 의사결정을 더 객관적이고, 측정가능하고 통제 가능한 것으로 만들었다는 점이다. 시스템의 효과성을 측정하는 방법이 개발되었고, 결정에 영향을 미치는 요인을 알아내는 연구도 있었다. 그리고 다양한 대안들을 의사결정변수 측면에서 평가하는 모델도 만들어지고 있으며, 최적 생산량이나 최적주문량을 산정하거나 통제 불능 변수의 영향을 평가하는 모델들도 있다. 이러한 도구들은 의사결정자가 매우 복잡한 정보의 흐름을 시스템적으로 다루어 미래 예측을 도와준다. 그러나 특정 조직의 세부적인 문제만을 모델링 하며, 탐색이나 실행 부분은 도외시하고 선택에 치중한 한계점이 있다.

심리학에는 의사결정연구에 영향을 미친 네(4) 분야가 있다. 첫째로 가장 중요한 공헌은 인간의 비이성을 강조한 프로이드에 의한 것이다. 사람이란 무의적인 생각과 신념의 통제를 받으며, 억압된 감정이 인간 행동의 상당부분을 지배한다는 것이다. 성적 욕구, 공격성, 불안 등이 모두 인간의 의도 없는 행동에 영향을 미치는 요인들이라는 것이다. 최근 연구들에 의해 이러한 요인들의 영향력에 대한 믿음이 많이 바뀌긴 하였지만, 인간에게 비이성적인 요소가 있다는 것을 알게 해 준 것은 큰 발견이다. 두 번째 분야는 뇌의 능력과 기능을 연구했던 생리심리학이다. 정보가 뇌에서 어떻게 인식되고, 기억되고, 저장되고, 전달되고, 합성되는 지를 연구하는 학문분야이다. 이러한 연구를 통해 뇌가 사고기능을 수행하는 수백억 개의 뉴런으로 구성되어 있다는 것도 알게 되었다. 수학과 첨단기술을 접목하여 정신적 작용을 프로그래밍한 모델을 개발함으로써 전체적인 의사결정과정을 한 눈에 이해할 수 있도록 해 주었다. 이러한 연구를 통해 우리는 인간을 정보를 처리하는 시스템으로 인식하기 시작하였다. 또 다른 연구 영역은 인간이 판단을 하거나 정보를 조합하는 과정을 연구하는 인지 분야이다. 학습이론에 관한 많은 초기 연구들이 최근의 의사결정이론의 기초가 되기도 하였다.

마지막으로 의사결정의 사회적 속성에 관심을 갖고 있는 심리학자들에 의해 많은 진전이 있었다. 대부분 조직의 의사결정행위는 사람들의 상호작용의 영향을 받는다. 즉 타인을 좋아하는 정도나 타인이 우리의 행동에 영향을 미치는 정도는 정보의 신뢰성을 결정짓기도 한다. 효과적인 의사결정이란 적절한 리더십이 요구되는 과정, 즉 효율적인 실행력이 뒷받침될 때 가능한 것이기도 하다. 따라서 보다 폭넓은 사회적 배경을 두고 의사결정을 탐구할 필요도 있다.

사람의 이성과 경제적 속성에 대한 신념은 조직의 기능에 관한 초기 이론에 큰 영향을 미쳤다. 1900년에 유럽에서는 당시 조직의 구조와 운영방식을 결정했던 사회적, 경제적, 기술적, 산업적 요인의 일대 변혁, 즉 도시화와 상업화가 있었다. 도시의 프로레타리아가 농촌의 농노들을 점차적으로 대체하였고, 전례 없었던 기술의 발전에 따라 대량으로 생산되는 물건들을 소비하는 거대한 시장이 형성되던 때였다.

'프로테스탄스 윤리', '자본주의 정신'이라는 책에서 막스 웨버(1864-1920)는 매우 중요한 조직이론을 전개한 바 있다. 웨버는 반숙련공들이 집단으로 모여 상대적으로 단순한 물건을 대량생산하는 조직을 분석하면서 관료제(bureaucracy)의 원리를 처음으로 제안하였다. 그는 노동의 분업화, 권한의 집중, 행정과 의사결정을 위한 합리적 프로그램을 관료제의 핵심으로 들었으며, 문서기록, 규칙과 규정이 정규 조직에서 매우 중요하다고 말했다. 따라서 감정이 배제되고, 경제적이며, 합리적 결정이야말로 당시 조직의 기능을 설명하는데 가장 중요한 요소들이었다.

다소 경제적 여건이 달랐던 미국에선 과학적 경영이론이 발전하였다. 인간을 여전히 경제적 동물임을 인정하면서, 또 적응하고 변할 수 있는 존재로 파악하였다. 엔지니어링 배경이 가미된 '노동의 분업'이라는 아이디어는 인간을 교육하고 사상을 주입하는 일이 조직을 계획하고 설계할 때 통합되어야 한다는 생각을 발전시켰다. **의사결정자는 자신을 둘러싼 시스템의 영향을 받을 뿐만 아니라 그 시스템에도 영향을 미친다는 것을 알게 된 것이다**. 이 과학적 경영이론은 인간이 제한된 신체적 능력을 가지고 있음도 전제하였다. 사람의 생리적 능력에 대한 지식이 보다 향상된 인간-기계 시스템을 구축하는데 사용될 수 있으며, 조직을 어떻게 설계하는가에 따라서 인간이 동기부여도 될 수 있음도 알게 되었다.

따라서 조직은 경제적, 과학적인 정당성에 근거한 기능적이며 이성적인 시스템 위에 세워지는 것이다. 그러나 조직의 내부와 외부에서 유래한 두 가지 생각이 이와 같은 개념을 변화시켜왔다. 첫째, 물리적 환경이 인간의 행동에 영향을 미치는 요인을 연구해 보니 영향을 미치는 많은 사회적 요인이 있음을 발견하였다. 유명한 호오도온(Hawthorne)실험은 사회적 기대감과 정신적 압박의 영향을 연구한 것이었다. 아울러 비경제적 요인들도 조직 내 개인의 행동에 큰 영향을 미친다고 주장한 사람도 있었다.

외적으로는 인간의 비이성적 행동을 발견한 프로이드나 다른 심리학자들의 이론들도 생각할 수 있다. 이런 인간화의 힘은 로스리스버그와 딕슨이 집필한 「경영과 노동자」(Management and the Worker)에서 보다 구체화되었다. 사람을 단순한 경제적 동기만이 아닌 다양한 다른 요인들의 영향을 받는 사회적 존재로 보았다. 훗날 메슬로우(Maslow), 베니스(Bennis), 알지리스(Argyris)는 인간이 얻으려 하는 경제적 이익이란 인간의 전체적인 동기부여 중에 극히 일부분에 지나지 않는다고 하였다. 그러면서 사회적인 상호작용(대화)과 일(노동)의 의미가 더 중요한 이슈가 되었다.

그러나 판단과 결정을 과학적으로만 접근하기에는 많은 제한요소들이 없는 것은 아니다. 개인과 조직의 편견과 오류, 사회의 가치관, 관행, 문화 그리고 제한적인 기술 등은 과학적 의사결정이라는 건물을 허물 수 있는 요인들이다. 사람에 따라서 동일한 현상이나 결과를 보고도 문제가 있다고 판단하여 어떤 조치나 변화가 필요하다고 생각하는 사람이 있는 반면, 정 반대로 생각하는 사람들도 있다. 사람들이 동일한 현상이나 데이터를 가지고도 문제에 대해 상이한 판단(judgment)을 내리는 것은 그 사람의 가치관, 인지적 특성, 성격, 과거의 경험, 교육의 정도, 책임의 정도, 준거의 틀(frame of reference), 의사결정지원도구의 제공여부, 정보의 양과 질 등이 각기 다르기 때문이다. 따라서 이렇게 과학적 의사결정에 부정적 영향을 줄 수 있는 주관적인 요소도 최소화하려는 노력이 병행되어야 한다. **의사결정문제에 과학을 적용하는 이유는 결국 주먹구구식의 결정을 피하여 가장 높은 성공과 만족을 보장하는 결**

정에 이르는 가장 합리적인 대안으로 믿기 때문이다.

말콤 글래드웰의 저서 「블링크」는 짧은 순간에 무의식적으로 내려지는 직관과 판단이 많은 양의 자료와 정보를 분석한 후 내리는 객관적이고 합리적인 결정보다 때로 더 정확할 수 있다고 하여 합리적, 과학적 사고에 근거한 의사결정의 한계점을 제시하였다. 고대 쿠로스 상의 진위여부를 판단하는데 있어 박물관의 조사팀이 14개월 동안 과학적인 조사과정을 거쳐 내린 결론이 한 전문가가 순간적으로 내린 판단보다 부정확했다는 사례를 들며 과학적 의사결정의 효용성을 평가절하 하였다. 인간은 오랜 경험과 누적된 지식을 가지고 순간적으로 직관적 판단을 내릴 수 있는 능력이 있음을 부인할 수는 없으며, 이러한 능력을 확대하여 판단에 적용할 문제와 상황도 있을 수 있다. 최근 심리학에서도 단숨에 결론에 이르는 뇌의 적응적 무의식(adaptive unconscious)영역을 의사결정의 한 방식으로 간주하고 연구하고 있기도 하다. 그러나 인간의 이러한 능력이 합리적이며 과학적인 의사결정을 완전히 대체할 수는 없다. 적은 양의 핵심적인 정보(한 조각의 단편적 지식)를 가지고 문제의 핵심을 뚫어보고 해결책을 제시할 수 있는 일이나 문제 그리고 문제의 상황이 있는 한편, 여러 시점의 많은 자료를 시계열로 분석할 때 문제에 대한 더 많은 통찰력을 얻을 수 있는 문제들도 많다. 「블링크」에서 열거한 사례인 고미술품 감정, 이혼가능성 예측, 침실을 보고 사람 평가하기, 고소당할 확률이 높은 의사 예측, 미국 29대 대통령 하딩에 대한 인상 등은 대부분 개인의 주관적 판단과 순간적인 직관이 많이 요구되는 비정형적인 문제들이었다는 점을 유념할 필요가 있다.

Chapter 04

과학과 기술 그리고 선진화

기술(technology)은 과학(science)이 영근 열매이고, 합리성과 과학적인 사고를 동반한다. 신기술의 개발과 발전은 산업 및 노동 생산성과 경쟁력의 증대 그리고 소득과 부의 축적과 연결이 되어 흔히 선진사회의 바로미터가 되기도 한다. 현재 선진국으로 대우를 받고 있는 미국, 프랑스, 독일, 영국과 같은 나라들은 16~17세기에 이르러 다소 시간적 차이를 두고 과학과 기술의 개발을 중시하였고, 이를 산업 및 군사 기술개발에 적용하여 사회의 효율성은 높이고 경제적 부와 군사적 경쟁력을 축적한 국가들이었다. 이렇게 부강해진 나라들은 강한 해군력을 바탕으로 바다를 개척하여 교역을 활성화하였으며, 식민제국시대를 열어 한 때 세계사의 주도적 역할을 하였고 지금도 선진국의 지위를 누리고 있다.

이들 선진국들은 공통적으로 과학과 기술교육을 중요시하였고,

신기술을 개발하여 산업에 적용하였으며 기술자들을 우대하는 일에 앞장섰다. 한 국가의 경쟁력을 결정짓는 요인들이 많이 있지만 그 중에 새로운 기술을 수용하는 적극적인 자세와 그 기술을 전수하고 다루는 과학자와 기술자(엔지니어)들을 우대하는 풍토는 장기적으로 그 국가의 경쟁력과 종합적인 문제해결 능력에 큰 영향을 미쳤다는 것은 역사적 사실로 증명되고 있다. 기술의 발전이란 과학이 발견한 체계적인 이론을 실생활과 생산 그리고 사회적 인프라의 효율성 개선에 적용될 때 이루어지는 것이어서 기술과 기술자를 천시한다는 것은 과학을 천시하는 것과 같은 맥락으로 이해할 수 있다. 가까운 조선시대에는 직업의 귀천을 은연중에 구분하는데 사용되었던 사농공상(士農工商)이라는 계층적 위계질서로 인해 과학과 기술 그리고 상업과 무역이 상대적으로 홀대 받았다. 그러한 홀대는 당시 세계의 중심 국가들이 과학과 기술을 중시하던 세계사적 흐름을 따르지 못한 것이 되어 조선의 쇠락으로 이어진다.

아쿠시지 타이조의 저서「강대국의 기술패권 테크노 헤게모니」에는 기술의 이전과 기술 발전의 주도권이 구미 열강들 사이에서 어떻게 이동되었고, 그로 인해 국가와 사회의 힘과 경쟁력에 어떠한 영향을 미쳤는지를 잘 설명하고 있다.

영국

15세기 중반만 하더라도 영국은 유럽 국가 중 가장 가난하고 뒤쳐진 나라였다. 그런 영국이 신기술을 도입하고 이를 이용한 국부의 축적으로 강대국으로 번성해 갈 수 있었다. 영국은 우리가 잘 알고 있는 산업혁명이 일어나기 전에 이미 크게 성장할 수 있는 기회가 한번 있었는데, 그것은 우수한 기술자들의 이민이었다. 14세기 중반에 영국의 에드워드 3세와 프랑스의 필립 6세는 양모(羊毛)를 대상으로 한 무역전쟁을 한바탕 치렀다. 당시 영국은 양털이라는 원자재를 많이 생산하여 모직물 산업이 발달한 프랑드르 지방에 수출을 많이 하고 있었다. 그런데 영국은 프랑스와 영토분쟁을 치르는 과정에서 프랑스에게 타격을 주기위해 양털 수출을 전면 금지하였다. 양털 수입이 중단되면서 프랑드르 지방의 섬유기술자들은 사업적 기반을 잃게 되었고, 이들은 대거 영국이나 인근 나라들로 이주해 갔다. 이때 이주해 간 최고수준의 섬유기술자들이 훗날 산업혁명을 주도하는 기술적 밑거름이 되었다.

영국이 16세기 후반에 철강 강국이 될 수 있었던 것은 용광로를 이용하여 선철을 만드는 기술을 개발하고 이를 주철포를 만드는데 활용한 것이 계기가 되었다. 철강의 경쟁력은 무기개발의 경쟁력과도 바로 연결되었다. 16세기 초 헨리 8세는 주철포 기술 개발을 위해 왕립 제철소를 설립하였고, 레비트 사제를 소장으로 임명하여 기술개발에 박차를 가하였다. 당시 영국과 프랑스 사이에는 100년 전쟁이 진행되고 있었기 때문에 우선 청동제 대포를 개발하기 시작하였다. 그 후 랄프 핫트라는 유명한 기술자가 용광로를 이용하여 선철(銑鐵)을 만드는 기술을 개발하였고 이어서 주철포를 만들 수 있게 되었다. 이런 제철업의 눈부신 발전은 훗날 영국이 군사대국으로 발전하고 식민 제국주의의 선두주자로 '해가 지지 않는 나라'가 될 수 있었던 밑거름이 되었다.

한편 1500년대 중반 프랑스에서는 대규모 종교 내란이 발발하면서 신교도인 유구노들의 대규모 이민이 시작되었다. 그 후 1600년대 말까지 백만 명 정도의 유구노들은 영국, 아일랜드, 네덜란드, 독일, 스위스 등지에 이주하여 마을을 이루어 살았다. 특히 영국에 이주한 유구노들은 영국의 견직물 생산의 질적 향상에 크게 기여하였는데, 당시 반제품 밖에 만들지 못하던 영국의 견직물 기술 수준을 고급 벨베트 직물과 가벼운 모자를 짤 수 있는 기술까지 끌어올렸다. 유구노의 기술은 비단이나 모직물에만 한정되지 않았고 염색기술, 유리, 보석, 단추, 자수, 스타킹 등 많은 기술의 이전에도 기여하였다. 이들 역시 향후 산업혁명의 주역으로 활동하게 된다.

영국의 산업혁명은 섬유산업 특히 면직물 생산업의 기여가 컸다. 특히 1759년에 등장한 증기엔진이 섬유생산에 이용되면서 산업혁명이 일어나기 시작했다. 석탄을 원료로 사용한 증기엔진은 많은 에너지를 공급하여 대량생산을 가능하게 하였고, 그로 인해 공산품의 박리다매를 촉진하여 산업 자본을 축적할 수 있는 계기를 제공하였다. 오늘날 당연하게 여겨지는 대량생산 기술은 당시만 해도 다른 나라에서는 거의 생각지도 않았던 획기적인 하이테크기술이었으며, 이러한 기술을 개발하고 응용하는 데는 이주민 유구노의 기술과 경험이 많은 기여를 하였다. 당시 영국은 대량생산 기술의 기초가 되는 선반기술, 단조기술, 절삭기술 등에 관한 첨단 기술을 가진 사람들이 필요하였는데 영국은 기술이민을 통하여 유구노와 같은 신교도 기술자의 유입을 적극적으로 장려했다. 대량생산 기술의 확보로 영국의 공산품은 세계 무역시장에서 경쟁력을 확보할 수 있었고 이 경쟁력을 바탕으로 세계 시장에서 자유무역을 선도해 나갈 수 있었다.

피터 드러커는 「Managing in Next Society」에서 잘 나가던 영국이 2차대전 이후 쇠퇴한 이유를 기술과 기술자를 우대하지 않은 사회적 풍토에서 찾았다. 영국은 세계 1차 대전까지만 하더라도 강대국의 지위를 가졌고, 기술적으로도 19세기 내내 우월적 지위를 유지하였다. 현대 화학 산업의 효시라고 할 수 있는 합성염료 기술이 영국에서 발명되었으며 증기 터빈도 영국에서 처음으로 개발되었다. 영국은 19세기 내내 물리학에서도 주도권을 가지고 있었다. 그러다 1850년대로 접어들면서 영국은 미국과 독일에 차츰 밀리기 시작하였다. 당시 영국은 사회적으로 기술자를 높이 우대하지 않았고, 기술자들은 결코 신사가 될 수 없다는 풍토가 형성되어 있었던 것이다. 영국은 인도에는 최고 수준의 공업계 학교를 세웠지만 본국에는 그런 학교를 세우지 않았다. 즉 기술이 요구되는 업종들은 국내에서 찬밥 신세가 되어갔고, 기름 때 묻는 제조업들은 해외로 내 보내기 시작하였던 것이다. 그렇다고 오늘날처럼 부가가치가 높은 지식집약산업이 굴뚝산업을 대체하면서 생긴 현상도 아니었다. 이렇게 **기술과 기술자에 대한 천시는 과학의 홀대로 이어졌고 이러한 풍토는 영국의 경쟁력 쇄락에 일조하였다**.

독일

영국의 기술적 주도권은 차츰 독일에 의해서 잠식되기 시작하였다. 독일은 오랫동안 분열되어 있다가 1871년에 이르러 통일국가를 이루면서 국가의 전략적 지원으로 기술적 환경이 급격하게 나아지기 시작하였다. 독일은 농업환경이 매우 척박하여 특히 농업관련 기술이 발달하였다. 독일의 동부지역은 토지가 척박하고 태양의 일조시간도 짧았으며 겨울은 길고 매우 추웠다. 이러한 가혹한 환경에서 농사를 지으려면 고도의 농업기술을 개발하는 길 밖에 없었다. 그래서 비료 개발, 농지 개간기술, 영농장비의 기계화 등 농업의 과학화가 앞당겨졌다.

영국처럼 프랑스의 기술이민자인 유구노 교도들은 독일, 그 중에 프로이센 지방에 대량 이주하여 풍부한 기술 인력의 원천이 되었다. 특히 유구노 교도들은 모직물 생산기술을 전해 주었고, 모직물 산업이 발전하면서 염료산업, 세정산업 등 유기화학 산업이 같이 번성하였다. 이들은 또한 농업기술의 발전에도 크게 이바지 하였는데 그들의 기계화된 개간기술은 30년 전쟁으로 피폐해진 농지를 빨리 회복하는 데 크게 도움을 주었다.

독일은 증기기관이 아닌 휘발유 엔진을 최초로 개발한 나라이다. 니코라스 옷토는 당시의 엔진을 계량하여 값싼 알코올 연료를 이용한 네(4) 사이클 엔진을 처음으로 발명하여 특허를 얻었으며, 1864년에는 세계 최초의 엔진 대량 생산 공장을 건립하였다. 그 후 세계 최초로 자전거나 마차에 장착해서 쓸 수 있는 휘발유 엔진을 개발하였으며, 1890년에는 다이믈로 자동차회사를 설립되었고, 1903년에는 오늘날에도 잘 알려진 머세이더스 벤츠 승용차를 제작하기까지에 이른다. 이러한 엔진의 발전은 19세기 독일의 조선기술로 연결되어 강하고 신속한 군함들을 개발하게 되었고, 강한 해군력은 독일이 식민 제국시대를 여는데 큰 뒷받침이 되었다.

인공염료가 영국에서 처음으로 발명되었지만 독일이 오히려 인공염료기술에는 앞서 갔다. 최초로 산업혁명을 이룬 영국은 기초과학을 중심으로 한 학문적 교육은 높은 수준에 이르렀으나 공업 및 응용 교육에 있어서는 정부가 역할을 한 것이 별로 없었다. 반면에 독일은 응용과학을 중심으로 대중적인 공업교육에 많은 노력을 쏟았기 때문에 실용성이 높은 화학교육은 다른 나라의 추종을 불허할 정도로 앞서 갈 수 있었다. 염료기술은 당시에 높은 수준의 하이테크로서 아무나 간단하게 생산할 수 있는 것이 아니어서 영국은 자신들의 화학공장들을 돌리기 위해 독일인 화학자를 대거 고용하기도 하였다. 그 후 독일이 영국의 염료생산을 모방하기 시작하면서 영국에 거주하던 독일인 화학자들이 대거 본국으로 귀국하였다. 이러한 유능한 인재의 유입으로 독일의 염료공업은 급속도로 발전하여 20세기에 접어들면서 영국을 완전히 추월할 수 있었다. **앞서 나간 과학 및 기술교육 그리고 적절한 시기에 필요한 인재의 유입이 한 나라의 경쟁력을 결정짓는다**는 것을 알 수 있는 사례라 할 수 있다.

우리나라는 현재 엔지니어와 과학자들이 사회적으로 대우받는 직종이 아니어서 심각한 이공계 인력부족 현상을 겪고 있다. 해외에서 연구한 우수한 인재들도 이러한 풍토를 잘 아는지라 귀국을 꺼리고 있는 상황이다. 국가의 미래 경쟁력이 우수한 과학자와 엔지니어들이 만들어내는 신기술과 신제품에 있다고 볼 때 하루빨리 반전되어야 할 현실인 것 같다.

미국

후발 미국은 건국 초기에 많은 분야에서 프랑스를 벤치마킹하였다. 건국 초기에는 프랑스로부터 자유주의와 계몽사상, 대통령제, 과학기술 교육, 무기 기술 등을 수입하였다. 1789년 필라델피아에서 미국 헌법기초회의는 헌법안을 완성하였고, 이에 근거하여 워싱턴 대통령이 선출되었고 미국 정부가 최초로 수립되었다. 이 헌법기초회의에서는 국립대학법, 특허법, 운하법 등 과학 및 기술과 관련된 법의 근거가 논의되었으며, 이 때 프랑스의 계몽사상이 큰 영향을 미쳤다. 종교적 편견으로부터 인간을 해방시키려 한 계몽사상은 미국의 과학기술의 발전을 지향하는 사조에 지대한 영향을 미쳤다. 따라서 한 국가가 선진기술과 문물을 받아들일 때 단지 기술적 내용만을 받아들이려 한다면 별 소용이 없을 수 있다. 새로운 기술을 수용하고 응용하는데 필요한 사상과 정신적 토대가 동반되어야 자기의 것으로 만들 수 있으며 그것이 경쟁력을 만드는데 쓰이는 불소시게가 될 수 있는 것이다. 다수의 앞서가는 사람들이 신기술을 이용하여 창출할 수 있는 부가가치와 그것의 경제적 가치를 알지 못한다면 손에 쥐어진 도구란 신기한 볼거리에 지나지 않을 것이다.

당시 계몽사상을 잘 알고 있었던 제퍼슨(후일에 3대 대통령이 됨)은 헌법기초위원을 역임하면서 헌법에 과학기술을 국가적 차원에서 발전시켜야 한다는 것을 규정하는 것과 국립대학법, 특허법, 운하법, 미터법 등의 제정을 강력히 주장하였다. 이러한 법들은 실제 당시에는 제정되지는 못하였지만 훗날 1800년에 제퍼슨이 대통령이 되면서 미국의 과학기술의 발전에 필요한 초석을 놓은데 큰 역할을 하였다. 지질, 식물, 기후 등을 연구하여 서구 개척의 활로를 뚫었으며, 1802년에는 프랑스를 모방한 공병학교, 즉 웨스트포인트를 설립하여 공학 발전을 촉진하였다.

그러던 미국이 독일형 국가로 급격하게 변하는 계기는 6백만 명에 이르는 독일인이 미국으로 이주하면서부터였다. 1861년의 남북전쟁은 연방주의와 반연방주의의 내전이라 할 수 있는데, 전쟁은 북쪽의 연방주의, 즉 독일형 국가주의로 종료되었다. 독일이 농업을 과학화하면서 갑자기 팽창한 인구를 동부로 분산시킨 것처럼 미국도 급속히 불어난 인구문제를 해결하기 위해 농민들을 서부로 이주시켜 개척하였다. 20세기에 들어서면서 미국의 독일 모방은 더욱 가속화되었고, 1914년에는 주립대학이 구심점이 되는 농업기술지도제도도 시작되었다. 오늘날 미국의 중서부에 위치한 일부 대학의 명칭 속에 농업(agriculture)이라는 단어가 여전히 남아 있는 이유가 바로 여기에 연유한다. 미국이 오늘날처럼 초강대국이 될 수 있었던 이유 중에 하나는 전 세계에서 모여드는 일류 인재들 때문이라는 것에는 이론의 여지가 없다. 9.11 테러 이후 미국 정부가 이민정책을 까다롭게 하면서 우수한 인재가 들어오는 것을 막아 결국 미국의 국가 경쟁력에 악영향을 미치고 있다는 주장도 그래서 나오고 있는 것이다.

위에서 언급한 세(3) 선진국의 기술 인력의 교류, 기술의 이전, 산업 발전 과정을 살펴보면 적절한 시기에 필요한 기술과 기술자를 영입하였고, 이를 발전시키는데 필요한 법과 제도 그리고 교육기관을 만들어 갔다는 것을 알 수 있다. 특히 신기술을 받아들일 때 그 기술을 보유하고 있는 기술자들의 대거 이주는 국가의 기술 경쟁력을 높이는데 결정적인 역할을 하였다. 과학의 응용과 기술적 발전은 산업이 발전되는 기회가 되어 국가의 경쟁력을 제고시켰을 뿐만 아니라, 사람들이 문제와 미래를 바라보는 시각을 넓혀주었으며, 개인의 사고방식과 문제해결능력에도 큰 영향을 미쳤다. 복잡해진 문제를 해결할 때 과학적 논리와 합리적 절차를 적용하려 노력하였고, 해답을 찾기 위해 더 넓은 쪽으로 시야를 넓혔으며, 국가와 기업들이 나아가야 할 방향과 전략 수립에 합리성을 더해 갔다. 농경사회에서 산업화 사회로 넘어가면서 개인과 국가에게 주어지는 새로운 경제적 기회에 눈을 빨리 떨 수 있었으며 부국강병을 향한 비전을 가질 수 있었다. 이들은 외교적, 정치적, 사회적, 경제적으로 복잡하게 꼬여 있는 문제들을 해결하기 위해 합리적이고 과학적인 방법들을 모색하였으며, 이러한 차별화된 노력들은 국가의 발전에 필요한 다양한 아이디어들을 개발하고 진로를 선택함에 있어 다른 나라들과 구별되는 탁월함을 가질 수 있었다. 18~19세기에 당시 강대국들은 국제 무역이 가져다주는 경제적 이익을 이미 간파하고 있었고, 식민지 약소국가를 이용하여 얻을 수 있는 경제적 이득이 많다는 것을 알고 있었다. 해양 개척을 통한 국제적 상거래의 필요성과 새로운 해양 및 통상 질서의 확립을 위해 강한 해군력이 필요하였고 실제로 그들은 강한 군사력을 구축하는데 자신들의 기술력과 경제력을 백분 활용하였다. 한 때 몇 몇 강대국들이 추구한 제국적 식민주의는 필연적으로 강한 경제력과 군사력을 요구하게 되었으며, 이를 위한 군사무기와 전술의 과학화와 현대화는 필연적인 요청이었다.

강대국과 약소국의 갈림

아놀드 토인비는 서양의 국가들이 과학과 산업기술을 결합하여 식민지 확보에 필요한 무기를 생산하게 된 것을 1660년 이후로 보고 있다. 과학과 기술이 결합되면서 전대미문의 강력한 기계가 만들어졌으며 이러한 기계가 만든 무기들은 아시아 국가들이 사용하던 구식무기에 비해 압도적으로 강력한 것이었다. 17세기 서구의 해양 대국들은 강력한 선진 무기를 개발하고 이를 이용하여 해양을 개척하였으며 군사적으로 준비되지 않은 약소국들을 힘으로 제압하면서 경제적 이득을 극대화하려는 식민지 개척과 제국주의의 기치를 내걸었다. **군사력이 국가의 흥망성쇠를 좌우하던 그 시대에는 강력하고 효율적으로 사용할 수 있는 무기와 군사력의 전략적 배치가 제국의 군대의 신속성과 효율성을 결정하였다**. 특히 전쟁에 필요한 자원들을 계획하고 확보한 후, 이를 이동시켜 배치하는 일은 매우 복잡한 의사결정들이어서 과학적이고 합리적인 방법들의 도움 없이는 거의 불가능하였다. 많은 변수들을 포함하고 있는 복잡한 문제를 해결하기 위해 이들 나라들은 과학적 의사결정 방법의 개발에 관심을 가질 수밖에 없었다.

나폴레옹이 유럽 대륙을 석권할 수 있었던 것은 전쟁 기술의 우월성에 있었다.[1] 나폴레옹은 전쟁을 치르면서 많은 새로운 군사기술을 도입하였다. 첫째, 증기 무궤도 차가 병사와 물자 수송에 처음으로 투입되어 물자이동을 15배나 빠르게 만들었다. 둘째, 철도

1) 야쿠시지 타이조, 『테크노 헤게모니』, 겸지사, 2002, p. 51.

의 신호기와 비슷한 전보(電報)시스템은 당시 어느 나라보다 신속하게 정보를 전달할 수 있었다. 셋째, 라이플형 머스키트 총의 원추형 탄환의 개발이었다. 이 탄환은 총에 탄약을 장진하는 방법이 대폭 간소화된 새로운 병기였다.

프랑스는 이미 1795년에 엘리트 양성기관이라 할 수 있는 에꼴뽈리떼끄니끄를 설립하여 과학적 공병기술을 조직적으로 교육하기 시작하였다. 과학적 공병기술을 통해 지휘관들은 군수물자의 효율적이고 신속한 이동 방법에 대한 과학적인 접근방법을 터득할 수 있었다. 아울러 드 그리보바르 장군은 1765년에 프랑스 육군의 개혁을 단행하여 세계에서 가장 먼저 무기의 표준화를 추진하였다. 표준화가 주는 경제성 원리를 터득하였다는 것은 합리적, 경제적 사고에 있어 대단한 발전으로 봐야 한다. 특히 호환성 부품에 의한 머스킷트 총은 개인휴대 무기에 있어 대단한 발전이었다. 사병들의 개인 화력은 더욱 강력해졌고, 표준화의 진전으로 무기의 저가 대량생산의 길도 열린 것이다.

미국은 프랑스가 개발한 머스킷트 총을 도입하면서 무기의 첨단화 작업을 시작하였다. 몇 차례 호환성 부품 개발이 실패로 끝났지만, 1841년에 반동 라이플총 모델이, 1842년에는 반동 머스킷트총 모델이 각기 개발되면서 호환성 부품을 조립생산을 할 수 있게 되었다. 호환성 표준 부품을 생산한다는 것은 모델별로 부품을 별도로 생산할 필요가 없어 부품별로 대량생산을 가능하게 하여 제품의 가격을 떨어뜨릴 뿐만 아니라 부품의 신뢰성을 높여 제품의 품질을 올릴 수 있었다. 이는 총기 부품의 생산에 과학적인 관리방식을 적용하여 무기 생산의 경제성을 끌어올린 매우 중요한 사건이었다.

18~19세기의 제국주의·식민주의 시대에는 군사력(특히 해군력)이 국가의 부(富)의 축적과 밀접한 관계를 맺고 있었고 국가 경쟁력의 원천이었다. 강한 무력으로 무장한 나라들은 외교적 협상 과정에서 힘의 우위를 이용하여 약소국 영토의 일부를 쉽게 조차하기도 하였고 그들이 가진 각종 자원에 손쉽고 저렴하게 접근할 수 있었다. 제국주의 시대를 맞아 강대국들은 군사력을 선진화하고, 그 군사력을 전략적으로 배치하여 공격력과 방어력을 극대화함으로써 상대적 우위를 확보하였다. 우월한 무력을 앞세운 강대국들은 당시 준비되어 있지 않은 약소국들을 군사력으로 제압하고 손쉽게 인적·물적 자원을 자국의 경제부흥에 활용할 수 있었다. 오늘날 보편적으로 받아드려지는 세계 평화, 공영공생, 세계화의 관점에서 본다면 용납될 수 없는 야만적 결정들이었지만 당시 시대적 상황에서 그들이 택한 국가적 전략은 최선의 선택이었을지도 모른다. 당시 강대국들의 지도자들과 지식인들은 국력을 확장하기 위한 수단으로 대외무역의 확대와 식민지 개척이라는 길을 선택하였다. 그 시대의 지도자들과 구성원들의 판단과 결정은 비록 주변 국가의 국민들에게 많은 정신적, 물질적 고통을 주었을지는 몰라도 자국의 이익과 경쟁력 극대화라는 측면에서 최선의 선택이었을 것이다. 즉 당시 강대국의 전략가들은 경제적 부의 원천을 자국 내에서만 찾은 것이 아니라 해외로 눈을 돌렸으며, 강한 기술력과 군사력을 약소국들의 식민지화를 위한 지렛대로 활용하였던 것이다.

강대국들이 군사력을 강화하며 식민지 확장과 대외적 통상에 혈안이 되어가고 있을 때, 조선의 지도층과 지식인들은 당시 국제적 정세 변화에 대한 정확한 정보를 갖고 있지 못하였으며, 강대국의 높은 군사력의 파고와 개방 압력에 적절하게 대처하는데 필요한 국가 경쟁력의 원천이 어디에 있는지에 대한 합리적인 판단을 하지 않았다. 당시 국제정세와 세계사적 사조에 대한 식견과 정보가 부족하였을 뿐만 아니라, 정보를 해석하고 판단하는 일도 부족하여 나라를 제국·식민주의로부터 지켜내는데 필요한 군사력과 독자적 외교 능력의 필요성을 정확하게 확인하지 못하였다. 오로지 국토와 전통을 지켜야 한다는 국수적 명분에 젖어 개방이 주는 교역의 부가가치를 간과하였고 그로 인해 국부의 축적을 통한 부국강병의 기회를 놓쳤다. 자국 내 자원만을 이용하여 경제적 발전을 이루는 것이 아니라, 외국과의 제휴와 교역을 통한 국부의 축적도 가능하다는 경제적 생각에 이르지 못하여 해외로 눈을 돌리지 못하였다. 자신을 지킬 수 있는 최소한의 군사력을 구비하는데 필요한 경제력을 축적하지 못하였으며, 이를 가능하게 하는 기초 과학지식과 기술적 역량 그리고 이것들을 이용하는데 필요한 정신적 문화와 동기부여를 갖추지 못하였다. 한편 일본은 신기술과 신식무기를 도입하여 강한 군사력을 기르기 위해 발 빠르게 움직였으며, 제국적 식민주의라는 세계사적 대세를 재빨리 파악하여 군사적 힘을 기르고 해외로 눈을 돌리는 기민성을 보였다. 당시 두 나라의 지도층이 선택한 결정으로 다음 한 세기의 국가의 운명이 결정되었다는 것을 우리는 역사를 통해 잘 알고 있다.

Chapter 05

동양의 정신세계

수 세기동안 중국은 화려한 과학 및 기술 문명의 종주국이었고 그 문물을 서구 유럽 국가들이 수입해 갔던 명실공이 오늘날 미국과 같은 강대국이며 선진국이었다. 그래서 서구문명은 동양에서 시작되었다는 주장도 시기에 따라서는 충분히 가능한 주장이다(홉슨, 2005). 그러나 17~18세기에 이르러 중국을 비롯한 동양의 나라들은 과학 및 기술에 있어 후진국으로 내려앉았으며, 거꾸로 선진 과학과 기술로 상징되는 서구 유럽의 앞선 기술 문명을 도입해야 하는 신세가 되었다.

동아시아의 나라들이 민족적 자존심을 접고 문호를 개방하는 시기의 차이는 조금씩 있었지만, 중국, 일본, 조선은 서양의 선진 기술과 문물을 받아드리는 결정에 대해 지도층과 지식층의 의견이 갈리면서 엄청난 분열과 내부 진통을 겪어야 했다. 그러다보니 대부분의 경우 서양 강대국들의 강제적인 압력에 굴복하여 어쩔 수 없이 문호를 열어 교류를 시작한 경우가 많았다.

동양의 나라들이 개방과 개혁을 통한 국가 경쟁력 향상의 기회를 놓친 것은 당시 각 나라의 지도층과 국민들의 소극적 태도와 좁은 시야로 인해 문제를 정확하게 인식하는데 한계가 있었기 때문이다. 당시 동양의 나라들은 자신들이 처한 현실과 가진 역량이 앞서가는 다른 나라들의 그것들과 비교해서 별 차이가 없는 것으로 인식하였고, 과학의 실용적 응용과 기술적 진보를 통한 산업발전의 경제적 가치보다는 명분과 정신적 자산을 추구하는데 더 큰 비중을 두었다. 새로운 것에 대한 거부감, 변화에 대한 사회계층간의 갈등과 합의의 부재, 전통을 향한 국수적 태도, 서양의 물질문명에 대한 막연한 불신과 반감은 새로운 기술과 문화에 대한 부정적인 태도를 형성하였다. 수백 년간 이 지역을 지배한 동양의 독특한 정신세계와 우주관은 당시 지도층과 서민들이 개방과 개혁에 대한 갖는 태도와 인식에 부정적으로 작용하였다. 결국 조선도 선진 과학과 기술 그리고 강력한 군사력, 그리고 이러한 것들이 당시 제국주의적 외교 패러다임에서 자국의 생존과 미래에 미칠 영향을 충분히 이해하지 못하였고 그래서 개혁과 변화에 필요한 선택의 기회를 놓친 것이다.

동양의 정신세계

리처드 니스벳은 저서 「생각의 지도」에서 동서양의 사고방식의 차이를 철학자들의 관심사와 철학적 방법론의 차이로 설명하고 있다. 우리나라와 중국인의 사고방식을 가장 잘 대변하는 것은 음양이론이다. '음(陰)'이란 여성적이고 어둡고 수동적인 것이며 '양(陽)'이란 남성적이고 밝고 적극적인 것을 의미한다. 이 두 가지는 공존하며 순환하는 것이며 상호보완성을 지닌다. 어느 한쪽이 결여되면 전체가 불완전해진다. 음양 이론에는 사물의 관계와 조화를 중시하는 정신이 내재되어 있다. 음과 양의 조화는 자연과 사람이 공존하는 관계, 남녀가 조화롭게 공존하는 관계, 사람과 사람들이 공존하는 관계를 설명하는데 이용된다. 그래서 우리는 전통적으로 자연과의 친화를 중시했지 자연을 정복하고 변형하는 일에 상대적으로 무관심했으며, 이는 오랫동안 우리의 관심이 내적인 것으로만 향하게 만들었으며, 바다를 통한 해양으로 관심으로 돌리고 다른 지역의 영토를 정복하고 활용하려는 사고를 원천적으로 불가능하게 만들었다. 우리의 정신세계를 수 세기 지배해 온 유교, 도교, 불교 모두가 '조화', '부분 보다는 전체,' '사물들의 상호 연관성'을 중시하였다. 이 세 종교 속에 공통적으로 존재하는 것은 우주를 구성하는 모든 요소들이 서로 연관되어 있다는 종합주의(holism)적 사고방식이다. 이렇게 조화와 상생을 중시했던 동양적 사고에는 제국주의와 식민주의를 상징하는 패권적 정복과 강요는 적절하지 않았다.

동양과 서양의 현격한 차이점은 우주를 이해하는 방식에서도 나타난다. 우리는 우주가 상호 독립적이고 개별적인 사물들의 단순한 조합이 아니라 서로 연결되어 있는 거대한 단일 물질로 이해하였으나, 고대 그리스 철학자들은 우주를 구성하고 있는 최종 단위를 '입자'라는 개별적 구성체로 이해하였다. 따라서 그리스에서는 우주의 구성단위가 원자인지 아니면 파장인지가 중요한 논쟁거리가 될 수 있었으나, 우리에게는 우주란 단지 연속적인 파장으로만 생각할 수밖에 없었다. 이러한 사고방식의 차이 때문에 우리들은 어떤 대상을 전체 맥락에서 따로 분리하여 분석하려는 생각에 거부감을 가지는 경향이 높으며, 어떤 한두 요소를 바꾸어 전체를 변화시킬 수 있다는 화학적 생각을 갖기 어려웠다. 그러다 보니 전체를 나누어보고, 구성 요소간의 인과관계에 관심을 두는 과학적 분석과 합리적 사고에 익숙지 않았다.

중국의 정신세계

우리는 지정학적으로 인접해 있는 중국의 영향을 정신적으로 물질적으로 많이 받아왔다. 따라서 중국인의 정신세계에 대한 이해는 우리나라의 그것을 이해하는데 많은 도움이 된다. 서양의 그리스인들은 '자연계'라는 개념을 '인간계'로부터 분리해서 인식하면서 자연스럽게 과학적 탐구행위를 수행할 수 있었다. 그러나 동양의 사람들은 오랫동안 '자연계'를 '인간계'로부터 분리하여 독자적으로 분석하고 사고해야 하는 대상으로 인식하지 않았다. 그래서 동양 철학자들의 관심은 늘 인간의 정신을 탐구하는 일에만 머물러 있었다. 중국의 사상가들은 오랫동안 도교와 불교 그리고 유교 사이를 오가면서 인간의 마음 그 자체를 탐구하였지만 자연과 물질에 대한 탐구를 등한시 하였다. 이들은 인간의 마음을 다스려 선과 행복을 추구하려하였지 인간 밖의 물질과 사물을 지배함으로써 새로운 물질을 창조하는 일에는 관심이 적었다. 이는 분명 물질과 정신이라는 두 날개로 살아야 하는 인간에게는 결코 조화되지 않는 모습이었다.

동양의 사상은 고대 경전의 자구(字句)를 해석하며 그것에서 진리를 탐구하는 정신적 과정으로 볼 수 있다. 그래서 진리에 대한 의문도 그 자구의 범위를 벗어나지 않았다. 이는 자연 현상에 대해 의문을 제기하고, 자연 속에서 발견한 사실들을 통하여 어떤 관계와 질서를 추론해 내는 서양의 근대 과학과는 달랐다. 인간의 정신을 탐구하는 데는 분석력보다는 직관력과 통찰력이 더 요구되었고 나무를 보기보다 숲을 보았다. 이는 과학적 탐구에 필연적인 논리성과 분석능력을 발전시키는 데 장애가 되었다.

인류의 전체 역사를 두고 볼 때, 중국이 늘 과학적 발전을 이루지 못한 것은 아니었다. 오랫동안 중국의 발전된 물질문명과 기술이 유럽을 포함한 서양의 여러 나라에 전파되었고 그 곳의 문명에 영향을 미쳤던 황금시대(송대, 당대)도 있었다. 그러나 중국이 쌓았던 과학적 방법론은 실물의 자연현상에까지 적용되지 못하였고 단지 책 속에만 머물렀다. 송대의 주희(1130-1200)의 격물론(格物論)은 베이컨의 과학사상과 유사하였다. 주희의 방법론은 의문을 해결하기 위해 가설을 설정하고 많은 사례와 증거를 들어 그 가설을 증명하는 방식이었고 이 방법론은 청대에 가서 '고증학'으로 발전하게 된다. 이러한 과학적 사고에 대한 소기의 성과에도 불구하고 역사는 돌고 돌아 18~19세기의 중국은 근대화에 뒤처졌다.

17~18세기 무렵, 중국이 서양의 선진 과학 기술을 빨리 수용하

여 물질 문명에 앞서가지 못한 이유를 지정학적 원인과 문화적 우월성으로 설명하는 것이 설득력이 높다. 서양의 경우, 그리스나 로마, 헬레니즘, 이슬람의 여러 제국들이 흥망성쇠를 거듭하면서 유럽과 동양을 연결하는 거대한 대륙을 지배하였다. 이런 과정에서 이질적인 문화들의 교류가 잦았으며 이전된 이질적인 문화가 그대로 보전되어 발전되는 경우도 많았다. 반면에 아시아의 동편에 방대한 영토를 차지하고 있던 중국의 경우, 다른 제국과 민족들의 문화가 많이 이전되었으나 이것이 중국 내에서 뿌리를 내리고 발전하기 보다는 기존의 한민족 문화에 동화되어 사라지는 경우가 많았다. 이러한 중국의 문화적 우월성과 자긍심은 서양의 근대과학과 기술을 받아들이는 일에 큰 심리적 장애가 되었다. 그래서 19세기 말 아편전쟁에서 영국과의 전쟁에서 패한 중국은 엄청난 충격을 받았다. 중국은 전쟁의 패인을 전통문화와 사상의 무기력에서 찾으려 하였고, 이어 양무운동(洋務運動)과 같은 서양을 배우려는 운동이 물밀 듯 일어났으며, 자신의 전통 문화와 유교망국론까지 거론되었다.

경제적, 문화적으로 중국에 많이 의존해 온 우리 역시 세계사적 근대화의 흐름에 편입되지 못하였고 정체의 길에 발을 들여놓았으며, 개방의 시점이 늦어지면서 근대화의 타이밍을 놓쳐버렸다. 소현세자, 정약용, 박지원 처럼 외국의 과학 기술의 우월성을 체험하거나 이를 통한 개혁의 필요성에 눈을 돌린 선각자들이 일부 있었으나 그들이 보았던 새로운 과학기술을 수용하고 꽃 피우는데 적합한 정치철학, 사회적 인프라와 신분제도, 경제적 동기, 사고방식이 조선에는 조성되지 않았다.

조선의 정신세계[1)]

조선시대에 도입되어 국가적 통치이념이 된 성리학은 500년간 조선의 정치사상, 사회질서, 사람들의 가치관과 사고방식에 지대한 영향을 끼쳤다. 18-19세기는 물론 현대에 이르기까지 우리의 정신세계와 가치관을 이야기할 때 유교가 미친 영향을 빼놓을 수가 없다. 이 유교의 가치체계를 과학적 의사결정과 연계하는 일은 쉽지 않다. 과학 속에 내재된 합리성과 체계성은 분명 유교에서도 발견되지만 그것들이 적용되는 대상은 매우 달랐다. 과학에서는 물질세계의 규칙과 효율적인 운영에 관심을 둔 반면, 유교는 인간의 정신과 인간관계의 규범을 중시하였다. 이러한 유교의 정신은 우리의 전통 종교인 불교의 교리와 함께 사람들로 하여금 에너지(힘)와 물질을 경원시 하는 태도를 형성하는데 적지 않은 작용을 하였다.

앞서 얘기하였듯이 서양에서는 자연이 순응의 대상이라기보다 정복의 대상이었다. 서양의 사고방식에 큰 영향을 끼친 기독교의 교리에서 자연은 인간이 정복하고 관리해야 할 대상임을 발견한다. 창세기에는 사람과 자연의 관계를 잘 설명하고 있다. 하나님은 6일 동안 창조한 천하를 최초의 인간, 아담에게 맡기면서 '생육하고 번성하여 땅에 충만하라, 땅을 정복하라, 바다의 고기와 공중의 새와 땅에 움직이는 모든 생물을 다스리라'는 명령을 내렸다. 인간은 이들을 정복하고 제대로 다스리기 위해 그 대상들을 연구하고 탐구할 필요가 있었다. 따라서 서양의 문명은 사물과 현상에 대한 지적호기심을 허용하고 이에 대한 충족을 장려하는 문화였다. 사

1) 이완재, 『공자에서 퇴계까지』, 2001, pp. 94-96.

물과 환경에 대한 연구는 인간의 지적 호기심을 충족시켜주었으며 그들을 더 잘 관리할 수 있는 과학적 지식으로 발전되고 축적되었다.

유교는 인(仁: 사랑)을 통하여 자연적 존재를 있는 그대로 인정하고 그것들과 조화를 이룰 것을 가르친다. 인(仁)이란 인간과 인간의 관계에만 한정된 것이 아니라 모든 생명체에도 확장되는 것이었다. 예를 들어, 유교의 연중정책(年中政策)을 기록한 「예기(禮記)」의 「월령편(月令篇)」에는 "1월에는 벌목을 하지 말라."고 썼다. 그 이유는 새가 알을 낳아 부화할 시기가 1월이므로 새의 알을 깨뜨리지 않게 하기 위해서였다. 유가인은 환경을 함부로 파괴·변조하지 않고 생태계를 있는 그대로 보존하려고 애썼다. 즉 자연은 정복과 탐구의 대상으로 보기보다 있는 그대로 두고 보는 관조의 대상으로 주로 인식하였다. 그래서 조선의 역량과 관심은 주로 정신적으로는 내적이며, 지리적으로 국내적인 것에 국한되어 있었다. 인근의 국가들과의 외교적 관계 설정에 있어서도 예(禮)와 신의(信義)를 앞세웠고 배타적이기 보다는 수용적 자세로 일관하였던 것이다. 따라서 상대 국가를 정복의 대상으로 보기보다는 같이 가는 동반자로 생각하였다.

유교의 오행설(五行說)은 현대의 화학(化學)과 매우 유사한 면이 많지만 실용성은 거의 없다. 우주는 다섯 가지 소인(素因) 또는 기운(氣運)으로 구성되었다. 즉 수(水), 화(火), 목(木), 금(金), 토(土)로 구성되었으며, 서로 생(生)하고 극(克)하는 상극의 관계를 가진다. 이 오행설의 5가지 소인들은 정신적이면서 물질적 특성을 모두 내포하고 있다. 수(水)는 우리가 일상적으로 마시는 물이며 화학적으로 H2O로 구성된 것이다. 아울러 수는 뜨거운 것을 식혀주는 성질을 가지고 있으며, 위에서 아래로 흘러내리며, 지극히 자연의 법칙에 순종하는 순리대로 사는 사람의 성격을 표현할 때 '물 흐르듯이 산다'라는 말을 쓴다.

이 오행설이 나름대로 서양에서 발전한 화학(化學)처럼 물질의 세계를 쪼개어 분석한 측면은 있으나 소인(素因)들의 의미가 너무 포괄적이며 기능적 설명력은 떨어진다. 물질적, 정신적 세계를 이해할 때 적용할 수 있는 포괄적 개념은 될 수 있지만, 실제 우주와 물질을 구성하는 미세한 분자와 원자의 성질 그리고 이들의 상호작용을 논리적으로 설명하지는 못한다. 나무(木)를 거센 불(火)로 가열하면 새까만 재(土)가 된다는 사실을 아는 것과 나무를 태우면 일부는 기체가 되어 공중에 날아가고 일부는 탄소로 구성된 까만 재가 된다고 아는 것과는 엄청난 차이가 있는 것이다. 물질을 미세한 원소로 분해할 수 있다는 생각에 이르지 못하면 다양한 물질들을 재구성하여 부가가치를 지닌 새로운 물질을 창조할 수 있다는 생각도 할 수 없다. 따라서 이러한 전통적 오행설을 가지고 군사적, 경제적, 문화적 목적으로 쓸 수 있는 화학물질을 재창조하기가 어려우며, 물질의 조작을 통한 다양한 재화의 생산과 가공 기술의 발견은 힘들어질 수밖에 없다.

유교의 입장에서 볼 때, 현대 과학이 무수한 분과로 세분화되어 각각이 지나치게 세분화된 세계로 나누어지기 때문에 지식의 총체적 조화가 없다는 비판의 대상이 될 수 있다. 그러나 최근에 제안된 서구의 '시스템 이론'이나 '시스템적 사고'는 이러한 지적이 과하다는 점을 말해준다. '시스템'(system)과 '시스템적 접근방법'(systematic approach)이란 수많은 요소들이 상호작용하는 복잡한 현상을 쉽게 이해하도록 돕는 공학적 접근방법이다. 많은 요소들을 개체로 나누어 이해하되 요소들 사이의 관계도 동시에 고려한다. 시스템이란 단어는 일종의 체계(體系)로 번역될 수 있으며, 오행설의 다섯 가지 소인처럼 추상적이며 물리적인 측면을 모두 가지고 있다. 시스템이란 "공통된 목표를 달성하기 위하여 상호작용(interaction)하는 요소들의 집합"으로 정의할 수 있다[2]. 여기에서 상호작용이란 개별 요소들이 요소들끼리의 관계를 유지하면서 독자적으로 작동하는 것을 의미한다. 요소들끼리 관계를 유지하기 위해서는 서로 끊임없이 정보를 교류해야 하고 균형을 이루기 위해서 각 요소들은 스스로를 조절해야한다. 따라서 서양의 과학이 서로의 균형을 무시하고 독단적으로만 움직이는 미세한 분과들의 이합집산으로 이해하는 것은 적절하지 않다.

서양이 자연을 정복하고 통제한다는 명분으로 무한정 파괴만 한다는 비판을 받기도 한다.[3] 비록 서양이 "자연을 한갓 물질적 거괴(巨塊)로, 지적 욕구의 탐구대상으로, 그 탐구를 통하여 인간의 편의에 맞게끔 마음대로 개발 변조할 수 있는 대상으로 파악하여." 이를 분해하고 혼합하고 실험하면서 파괴한 측면도 있으나 인간의 지적·행동의 지평선을 넓혀 준 점은 인정해야 한다. 서양과학의 무절제한 특성에 제동을 건 브레이크는 과학을 탐구하고 그 과학을 응용하는 사람들의 도덕성과 절제라 할 수 있다. 따라서 서양의 탐구 정신과 과학적 사고방식을 자연훼손의 원인으로 규정하기보다 모든 종족이 공통적으로 갖고 있는 탐욕과 무절제가 인간과 자

2) 김효석·홍일유, 『경영정보시스템』, 법문사, 2002, p. 46
3) 이완재, 『공자에서 퇴계까지』, 2001, p. 96.

연환경을 훼손하는 것으로 보아야 한다.

이러한 사랑과 절제를 말하는 사상적, 종교적 노력은 비단 유교에서만이 아니라 서양의 종교와 철학에서도 발견할 수 있다. 서양의 과학기술의 발전이 서양의 물질적 풍요에 긍정적 역할을 끼칠 수 있었던 것은 유교가 강조했던 인간과 자연에 대한 경외심이 서양의 종교와 철학에도 있었기 때문이다. 서양의 과학기술의 발전은 실용주의와 인본주의와 같이 인간의 생명과 권리를 중시하는 사상적 지주가 균형을 갖추어 주었기 때문에 서양 세계를 공멸로 몰지 않고 오늘날의 물질적 번영의 세계를 추구할 수 있었다.

조선의 정신을 지배하여 온 유교적, 성리학적 가치관은 물질의 창조적 결합과 변형을 통한 부가가치의 창출과 시스템의 효율성을 중시하는 실용적 가치관의 생성을 억제하였고, 산업 발전을 통해 국가와 개인에게 주어질 물질적 풍요의 기회 보다 정신적 조화와 인간관계의 질서를 더 중시하였다. 결국 국가를 물리적으로 강하게 만들고 국민에게 풍요를 제공할 수 있는 물질과 부는 합당한 대우를 받지 못하였고 최우선 과제에서 밀려났다. 조선시대에 물질과 에너지 그리고 과학과 기술에 높은 가치관을 두고 국가적 과제로 장려하였던 때가 군주(예: 세종대왕)에 따라 전혀 없었던 것은 아니지만, 그러한 노력들이 체계적으로 축적되어 사회의 가치관, 개인의 경제관과 사고방식에 영향을 주면서 산업의 발전과 국가 경쟁력의 원동력이 되기까지 발전되지 못하였다.

Chapter 06

조선의 근대화 실패와 원인

조선의 쇠락이 정신세계와 사고의 체계를 떠나 실제 어떠한 상황과 사건들의 전개와 관계되는지 알아보자. 그런데 왜 조선인가? 조선은 비록 일본의 식민통치라는 공백이 중간에 있었지만 민주공화국 대한민국이 세워지기 전에 적법한 절차에 따라 세워진 봉건왕국이었다. 식민 통치의 과정을 거쳤지만 1948년에 시작된 한국의 초라한 출발은 쇠퇴한 조선 말기의 당시 상황의 연장선상에 있기 때문에 조선의 멸망과정을 검토해 보자는 것이다.

조선이 멸망한 것은 결국 국력이 쇠진하였기 때문이다. 국민이 내는 세금은 줄어들어 국가 경제력은 약화되고 따라서 군사력이 쇠퇴하면서 외부의 침략으로부터 스스로를 방어할 수 있는 외교력과 자위능력을 상실하였기 때문이었다. 그렇다면 조선이라는 나라가 경제력과 군사력의 쇠퇴와 자위능력의 결여를 겪게 되는 과정은 어떠했을까? 결론적으로 조선의 군주와 지도층은 당시 세계적 가치관의 변화를 정확하게 읽지 못하였고, 국가가 자주성을 지켜 나가는데 필요한 핵심성공요인(critical success factors)을 파악하여 그것을 확인하고 쟁취하는 일에 실패하였다. 국가를 부당한 외압으로부터 지켜내는데 필요한 핵심 경쟁력(core competence)이 무엇인지 정확하게 읽지 못하였고 이것을 위해 필요한 국방력의 강화, 사회적 인프라의 변혁과 새로운 질서에 맞는 가치관의 변화를 적절한 시기에 이루어내지 못하였다.

조선은 건실한 경제력을 바탕으로 한 강한 국방력이 국가의 명운을 결정짓던 제국주의 시대에 군사력을 갖추는데 필요한 지식역량과 과학기술 그리고 생산기술의 축적에 눈을 돌리지 못하였다. 조선의 왕들과 지배계급은 세계의 열강들이 군비를 증강하고 식민지 개척을 통하여 국력을 확장하는 일에 힘을 모으고 있다는 사실을 알고 있었는지 조차 모를 정도였다. 변화와 혁신의 물꼬를 터는데 필요한 강한 나라에 대한 비전과 리더십, 합리적인 논의와 합의 과정 그리고 변화를 주도하고 이에 적응하는 문화가 조성되지 않았다. 대외정책의 기조, 사회의 보편적 가치관과 사고방식, 불평등한 신분제도, 부적절한 교육제도와 교과내용, 이 모든 것들이 변화와 혁신의 물꼬를 터는데 있어서 한계로 작용하였다.

18~19세기에 세계의 강대국들은 강력한 군사력을 바탕으로 자국의 이익을 극대화하려는 군국주의, 식민주의, 제국주의가 판을 치던 시대였다. 군사적 우위를 무기로 약소국가를 정복한 후, 경제적 이익을 도모하던 것은 당시 일찍부터 해양 국가를 지향했던 강대국들의 기본 전략이었고 시대적 가치관이었다. 따라서 무기의

현대화와 생산기술의 약진이야 말로 바로 국가 경제 발전의 견인차였다. 강한 군사력은 자국을 보호하며 약소국가를 대상으로 외교적, 정치적으로 압력을 행사하여 일방적인 경제적 침탈과 착취를 가능하게 하였다. 19세기에는 군사력의 비교 우위를 바탕으로 다른 국가의 내정에 적극 간섭하였으며, 힘의 우위를 내세워 영토의 확장과 국부를 축적하는 일이 당시 강대국들의 주요 전략이었다. 그래서 영국, 프랑스, 독일, 일본 등은 군사적 우위를 앞세워 앞 다투어 식민지를 개척하였고, 식민지 수탈을 통하여 자국의 경제 발전에 필요한 에너지를 계속 얻었던 것이다. 여기에서 당시 팽배했던 군국주의와 제국주의의 좋고 나쁨과 옳고 그름을 논의하고자 하는 것은 아니다. 단지 그 시대의 대세가 그러하였으나 우리나라는 그 흐름에 동참하지 못해 가해자가 아닌 피해자의 위치에 서게 되어 많은 억울함을 당할 수밖에 없었다는 점이다.

18~19세기, 약소국가의 근대화는 고통을 수반하는 과정이었다. 이는 선진문물과 우수한 무력을 보유한 유럽의 제국들이 동쪽으로 그들의 세력반경을 넓혀 가는 과정에서 군사력에서 열세에 있던 피정복국가들이 반 강압적으로 겪어야 했던 현상이었다. 유럽 국가들의 우수한 무기와 전쟁기술은 이슬람 및 유교 문화권의 아시아 국가들에게 엄청난 위협이요 도전이었다. 조선, 일본, 청이 유럽 제국들을 접하면서 알게 된 것은 성능과 파괴력이 월등한 병기와 새로운 전쟁 방법과 전술이었다. 당시 강대국들의 힘과 경쟁력은 과학과 기술 역량의 소산이었고, 이를 이용하여 적을 효과적으로 제압할 수 있는 무기의 개발과 대량생산능력이 국가의 존립에 매우 중요한 요소들이었다. 오늘날 세계화 시대에는 사회와 조직

그리고 개인의 생산성 향상에 크게 기여하는 반도체 칩, 컴퓨터, 네트워크 기술이 국가의 경쟁력을 결정하듯 당시에는 강한 군사력과 현대식 무기, 대량 생산능력 그리고 기동성이 국가의 경쟁력을 결정하였다. 유럽 제국의 강한 힘과 압박에 직면한 동양의 국가들은 모두 '부국강병'책을 강구하였으며 이를 위해 선택한 모델이 '구미(歐美) 모방' 즉 구미화(歐美化)라 할 수 있었다.

국가와 조직은 늘 크고 작은 문제와 도전에 직면하기 마련이다. 그 때마다 그 문제를 적절하게 다루지 못하고, 문제에 대한 판단을 유보하고, 그릇된 정보로 최적의 결정을 하지 못하는 일이 반복되고 그것이 누적되다 보면 어느 시점에서는 자생력과 독자성을 상실한 상황에 이르게 된다. 당시 나라의 운명을 책임지고 있었던 자리에 있었던 어느 누구도 조선이 망하는 일을 바라지 않았을 것이다. 그러나 나라가 서서히 망국의 늪에 빠지게 된 것은 그 운명을 다시 되돌리는데 필요한 복원 시스템이 망가져버렸기 때문이었다. 흔히 '국운이 다 했다'는 표현을 그렇게 쓰기도 한다. 기회가 없는 개인과 국가는 없는 법이다. 조선도 예외는 아닐 것이다. 조선이 강한 나라, 적어도 자신을 외세로부터 보호할 수 있는 나라로 거듭날 수 있었던 기회는 여러 번 있었지만 그 기회를 활용하여 국가적 역량으로 축적하지 못한 것이 불운이라면 불운이었다.

누구든 의도적으로 잘못된 판단과 결정을 하고 싶어 하는 사람은 없다. 그 시대의 정치인과 지도층 사람들이 그렇게 판단하고 행동하는 데는 그렇게 할 수 밖에 없도록 만든 시대적 배경과 분위기가 있었기 때문이다. 사람의 판단과 행동에 결정적인 영향을 미치는 것은 그 시대에 풍미했던 가치관과 정신세계, 사고방식 그리고 활용 가능한 정보와 지식의 깊이와 넓이라 할 수 있다. 그런 측면에서 조선이 망한 이유를 알기 위해서는 당시 지배계층과 서민들의 정신을 지배했던 정신세계와 지적 한계를 보여주는 당대의 사건과 사회적 풍토를 검토할 필요가 있다.

기회와 역량축적의 불발

14세기 말, 임진왜란을 승리로 이끈 3대 대첩은 행주대첩, 노량대첩, 한산대첩이었다. 행주대첩에서 승리를 할 수 있었던 것은 망암(望庵) 변이중(邊以中:1546~1611)과 그가 제작한 화차(火車)라고 하는 신무기의 역할이 매우 컸다. 해전에는 이순신의 '거북선'이 있었다면, 육전에는 변이중의 '화차'가 있었던 것이다. 변이중은 왜군의 조총에 대항할 수 있는 무기를 연구하다가 화차를 개발하였다. 화차는 수레를 이용하였기에 이동도 용이했을 뿐만 아니라 한 번에 화살을 수십 발씩 장착하여 동시에 발사할 수 있는 무기였다. 이와 유사한 무기가 임진왜란 전 문종 때인 1451년에 '문종화차'라고 하여 개발되어 있었지만, 이후로 평화로운 시절이 계속되어 사용이 흐지부지되다가 변이중이 다시 계승 발전시킨 것이다. 그의 화차는 화살 3~4개가 들어가는 통이 있고, 이 통이 가로로 5개, 세로로 10개가 장착되어 있었다. 한 번에 200발의 화살이 동시에 발사되는 강력한 무기였다. 도화선을 연결해서 화약에 불을 붙이면 엄청난 폭음을 내면서 자동 발사되는 구조였다. 행주대첩에서 이 화차가 40여대가 동원되었고 그래서 아군은 3400명의 병력으로 왜

군 3만 명을 제압할 수 있었다. 그러나 이러한 화차가 차세대 화력으로 업그레이드되어 조선의 국방을 획기적으로 선진화시키는 불소시게가 되지는 못하였고, 화차에서 이용된 기계적 시스템이 다른 분야에 응용되어 생산성 향상에 기여한 것도 없었다.

조선은 서양의 선진 기술을 받아들여 부국강병을 도모할 수 있는 기회들이 많이 있었다. 그러나 그 때마다 군사력 증강과 무기의 근대화를 통한 강한 국가로의 길로 이어지지 못하였다. 조선의 지도층이 처음으로 서양문물을 접하게 된 것은 소현세자가 청나라에서 아담 샬과 교재 할 때였다. 1637년 인조가 청의 태종에게 삼전도에서 '삼배구고두'의 치욕적인 굴욕을 당한 후, 소현세자와 봉림대군이 인질로 잡혀갔다. 인질이 된 지 7년만인 1644년에 소현세자는 북경에 들어갔다가 당시 북경의 천문대장이었던 아담 샬과 교제를 하게 된다. 그 후 약 70일이 지난 후, 소현세자는 인질에서 풀려나 조선으로 귀국하게 된다. 아담 샬은 세자가 귀국할 때 천문, 산학, 성교정도에 관한 서적과 천주상을 선물로 주었으나 그는 서적만을 받아 귀국하였다. 그러나 안타깝게도 세자는 귀국한 지 3개월 만에 온 몸이 까맣게 되고 모든 구멍에서 출혈하는 괴질로 사망하고 말았다. 그의 죽음으로 조선이 서양의 선진 문물을 접하여 변화의 물꼬를 틀 수 있는 첫 번째 기회를 상실하였다.

조선이 서양의 선진 문물과 접할 수 있었던 2번째 기회는 외국의 난파선을 통해 찾아왔다. 1653년 8월 15일, 일본 나가사키로 향하던 네덜란드 동인도회사 소속 스페르웨르호가 폭풍우에 난파되자, 배에 타고 있던 네덜란드인들이 제주도에 표류한 것이다. 64명 중 36명만이 살아남았는데 이 중 서기(書記)였던 하멜(Hendrik

Hamel · 1630~1692)도 포함돼 있었다. 이들은 서울로 이송됐다가 전라병영성(전남 강진군 병영면)을 거쳐 여수, 순천, 남원 등 세 곳에 분산· 억류되었다. 여수(좌수영)에 있던 하멜을 포함한 8명의 네덜란드인은 1666년 배를 타고 일본으로 탈출, 1668년 본국으로 귀국했다. 하멜은 귀국 직후 네덜란드에서 조선의 사정을 서양에 상세하게 소개한 책 '하멜표류기(부록 조선국기)'를 출간하였다. 당시 우리나라는 서양에 이름조차도 생소한 나라였다. 도중에 사망한 세 명을 제외한 33명의 하멜 일행이 병영성(이곳에서 11명이 죽었다)에 머물렀던 기간은 1656년 3월부터 1663년 2월까지 약 7년이었다. 서학사의 관점에서 본다면 하멜 일행이 조선에 거주했던 7년은 조선이 서양의 문물에 접할 수 있는 절호의 기회였다. 그들은 역법(曆法)과 의방(醫方)에 정통한 사람들도 있었고, 조총과 대포를 잘 아는 사람들이었다. 그들이 지니고 있던 천문 관측술, 항해술, 대포 및 소총의 제조와 조정기술을 당시 조선이 잘 전수만 받았다면 한반도의 운명이 달라질 수도 있었다. 그러나 조정의 어느 누구도 하멜 일행이 보유하고 있는 신문명과 신기술에 관심을 갖지 않았으며, 이것들을 체계적으로 배워 국가적 지적 자산으로 만들려고 노력한 흔적이 없었으며, 우수한 인재를 발굴하여 서양 언어와 기술을 습득하기 위한 체계적인 노력을 하지 않았다.[1] 당시 조정의 국가전략에는 해로를 이용한 해양 전략이 부재하였으며, 지도층과 지식층도 선진기술의 도입을 통한 부국강병의 필요성을 절실하게 느끼지 못하였다. 하물며 정보가 제한된 평민들이 이러한 것

1) 강재언, 『조선근대사』, 동경: 평범사.

에 대한 필요성을 느낄 리 만무하였다.

표류한 외국인에 대한 이러한 조정의 태도와 처우는 일본의 그것과 매우 대조된다. 임진왜란을 전후하여 일본에 36년 동안이나 체류하고 있었던 포르투갈의 루이스 프로이스(Luis Frois)신부는 이렇게 기록하고 있다.[2)]

> "만일 일본에서 출항한 우리 포르투갈의 범선이나 그 밖의 배가 바람이나 조류로 인해 항로를 잘못 잡아, 항로에서 상당히 벗어나 조선의 항구에 도착하는 일이 발생하면 그들은 곧바로 전투태세를 갖추고 다수의 무장 함선을 출동시켜 어떤 이유나 변명도 인정하지 않고 그 항구나 지역으로부터 이들 침입자를 완전히 내쫓았던 것이다." (주강현, 2005, p. 190에서 재인용, 원저: Luis Frois, "Historia de Japan", 1549-1594(국립진주박물관 편, 『임진왜란과 도요토미 히데요시』. 오만·장원철 역, 부키, 2003, p. 187)

포로이스 신부는 1578년에 일본으로 향하던 포르투갈 선박이 조선에 표착한 적이 있는데, 선원들의 상당수가 살해되고 나머지 선원들은 간신히 탈출하였다고 기록하였다. 이 표류사건은 하멜이 조선에 표류하여 오게 된 1653년 보다 무려 75년 전의 일이기도 하다. 1604년에는 주앙 멘데스(Joao Mendes)라는 포르투갈인이 흑인 노예 2명 및 선원 40명과 함께 조선의 해안에서 붙잡혔고 4달 동안 억류되어 있다가 베이징으로 호송되기도 하였다.(주강현, 2005, p. 191에서 재인용, 포르투갈 신부가 본 임진왜란 초기의 한국, 강

---

2) 주강현, 『제국의 바다 식민의 바다』, 웅진싱크빅, 2005, p. 190.

병수, 왕선애 역, 주한포르투갈문화원, 2000)

조선의 외국인과 외국 문물, 특히 서양에 대한 배타적 태도는 비슷한 시기에 일본에서 일어난 사건과 큰 대조를 보인다. 1543년 일본 규슈(九州)의 최남단 가고시마(鹿兒島)에서 한참 떨어진 다네가시마(種子島)가 난파되어 입항한 남만국(南蠻國)(당시 아시아 쪽으로 진출해 있던 포르투갈과 에스파니아인)의 사람으로부터 엄청난 값을 치르면서 총기를 구매하였고 이것을 대장장이를 시켜 모방하여 대량생산케 한 사건이 있었다. 우리가 서양인과 서양 문물의 우월성에 대하여 무지하고 무작정 배척할 무렵, 일본은 일찍부터 서양의 앞선 문명과 우수한 무기에 지대한 관심을 가졌다는 사실을 알 수 있다. 물론 이러한 태도의 차이는 두 나라의 국내적 상황과도 무관하지는 않을 것이다.

조선이 근대화에 뒤처진 이유를 논할 때 빠지지 않는 것이 대원군이 집권하면서 시행했던 쇄국정책이다. 19세기 중반, 프랑스와 미국의 소규모 군대들은 조선의 개항을 요구하며 몇 차례 해안에서 시위를 벌였으나 조선의 군대는 이들의 시위와 위협을 큰 어려움 없이 막아낼 수 있었다. 대원군은 정규군이 아닌 소규모의 외국 군대들을 격퇴시킨 것에 대해 강한 자신감을 얻게 되었고, 그 후 천주교 탄압과 쇄국정책을 더욱 강화해 나갔다. 대원군이 강력하게 쇄국정책을 추진할 수 있게 된 배경에는 여러 가지 이유가 있겠지만, 기본적으로 당시의 지도층이 국제정세의 틀에서 조선이 처할 수 있는 위기에 대한 문제 인식에 한계가 있었음이 분명하다. 대다수 지도층 인사들과 서민들은 개항이 국권의 상실로 이어질 것이라는 확인되지 않은 불완전한 정보를 가지고 살았으며, 개항을 하면 바로 서양의 문물을 받아드려야 하고 이는 국가와 민족의 혼백을 빼내주고 정체성을 상실할 수 있다는 감성적 걱정에 편승하면서 배타적이고 폐쇄적인 태도로 일관하였다. 피지배 계급인 대다수의 백성들도 역시 이러한 분위기에 젖어 있었으며, 당시 정국의 주도권을 쥐고 있던 대원군 역시 이러한 전반적인 사회적 분위기(민심)를 거스를 수가 없었을 것이다. 헐버트는 "그(대원군)의 생애 중에 가장 커다란 실책은 로마 가톨릭 교도를 근절시키려 했다는 점과 외세에 대해 문호를 개방하지 않으려고 생각했다는 점이다"라고 했으며, 박은식은 "(대원군이) 외국에 대해서는 배척을 주장으로 삼아 쇄국정책을 써서 스스로 소경을 만들었다."고 비난하고 그가 배움이 모자랐기 때문이라고 비판하였다.

한편 대원군의 쇄국정책과 결코 무관하지 않았던 것은 당시 조선의 지배계급은 바다를 국가 발전 전략의 한 축으로 생각하지 않았으며, 해외에 눈을 돌리는 적절한 해양 정책을 세우지 않았다는 점이다. 백성들의 관심을 바다로 돌리고 국력을 해외로 표출하는 적절한 해양 정책을 수립하지 않았기 때문에 18~19세기 바다를 중심으로 한 주도권 다툼에서 제국주의 및 식민주의의 최대 피해자로 남을 수밖에 없었다(주강현, 2005). 주강현은 한일간 주요 현안이 되고 있는 독도문제를 제대로 이해하기 위해서는 '육지사(陸地史)'적인 측면보다는 '해양사(海洋史)'적 측면에서 접근해야 한다며 한국의 역사가 지나치게 육지중심으로 이해되어 왔다고 비판하였다. 조선의 지도층이 바다를 소홀히 하여 재앙을 자초한 사례로 울릉도와 독도를 들고 있다. 한반도의 동쪽 끝에 위치한 이 작은 섬은 조선말기 고종 전까지는 우리 조정(정부)이 공식적으로 통치

했다기 보다는 오히려 알려지지 않은 민중들이 지키고 보살펴 왔다는 것이 더 적합한 표현일지 모른다. 성종 때 삼봉도(을릉도)의 실체를 잘 알고 관리의 필요성을 조정에 주창했던 김한경과 그 가족들은 역적으로 몰려 몰락하는 사건이 있었다. 당시 먼 뱃길을 오가며 삼봉도를 관리해야 하는 일이 귀찮았던 관료들은 김한경이 실재하지 않는 섬이 있다면서 거짓을 아뢴다며 역적으로 몰았다. 그 후 울릉도와 독도의 지킴이 역할을 자임한 안용복, 홍순칠 사건 모두 당시 조선의 지도층이 바다를 이용한 해양 개척 전략이 부재하였음을 말해주는 사건들이다. 조선의 지도층은 동아시아를 넘어 해양을 개척하고, 바다 건너에 있는 타국의 자원을 활용하고, 다른 국가들과 교역을 통해 부가가치를 창출하는 길을 생각하지 못하였다. 바닷길을 열어 통상을 하지 않고 국내의 자원과 힘만으로 나라를 유지하고 치열한 국가간 경쟁에서 살아남을 수 것이라고 생각하였다. 게다가 인접해 있는 중국과 일본으로부터 받은 잦은 간섭과 침략의 경험은 조선이 외국에 대해 강한 피해의식을 갖도록 하였으며, 그래서 서양 제국들에 대한 문호개방에는 더욱 부정적이었다.

중국과 조선이 만들었던 지도를 보더라도 사고와 관심의 범위가 동아시아 지역에 한정되어 있었다는 것을 알 수 있다. 중국 송나라 때 제작된 화이도(華夷圖: 1136년)를 보면 세계지도라고 만들었지만 철저하게 중국을 중심으로 그려져 있으며, 조선을 포함한 주변 국가들은 대략적으로 그려져 있어 중화가 세계의 중심이라는 시각에 충실하였다. 조선이 건국된 직후, 태종 임금에게 바쳐진 혼일강리역대국도지도(混一彊理歷代國都之圖)는 중국 원나라의 세계지도를 참조하여 한반도와 일본 부분이 추가되었고, 아프리카와 유럽을 포함하고 있어 다소 확대된 세계인식을 반영하고 있었다(문중양, 2006). 이 지도가 1400년경 당시 우수한 세계지도라고는 하지만 중국의 화이도가 그렸던 동아시아 지역을 벗어나 유럽의 100여개 지명과 아프리카의 35개 지명을 다루었지만 궁극적으로 동아시아지역(중국, 한반도, 일본)을 크게 벗어나지 못한 한계를 지니고 있었다. 지도에서도 나타났듯이 조선의 지배세력의 시야는 중국-일본을 주축으로 하는 동아시아라는 테두리를 크게 벗어나지 않았다.

당시 외세의 문물을 극단적으로 배척한 것은 비단 우리나라만은 아니었다. 미국으로부터 문호개방을 하라는 끈질긴 위협을 받은 일본도 1865년 명치유신이 이루어지기까지 15년간 문을 닫아건 적이 있었다. 그런데 일본이 문호를 개방한 10여년 뒤인 1876년에 조선도 결국 문호를 개방하였지만 도입한 새로운 선진 문물을 국가경쟁력의 강화로 연결하는데 있어 일본과 달리 조선은 실패하였다. 개방하는 과정에서 아시아 국가들은 많은 혼란을 겪게 되는데 그 이유는 근대화가 그들의 선진 기술문명만을 받아드리면 되는 단순한 문제가 아니었기 때문이었다. 서양의 풍족한 물질문명을 받아들여 국가의 인프라를 다지고 국민들이 잘 살 수 있게 할 수만 있다면 문제가 없겠으나 그 물질문명을 지탱해 주는 정신적 토대라 할 수 있는 휴머니즘, 과학기술문화, 시민사회, 자본주의, 국민국가와 같은 또 다른 근대화의 현상들을 같이 수용하기가 쉽지 않았던 것이다. 따라서 **근대화의 성공여부는 동양의 국가들이 서양문물을 수용할 수 있는 정신적 토양과 물리적 인프라를 어느 정도 갖추었는지에 따라 많이 달라졌다**. 결론적으로 일본은 개항을 할 당시 근대화를 이룰 수 있는 사회적, 경제적 인프라를 상당한 수준까지 구비하고 있었으나 조선은 그렇지 못하였다. 그 결과 조선은 근대화라는 시대적 조류에 편승하는 기회를 놓쳐 낙후되었던 것이다. 유사한 예를 폴란드와 러시아가 공산주의에서 자본주의로 이행하는 과정에서도 찾아 볼 수 있다. 냉전이 종식되고 공산주의가 몰락한 다음, 폴란드와 러시아는 동시에 자본주의 경제체제로 전환할 기회가 생겼다. 그런데 폴란드는 공산주의가 되기 이전에 자본주의를 경험했던 적이 있어 자본주의를 이행하는데 정신적 준비와 사회적 인프라가 이미 많이 성숙되어 있어 성공할 수 있었으나 그런 경험이 없고 인프라가 약했던 러시아는 성공하지 못하였다.

더욱 불행했던 일은 조선이 순조로운 근대화를 돕는 우호적인 이웃나라를 갖지 못하였다는 점이다. 자국의 이익추구에만 눈이 어두워 이웃 나라의 고통은 안중에 없는 일본의 국수적 침략주의 때문에 조선은 근대화 과정에서 많은 비극과 시행착오를 겪었고 결국에는 국권까지 넘겨주게 되었다. 일본은 조선을 합병하여 지배하려는 자신들의 책략에 걸림돌이 되는 명성황후를 시해하는 등 이웃나라의 왕실에 감히 행할 수 없는 만행을 저지르기도 하였다. 명성황후의 시해로 인해 극도로 악화된 국제적 여론에 내어 몰린 일본의 모습을 다음과 같이 서술하고 있다. "동경에 있는 정치인들은 이번의 처사를 통해 일본이 국제무대에서 호평을 받을 것으로 알고 있는지 의심스럽다. 저토록 자랑스럽고 급속하게 발전하고 있는 문명국, 일본제국이 외교 분야에 있어서는 4반세기나 뒤떨어졌다는 사실을 이토는 모르고 있는 것인가? 만약 그가 이러한 사실을 모르고 있다면 그는 일본 민족의 영도자라고 볼 수 없다. 미개한 조선은 호전적인 이웃에게 쉽게 잊혀질 수 없는 잔혹한 교훈을 받았다. 일본의 발전을 진심으로 바라는 한 사람으로서 나는 일본의 잔인성뿐만 아니라 그들의 불의와 무분별을 역사에 기록하게 된 것을 서글프게 생각한다…" 명성황후가 시해되지 않았더라도 조선의 운명이 어떻게 달라졌을지 모르겠지만 몰락이라는 역사의 수레바퀴를 되돌리기는 쉽지 않았을 것이다.

결론적으로 당시 조선의 지배계급은 전근대적인 사고의 틀을 깨지 못하고 새로운 국제질서와 패러다임의 변화를 읽지 못하였다. 몰아쳐 오던 제국주의와 군국주의의 실상과 그것이 조선의 운명에 어떠한 영향을 미칠지를 정확하게 이해하지 못하였고, 이에 대비한 적절한 국가적 비전과 전략을 도출하지 못하였다. 당시 강대국들의 교역정책, 주변국가의 정치적 변화, 조선의 강점과 단점을 분석하여 정치·경제·군사·사회적 문제가 무엇인지를 합리적이며 과학적으로 분석하고 인지하는 역량이 없었다. 모두들 나라를 지켜야 한다는 애국충정은 뜨거웠으나 문제 파악에 필요한 정확한 정보는 절대적으로 부족하였으며, 구체적인 대안들을 토론하고 도출하는 효과적인 의견수렴체계와 의사결정시스템이 부재하였다. 리더들(대원군, 고종 등)이 방향을 제시하고 그것을 고집하면 감히 반대의견을 낼 수 있는 사람이 없었으며 그러한 일을 가능하게 하는 토론 및 의사결정 문화가 부재하였다. 민비(명성왕후)처럼 다른 생각과 전략을 가진 사람도 있었지만, 의견이 다름으로 인한 갈등과 다툼으로 혼란만 가중되었을 뿐, '쇄국'이라는 국가전략의 큰 흐름을 한동안 바꾸지 못하였고 시간은 조선에게 불리하게 흘러가 버렸다. 외국으로부터 지켜야 할 대상이 민족의 정신과 전통 문화

인지 아니면 국가의 자주적 통치권의 확보였는지에 대한 구분도 명확하지 않았다. 정신(이념, 전통)과 도구(과학기술)를 구분하여 국가의 경제력과 군사력 강화를 위해 서양의 도구를 도입해야 한다는 실사구시(實事求是)의 정신을 당시 일부 지도자들은 소유하고 있였으나 지배계급 다수의 생각을 바꾸고 사회의 분위기를 쇄신할 수 있을 정도로 성숙되지는 못하였다. 즉 도구를 바꾸면 정신(마음)도 따라 같이 바뀌는 줄 알았던 당시 지배계층의 사고방식과 문제해결 방식의 한계였다.

유교 망국론

인간관계의 윤리를 유난히 강조하였던 유학은 분석과 재결합을 강조하는 과학적 사고를 자극하지 못해 우리나라의 기술발전에 기틀을 제공할 수 없었다는 이야기를 앞에서 하였다.

유교, 특히 주자학이 조선에 처음 도입될 때는 좋은 취지로 시작하였으나 조선의 지배적인 사상이 되고난 후부터 조선을 망하게 하는 여러 가지 폐단, 즉 배타주의, 족벌주의, 전례주의, 권위주의를 낳았다.[3)]

단재 신채호는 유교가 사대주의와 당파싸움의 원인을 제공하였으며 그것이 나라를 망하게 한 원인이었다고 주장하였다. 함병춘은 "주자학적 정치의 가장 본질적인 취약점은 폭력을 무조건 부정

3) 이덕주, 『조선은 왜 일본의 식민지가 되었는가』, 에디터, 2002. p. 55.

하고 도덕만으로 인간에 대한 통치가 가능하다는 환상을 만드는데 있다."고 하며 "정치와 관련된 일체의 폭력을 싫어하다 보니 그런 폭력을 다루는 전문가인 군인들을 천시하게 되었고 그래서 국방의 임무도 비판과 기피의 대상이 되었다."고 하였다. 조갑제는 삼국시대의 벽화나 고분에서 표현되었던 거칠고 힘찬 기마풍습을 지녔던 조상과 혼자서 말도 제대로 탈줄 모르는 조선의 지배계급인 양반을 비교하면서 한국인의 야성과 진취성을 약화시키는데 결정적인 역할을 한 것이 유학이라는 주장을 하였다.[4] 김경일(1999)은 100년도 안되는 근세사에서 1910년 한일합방, 1950년 한국전쟁, 1997년 외환위기로 인한 경제파탄이라는 큼직한 시련을 겪는 이유는 태생적 한계가 있기 때문이며 이 한계는 유교로 인해 배태되었다고 주장하였다. 유교는 일종의 이방문화이며 이로 인해 사농공상으로 대표되는 배타적 신분제도, 토론부재를 낳은 가부장 문화, 위선을 부추기는 군자의 논리, 끼리끼리 협잡을 부르는 혈연적 폐쇄성과 그로 인한 분열, 여성 차별을 부른 남성우월의식, 스승의 권위 강조로 인한 창의성 말살 교육이라는 폐단을 낳았다는 것이다.

유학의 숭고한 정신을 삶 속에 실천한 집단은 조선의 선비집단이었다. 선비정신이란 불의와 타협하지 않고 의를 위해서 목숨도 초개와 같이 던질 수 있는 유교의 가르침을 실천하는 것이었다.[5] 선비는 학문을 숭상하고 그것을 연마하는 일에만 매어달리는 직업이었다. 벼슬을 받아 입신양명을 하지 않더라도 학문을 승계하는 양반가문의 자손들은 그 사회에서 존경을 받는 집단이었다. 그렇

4) 조갑제, 월간조선 96년 7월호.
5) 이완재, 『공자에서 퇴계까지』, 이문출판사, 2001, p. 30.

게 존경을 받을 수 있었던 것은 선비가 뜻을 가지고 인과 의를 실천하는 사람이었기 때문이었다. 인(仁)은 사랑의 원리요 의(義)는 옳음의 원리이다. 한마디로 선비는 숭고한 정신세계를 추구하는 종교적 구도자의 자세로 살 것을 세상은 요구하였다. 그러나 이러한 선비정신은 물질적 부가가치창출이 가져다주는 경제적 혜택과 개인의 행복권을 경시하는 부작용을 낳았다. 정신적 수양에 필요한 기초적인 음식과 생필품만 충족되면 될 뿐, 그 이상을 남겨 다른 용도로 쓴다거나 시장에서 물물 교환을 통해 이윤을 창출해야 한다는 아이디어와 공존할 수 없었다. 선비의 덕목이었던 안빈낙도(安貧樂道)가 이를 단적으로 잘 말해준다. '가난에 거하며 도를 즐긴다.' 선비가 이러한 덕목을 실천한 일은 마치 무용담처럼 야사와 구전을 통해 전해 내려져 갔다. 뒤주에는 쌀 한 톨 없는데 책에 빠져 있는 선비, 품을 팔아서 끼니꺼리를 마련해 오는 부인, 남편이 과거에 급제 하여 출세할 때까지 고생을 마다 않는 지어미의 지순한 모습은 조선시대 내내 사회적으로 칭송받는 부부의 모습이었다. 따라서 선비는 잉여와 부의 창출이라는 물질적 개념을 늘 초월해 사는 무력한 특수 집단이었다. 사농공상(士農工商)이라는 신분적 차별이 내재되어 있는 직업적 차별은 백성들의 경제관에 뿌리 깊게 자리 잡게 되었다. 사(士)에 해당하는 정신적 지배계층은 과학과 기술을 탐구하여 삶을 더욱 편하게 하고 새로운 가치를 창출하는 실사구시를 중시하지 않았으며, 생산을 통해 얻은 잉여 재화의 교환을 통한 개인의 부가적 가치를 창출하는 상인들은 사회의 중심 세력으로 인정받지 못했다. 1860년 무렵 조선 경제는 국가권력이 통제력을 상실할 정도의 '대위기'에 봉착하였고 초유의 인플레이션이 발생하면서 헤어날 수 없는 불황으로 빠져들었다. 따라서 조선왕조는 그 어떤 강력한 외세의 작용으로 멸망했다기보다 내부적으로 모든 체력이 고갈되어 파탄상태에 이르렀다는 주장(이영훈, 2005)도 있지만, 한편 조선에 대한 계속성이 결여된 열악한 통계자료만을 가지고 위와 같은 최악의 상황을 추론하는 것도 무리가 있을 수 있다는 반론도 있다.[6)]

결론적으로 조선을 지배하였던 유교 정신은 과학과 기술을 중시하여 경제적으로 풍요롭고 군사적으로 강한 국가 비전을 형성하고 이를 추구하기보다는 타협과 조화를 중시하고, 예와 명분에 집착하며, 다른 국가의 문제에 대한 불간섭을 원칙으로 하는 평화주의와 현상유지를 추구하는 국가 비전에 집착하게 만들었다. 이러한 예의정치와 평화주의가 잘못된 이념과 사상이라 폄하할 수는 없지만, 강한 군사력과 경제력을 앞세워 침략과 약탈을 시대적 가치관으로 내세웠던 식민제국주의 시대에는 피해를 받을 수밖에 없는 부적절하고 비현실적인 신념이요 자세였던 것이다.

당파와 당쟁

조선시대의 당파와 당쟁문제는 식민지 시대 때 일본의 어용 사학자가 조선의 역사와 조선 사람들의 성정을 폄하하기 위해 제기한 이론이라는 많은 반격을 받았지만, 당쟁을 유발했던 정치적 제

6) 이태진 외, 『고종황제 역사청문회』, 푸른역사, 2005, p. 61.

도와 구도를 조선 멸망의 또 다른 뿌리 깊은 원인으로 보는 국내 학자들도 많이 있다. 이 당쟁도 그 유래를 따지고 들어가면 주자학의 융성과 깊은 관련을 맺고 있다. 훈구파와 사림파, 서인과 동인, 대북과 소북, 시파와 벽파들이 당쟁의 역사에 등장하는 집단의 명칭들인데, 이들 당들이 의견이 달라 상대방을 죽이면서까지 싸우게 된 빌미가 된 것은 바로 공자와 그 제자들이 남긴 경전 어구의 해석이 대부분이었다. 성경 자구의 해석을 달리하면서, 성경의 자구를 현실에 적용할 때의 차이점 때문에 기독교가 수백 개의 교단으로 나뉜 것과 같은 이치이다.

당쟁으로 인해 조선이 쇄락했다는 의견은 국내외 학자에 따라서 의견차가 많다. 원래 '당쟁'이라는 용어는 1907년 일본 역사학자 사데하라가 그의 저서 '조선정쟁지(朝鮮政爭誌)'에서 처음으로 사용하였다. 그는 조선의 정당을 "주의(主義)를 가지고 다투는 공당(公黨)이 아니라 개인적인 이해관계에서 서로를 배척하기 위한 사당(私黨)"으로 규정하였다. 일본 학자들은 이 당쟁을 파벌을 만들어 정쟁만 일삼는 한국인들을 폄하하기 위해 사용하기도 하였다. 그러나 국내 학자들은 당쟁이란 어느 시대 어느 국가에서도 있었던 것으로 정치적 뜻을 달리하는 집단간에 있었던 정쟁으로서 당시 정치구조 속에서는 필연적인 것으로 보기도 한다.

생각과 의견이 다양하다는 것은 인간 사회에서는 당연한 현상이고 긍정적인 측면이 없는 것도 아니다. 어떤 문제에 대해 다양한 해결방안을 도출할 수 있고 논쟁을 통해 좋은 대안을 선택할 수 있는 기회를 높여주기 때문이다. 그러나 문제에 대한 해결방안을 놓고 서로가 끝없는 평행선을 긋고 합의를 이뤄내지 못하는 소모적 논쟁이거나, 논쟁의 결과에 따라 한 집단의 운명이 달라지거나 개인의 목숨이 왔다갔다는 논쟁에서는 합리적인 논리와 근거 보다는 정치적 판단이나 집단의 이기적 동기가 앞서면서 합리적인 결정을 내리지도 못할 뿐만 아니라 타이밍을 놓쳐 문제해결의 기회를 잃게 된다. 자신의 의견이 받아들여지지 않아 정치적으로 설 자리가 없게 되거나 개인과 집단이 한꺼번에 몰락할 수밖에 없는 극단적인 대립 구도에서는 소통과 타협이 부재하며 오직 불도저식 사생결탁의 소모적 논쟁과 감정적 판단과 감정적 선택 밖에 없다. 이러한 의사결정 문화에서는 국가와 민족의 발전이라는 대승적 목적을 위한 대화와 타협 그리고 객관적 문제해결안을 추구하기 보다는 자신과 자신이 속해 있는 당이나 집단의 승리에만 몰입하게 된다. 즉 이겨야만 한다는 목적에만 몰입하여 서로가 윈-윈의 선택은 설 자리가 없게 되는 것이다.

그런 측면에서 18세기 말과 19세기 초에 걸쳐 있었던 개국와 쇄국의 갈림길에서 개국의 당위성과 필요성에 대해 관료, 지배층, 지식계급이 얼마나 객관적인 정보에 근거하여 광범위하게 논의한 후 국가의 비전과 방향을 결정하였는지 알 수 없다. 소수의 관료집단들이 개국이냐 쇄국이냐의 논의를 독점하였으며, 논쟁을 할 때에도 세계의 정세를 간파하고 새로운 국제질서 속에서 소국 조선이 살아남을 수 있는 경쟁력의 강화에 초점을 두기보다 소속 당파와 집단의 명분과 실리를 앞세운 판단과 결정에 그 때 그 때마다 편승하였다. 결과적으로 조선 말기에 이르러 쇄국을 국정목표로 고집하는 집권세력이 통치를 하였고, 그 후 늦게나마 개방을 하려 하였지만 그 때는 이미 주변 국가와의 군사력과 경제력의 균형에서 열세에 몰려 있었다. 결국 조선의 대외정책은 '쇄국'으로 일관되었고, 급변하는 국제정세에서 조선은 자국의 안보에 필요한 군사적 외교적 조치들을 시행하고 근대화를 앞당길 수 있는 적절한 타이밍을 놓쳐 버렸다.

낙후된 조선의 모습

구한말에 조선을 방문한 외국인들의 눈에 비친 조선은 국가의 격에 어울리는 비전과 청사진이 없었고, 국민들은 패배의식에 젖어 미래가 없었으며, 공익과 공공 질서에 대한 문제의식과 이를 규율하는데 필요한 유무형의 규칙과 질서가 전혀 없는 미개인의 모습으로 비쳐졌다.

헐버트는 "그들(조선인)은 수적인 면에서 중국에 눌려 살고 있으며, 재치의 면에서 일본에 눌려 살고 있다. 그들은 중국인들처럼 상술에 능하지도 못하며, 일본인처럼 싸움을 잘하는 민족도 아니다. 기질의 면에서 보면, 그들은 중국인이나 일본인보다 오히려 앵글로 색슨 민족에 가까우며, 극동에 살고 있는 민족 중에서 가장 상냥하다. 그들의 약점은 어느 곳에나 무지가 연속되어 있다는 것이지만, 그들에게 부여된 기회를 선용하면, 그들의 생활조건도 급격히 향상될 것이다."라고 했다.[7] 헐버트의 관찰을 요약해 보면 조선은 자신의 운명을 스스로 개척할 수 없어 주변 국가가 휘두르는

7) 이덕주, 『조선은 왜 일본의 식민지가 되었는가』, 에디터, 2002, p. 362.

칼에 상처만 입는 나약한 민족으로 비쳐졌다.

공공 인프라

조선말기의 낙후된 공공 인프라와 공공의 질서의식을 살펴보자.[8] 한 나라의 근대화 수준을 평가하는 잣대로 도로와 운송시설, 상거래 및 화폐의 발달을 꼽을 수 있다. '모든 길은 로마로 통한다'라는 말 속에는 도로 인프라를 통한 인근 지역과의 접근성과 연결성이 한 국가의 경제발전 잠재력과 밀접하다는 의미가 포함되어 있다.

많은 사람들이 조선 말기의 열악한 도로와 운송수단에 대해 언급하고 있다. 일본 학자들도 조선이 당시 정체할 수밖에 없었던 이유로 열악한 도로 인프라를 들고 있으며, 조선에 대한 좋은 감정을 가지고 있었던 헐버트도 "전국을 통해서 길이라고는 거칠기 짝이 없어서 인력거도 제대로 다닐 수 없으며 우마차나 손수레는 말할 나위도 없다. 심지어 주요 도시 사이의 길이 종종 논둑 위를 따라서 겨우 걸어 다닐 수 있는 정도였기 때문에 이들을 연결하는 도로로는 그 정도가 너무 형편이 없었다. 조선에는 도로시설이 형편이 없었기 때문에 여름의 장마철이 되면 임시로 만들어 놓은 다리들은 물속에 잠기고 조그마한 냇물도 격류로 변하여 배를 이용하는 경우를 제외하고는 모든 여행이나 교통이 두절된다는 것은 놀라운 일이 아니다. 이 때가 되면 조선인들은 먼 길을 떠나지 않는다."고 하였다.

---

8) *Ibid.*, 272.

조선의 많은 지역을 여행한 이사벨라 버드는 "여행자들이 말을 타고 가거나 도보로 가는 속도는 한 시간에 3마일 정도로 도로 사정이 열악하다. 인공적으로 만든 도로는 거의 없으며, 설혹 있다 하더라도 여름에는 흙먼지가 많이 일고 겨울에는 진흙탕이 된다. 땅을 고르게 하지 않아 울퉁불퉁한 지면과 툭 튀어나온 바위 위를 걸어야 했다. 대개의 경우 길이란 짐승이나 사람들이 지나다녀 겨우 식별이 가능한 통로에 불과하다"고 기록하였다.

조선의 도로 인프라가 이렇게 열악했던 것은 당시 지배계급과 지식인들이 잘 뚫린 넓은 도로가 산업 발전에 주는 경제적 이익과 도로가 갖는 공공성을 잘 이해하지 못하고 있었다는 것을 말해준다. 더구나 이렇게 비효율적인 도로 인프라와 그것으로 인한 비경제성이 문제가 되지 않을 정도로 대규모 상거래와 물류 그리고 근대적 시장이 생성되지 있지 않았다는 것도 반증한다. 넓고 잘 닦은 도로가 있으면 재화와 서비스를 신속하게 이동할 수 있어 산지와 소비지간 시간 격차를 최소화하여 재화와 서비스의 가치를 높여주는 경제적 이익이 매우 크다. 잘 닦인 도로가 주는 경제적 효용가치를 잘 이해하지 못했던 당시로는 '도로가 왜 이 모양이지?'라고 의문을 제기할 지적 능력을 가진 사람이 지배계급이나 서민층에서 없었던 것 같다. 대다수의 백성들은 이러한 문제를 인식할 지적능력이 부족하였으며, 지배계층도 도로가 열악하므로 야기되는 경제적 비효율성과 그것으로 인한 국가 경쟁력의 약화를 정확하게 인식하고 있지 못하였다. 헐버트에 의하면 도로란 실제로 무엇을 위한 것이며 그것이 갖는 공공성에 관해 조선인들은 잘 인식하지 못하고 있었고 그러한 이러한 공공성을 훼손하는 개인을 처벌하는 법과 이를 집행하는 공권력도 없었다고 한다. "어느 조선인이나 벽이나 굴뚝을 고치는 데 필요한 진흙을 구하기 위해 도로 중앙에 나가 원하는 만큼 흙을 파간다. 흙을 파간 자리에 생긴 구멍을 메우는 것에 관해서는 아랑곳할 바가 아니며 다만 시간만이 그것을 해결해 준다. 나는 길에서 황소를 묻을 만큼의 큰 구덩이를 여러 번 보았다"고 경험담을 말하였다.[9] 즉 도로의 용도와 공공성을 잘 이해하지 못하고 있었으며 이러한 일들에 대한 사회적 합의된 규범도 없었으며 이에 대한 공적인 교육도 없었다.

상업과 무역

헐버트는 "조선인들은 자기들이 이용하고 있는 물물교환 수단을 바꾸어야 한다는 것을 알고 있지만 그 실천의 속도는 매우 느렸다. 서울에서는 그러한 방향으로 진행되고 있지만 대부분 사람들은 옛날부터 써오던 방법이 '법'처럼 되어 있다"고 말했다.

일본이 들어오고 나서 제일은행과 제오십팔은행이 서울과 개항장에서 은행 업무를 개시하고 있었다. 이 은행 개시로 일본의 엔과 달러가 전국에서 유통은 되었지만 이의 유통은 극소수에 한정되어 있었고, 일반 국민은 아직도 물물교환, 엽전으로 통용하고 있었다. 정부에 납입하는 세도 모두 쌀로 하고 있었고, 1900년이 지나서야 화폐로 납입하는 제도로 전환하기 시작하였다.

이에 비해 일본은 1868년 이후 산업화되면서 일본의 경제성장률은 거의 모든 유럽 경제를 앞섰다.[10] 도구카와 시대에는 1인당 소

---

9) *Ibid.*, 274-275.

10) 존 M. 홉슨, 『서구문명은 동양에서 시작되었다』(원제: The Eastern Origins of Western Civilization), 정경옥 역, 에코리브르, 2005, p. 127.

득이 증가하였다는 연구와 1868년 이전에 실질임금과 소득증가로 비교적 높은 수준의 생활을 누렸다는 증거도 있다(Susan and Yamamura, 1977). 급속히 성장하는 일본의 상업을 뒷받침하기 위해서 신용기관들이 1630년대에 오사카에 처음으로 나타났으며, 최초로 선물거래를 한 일본인도 1730년 도지마에서 나타날 정도로 일본의 산업과 상업을 체계를 잡아갔다.

과학기술교육[11)]

문제에 대해 사람들이 합리적으로 사고하고 과학적으로 판단하며 수많은 정치·사회·경제적 요소들 간의 관계를 추론하는 지적 능력에 영향을 미칠 수 있었던 것이 근대화 교육이었고 그 중에서도 특히 과학과 기술을 다루는 분야이다.

조선말 교육·도덕·지성 면에서 가장 큰 영향력을 발휘한 교육기관은 1887년 국왕으로부터 교명을 하사받은 배재학당이었다. 배재학당에는 고전한문과 셰필드의 세계사, 기타 한문, 언문부가 있고, 소규모의 신학과 그리고 역사 지리 산수 초보 화학 자연 철학을 가르치는 영어부가 있었다. 1988년부터는 오링거(F. Ohlinger)의 주도하에 정규과정과 분리된 기술교육(붓과 미투리, 구두 제조, 그리고 인쇄와 제복작업)도 시작하였다.

비슷한 시기에 헐버트는 당시 조선의 과학 및 기술교육 현황을 이렇게 서술하고 있다. "공업계 및 기술계 학교를 살펴본다면 조선에는 아직 아무것도 없다. 농업, 광업 및 기계분야를 다루는 학교

11) 김근배, 『한국근대과학기술인력의 출현』, 문학과 지성사, 2005.

를 세우려는 움직임이 산발적으로 일어나고 있지만 모두 실패했는데 그 이유는 대체로 그와 같은 교육이 일반적인 기초 과학을 먼저 습득하지 못했기 때문이다. 다목적인 이론 훈련학과를 제외한다면 전문적인 직업학교에 관하여는 아무런 움직임도 보이지 않고 있다."

1897년 고종은 늦었지만 외세의 압력에 대응하여 스스로 자주독립국가임을 천명하면서 국호를 대한제국으로 개명하였다. 고종은 이른바 광무개혁을 추진하여 부국강병을 도모하였고, 1899년에 관립 상공학교 관제를 마련하고 다른 과학기술계 학교 설립에도 중요한 계기가 된 조칙을 학부에 내렸다. 조칙의 내용을 요약하면 세계 각국이 과학기술을 강조하여 사물의 이치를 터득하기 위해 노력을 아끼지 않고 있는데 반해 우리나라는 너무 뒤떨어져 있어 백성의 생업이 피폐해지고 그로 인해 나라 재정도 점점 궁핍해 지는 마당에 관립 상공학교를 서둘러 개교할 것을 촉구하는 것이었다. 다음 해(1900년)부터 과학기술교육이 비약적으로 확대되어 나갔다.

대표적인 과학기술계 학교인 관립 상공학교는 1900년부터 운영될 것으로 기대되었으나 예산이 갑자기 취소되는 바람에 한동안 이름만 유지되다가, 1904년에 이르러서야 관립 농상공학교로 개편되어 출범하게 되었다. 그러나 이러한 노력은 러일전쟁에서 승리한 일본이 본격적으로 한국을 침탈하기 시작하면서 차질을 빚게 된다. 1905년 일제의 고문정치가 시작되면서 조선의 과학기술학교의 설립과 교과과정 그리고 학생모집 등을 전면적으로 간섭을 시작하면서 자주적인 교육기관의 설립과 교육 활동은 제동이 걸리기 시작하였다.

많은 사람들이 국내에서 받는 교육에는 한계가 있음을 인지하고 외국으로 공부를 하러 나갔다. 한국인이 일본에 가서 전문적인 과학기술교육을 받고 돌아오기 시작한 것은 1900년 무렵이었다. 유학생 이주환은 측량학을 공부하였고, 박원서는 도쿄상선학교를 졸업하였고, 1906년에는 상호(尙灝)라는 한국인이 도쿄제국대학 공학부 조선학과를 최초로 졸업하였다.

1905년 한 일본 교육자가 한국인을 바라본 시각을 보면, 한국인을 폄하하기 위해서 편향된 시각으로 바라본 면도 없지 않으나 우리나라 유학생들의 수리능력이 일본인들에 비해 많이 뒤쳐졌던 것 같다. 이는 앞에서 말한 헐버트가 관찰한 내용과 유사한 점이 많다. 도쿄부립 제1중학교 교장은 "(한국 유학생들은) 일본어의 진보는 놀라울 정도로 빠르지만 수학과 기타 과학을 말할 것 같으면 형편없다. 그 열세 정도를 비교해보면 25-26세에서 32-33세로 구성된 혈기왕성한 장연자의 수리 두뇌는 일본의 고등 2-3년급 소년에도 미치지 못한다"고 하였다. 이러한 시각은 당시 특정 일본인에게 한정된 것이라기보다 일본인 사이에 널리 공유되었던 것으로 보인다.[12] 조선 후기, 과학기술교육이 제대로 이루어지지 않았기 때문에 그만큼 대다수 사람들의 과학적, 수리적 사고능력이 상대적으로 뒤떨어졌던 것으로 보인다.

1905년부터 1918년까지 일본 제국은 조선을 식민통치하는데 필요한 기초 자료를 확보하기 위해 토지조사 국책사업을 추진하였고

12) 김근배, 『한국근대과학기술인력의 출현』, 문학과 지성사, 2005, p. 79.

이를 위해 조선인을 상대로 측량기술인을 양성하였다. 이들은 수신, 일본어, 물리, 수학, 측량, 제도 실습 등과 같은 과학기술과목을 이수해야 하였다. 그러나 이렇게 양성된 조선인 측량기술인들은 토지조사사업이 끝날 즈음에 모두 정리해고 되었기 때문에 배운 기술들이 공공 및 민간부문에서 경제적 가치를 갖는 지식으로 활용되지는 못하였다.

청일전쟁 후, 조선인들은 쇠락해 가는 나라가 다시 일어서기 위해서는 합리적 사고와 과학적 문제해결방법을 가르치는 과학기술교육의 필요성을 절감하기 시작하였다. 이와 맞물려 조선에 와 있던 기독교 선교사들은 생업에도 도움을 줄 수 있는 기술교육을 곳곳에서 시작하였다. 1902년에 미국인 사무엘 데이비스(Sammuel S. Davis)는 목공부, 주물부, 철공부를 신설하였고 이전의 자조근로부와 인쇄부를 그것에 통합하여 기계창(Anna Davis Memorial Industrial Shop)을 설치하였다. 1906년에는 평양의 기독교신자들이 주도하고 일반인들도 참여하여 조성된 기금과 미국 감리교 교회가 보내온 성금으로 이학관(Science Hall)이 건립되기도 하였다. 그러나 당시 기술교육이란 정규교육과정과는 완전히 분리된 채 관련 정규 교과목도 없이 비체계적으로 진행되었으며, 대개는 저급한 수준의 실습 및 제작으로만 시행되었다. 그러나 교육생들은 대체로 근대 기술 및 산업 교육에 놀라울 정도로 뛰어난 적응력을 보여주었다.

한일합방 후, 일본은 일본인이 주축이 되는 식민지 과학기술교육체제를 본격적으로 만들기 시작하였다. 따라서 과학기술자는 대부분 일본 본토로부터, 일부는 조선에서 양성된 일본인으로 충원하였다. 따라서 조선은 엄밀한 의미에서 과학기술이라 부르기 힘들 정도로 낮은 수준의 교육을 받았다.[13] 그럼에도 불구하고 미국 선교사가 주축이 되어 설립된 숭실학교, 연희전문학교 등에서는 수리, 물리, 화학, 생물 등의 기초과학과목들을 가르치기 시작하였다.

1919년 3.1운동이 있은 후, 뜻있는 조선인들은 조국의 역량을 증진시키기 위해 여러 영역에 관심을 갖기 시작하였고, 스스로의 힘과 노력으로 이 일을 해 나가야 한다는 생각을 갖기 시작하였다. 이 즈음에 과학기술의 중요성과 필요성에 대한 주장도 각처에서 제기되었는데, 공우구락부 조직, 발명학회 창립, 안창남 모국방문 비행, 각종 과학강연회, 잡지 발간 등이 눈에 띄는 활동들이었다. 아울러 그 동안 철저하게 차단되어왔던 해외유학을 통한 고등교육 이수가 3.1운동에 따른 일제의 유화적인 통치정책으로 가능해지자 많은 사람들이 유학의 길에 올랐다. 식민지시기에 이공계 대학 졸업자가 본격적으로 등장한 것도 이때부터였다.

1935년경부터 조선에는 정체성을 견지하며 민족의 발전을 추구하려는 활동이 각 영역에서 활발하게 일어났고 그것을 재정적으로 도와주는 재력가들도 등장하였다. 조선인들이 주축이 되어 중등학교 설립 및 확장운동을 벌리면서 조선 전역에 걸쳐 많은 중등학교, 나아가서는 일부 전문학교의 설립과 확장이 추진하였다. 특히 과학지식 보급회와 그 지회들이 결성되어 일반 대중을 대상으로 과학대중화를 대대적으로 전개하였을 뿐 아니라 기업가들이 지원하여 전문 연구기관을 창설하기 위해서도 힘썼다. 조선인들이 직접 공업계 학교 또는 학원 등을 세우거나 설립에 크게 기여함에 따라

---

13) *Ibid.*, 143

과학기술인력을 훨씬 더 많이 배출하기 시작하였다.

민립 대학인 보성전문, 기독교 대학 연희전문 등은 오래 전부터 이과를 설립할 계획이 있었으나 사립학교 설립과 확장을 억압하는 일제의 정책으로 뜻을 펴지 못하였다. 그러나 3.1운동 이후 일제는 커져가는 조선인의 반감을 누그러뜨리고, 조선인의 실력양성운동과 높은 교육열에 밀려 결국 관립 경성제국대학을 설립하게 되었다. 대학 내 이공학부의 설립은 정치적인 이유로 한동안 미루어지다 식민지 지배 말기인 1941년에 이르러서야 가능하게 되었다. 1942년 당시 경성제국대학 이공학부에 설치된 전공은 물리학, 화학, 토목공학, 기계공학, 전기공학, 응용화학, 채광야금 등 이었다[14].

요컨대 19세기 말경부터 조선은 과학기술 교육의 필요성을 인지하기 시작하여 정부차원에서 교육기관을 설립하는 등의 노력을 하였지만 낙후된 교육시설과 낮은 교육자의 자질로 인해 양질의 과학 교육을 제공하지 못하였다. 그러나 당시 지도층은 과학기술 교육이 우리나라의 주권회복과 기초적 생존에 매우 절실함을 깨달았으며, 이에 대한 열망과 노력은 한일합방이 된 이후에도 계속 이어져 민간단체나 선교단체들이 많은 고등교육기관을 설립하였다. 이들 고등교육기관이 졸업생을 배출하고 해외유학파들이 귀국하여 강단에 서면서 과학적 사고와 합리적 의사결정에 근거한 분석적 행동과 실용적 학문이 사회에 유입되어 확산되기 시작하였다.

---

14) *Ibid.*, 466

Chapter 07

조선의 의사결정문화

20세기 초에 우리가 당시 국제정세에 적응하지 못하고 독자생존에 필요한 경쟁력을 잃으면서 어떻게 일본으로부터 국권을 잃게 되었는지를 알기 위해서는 우리나라의 전통적인 의사결정문화에 어떤 문제가 없었는지를 역사적으로 되돌아볼 필요가 있다. 우선 가까이 조선의 지배세력은 16~17세기에 걸쳐 전 세계적으로 일어나고 있던 정치·외교적 패러다임의 변화를 감지하여 그에 상응하는 외교·정치·경제에 관한 책략을 세워 적절하게 대응하지 못하였다는 점에서 실패한 왕국이었다. 주변 국가의 정보를 광범위하게 수집하여 위협적 요소와 기회를 확인하고 국가의 경쟁력을 진단하는 일에 체계적으로 접근하지 못하였으며, 문제해결에 필요한 효과적인 대안들의 개발과 평가 그리고 선택과 실행을 효과적으로 하지 못하였다. 조선의 이런 문제는 오랫동안 누적되어 가다가 결국에는 국가의 생존에 필요한 최소한의 경쟁력까지 상실하는 지경에 이르게 된 것이다.

고려와 조선은 절대적인 왕권을 견제하는 목적으로 만들어진 부서(예: 조선의 사간원)들이 있었지만 대체적으로 왕권은 절대적이었으며 권력의 견제와 분산은 제한적이었다. 고려조와 조선조가 들어서면서 공통적인 현상은 처음에는 왕권이 취약하여 호족들과 권력을 분담하고 있다가 차츰 집중화되고 공고화 되어가는 과정을 겪었다. 태조 왕건은 지방 호족의 지원을 받아 삼국을 통일할 수 있었으며, 그 후 지방 호족들의 권력을 견제하거나 사유재산을 일부 박탈하면서 자신의 왕권을 확립해 갔다. 이성계는 사대부의 전폭적인 지지를 받아 어렵게 역성혁명을 달성하였으며, 태종대에 이르러 왕권과 신권의 갈등은 극에 이르렀으나 결국 왕에게 권력을 집중화시키는 것으로 막을 내렸다. 왕들은 집중된 권력 구조가 통치에 가장 효율적인 것으로 알고 있었으며, 자신과 뜻을 같이하는 추종자들을 중심으로 정치를 이끌 수밖에 없었다.

조선말에 대외적으로 개방을 하느냐 못하느냐를 놓고 오랫동안 갈팡질팡하였던 것은 대원군, 고종 그리고 명성황후가 자신들의 권력과 역할을 일정 부분 나누고, 다양한 역할들을 자임하면서 견제와 균형을 이룰 수 없었기 때문이었다. 대원군은 며느리 명성황후와 권력을 나누어 가질 수 없었으며, 그녀 역시 대원군의 잘못된 외교정책에 동조할 수 없었다. 그래서 고려와 조선의 융성은 늘 왕과 일부 신하들의 합리적 리더십과 통치 역량에 의해 좌우되었다. 왕이 똑똑하고 사리분별을 잘 하였으면 국력이 융성하였으며 백성이 좀 편했고, 왕이 허약하면 국운은 내리막길을 향했다. 그래서 조선시대에는 왕들이 현명한 판단을 할 수 있도록 소양 교육을 위한 경연(經筵)을 베풀었다. 경연은 고려시대부터 있었던 것으로 임금이 선정을 펼칠 수 있도록 하기 위해 당대의 이름 난 학자들로 하여금 임금에게 경서와 치국의 도리를 강론하는 제도였다.

조선시대 조정의 의사결정과정의 특성 그리고 조선시대의 지방조직의 하나인 향약(鄕約)과 향안(鄕案)의 의사결정구조를 들여다보면서 조선시대의 의사결정문화를 엿보기로 하자. 문재우(1998)는 의사결정과정에서 중요한 것은 구성원들의 의사결정에의 참여정도와 민주성에 있다고 보았다. 조선의 경우, 형식적으로는 의사결정 권한이 매우 분권화된 것 같지만 실제로는 고도로 집중화되어 있었으며 행정문화는 매우 권위적이었다. 11대 중종 때, 왕권과 신권이 대립하면서 국왕의 권한에 많은 변화가 있었으며, 중종 이전의 의사결정행태가 중종 때를 거치면서 신료가 참여하는 폭이 증대되었고 이러한 행태가 중종 이후 시대에 상당한 영향을 미쳤다.

조선의 통치 및 정치문화는 유교의 영향을 받지 않을 수 없었다.[1] 조선 건국의 정통성을 국제적으로 인정받는 계기는 물론 신왕의 승인여부에 이르기까지 유교적 논리가 정치체제를 지배하였을 뿐만 아니라 일반인의 가족관계, 촌락 등의 제 1차 집단내의 인간관계에도 순종(obedience)의 체계를 유교적 입장에서 정당화하고 이러한 봉건적 신분질서를 규제하는 사회적 가치기준이 되었다. 그리고 양반, 중인, 양인, 천인으로 구분되는 철저한 신분계급은 이렇게 형성된 정치적 주종관계를 더욱 강화하였을 뿐만 아니라 근대적 통

---

1) 김운태, 『조선왕조행정사』, 박영사, 1987, pp. 17-19.

치방식에 역행하는 관존민비, 획일주의, 반분석정신 등을 낳았다. 아울러 유교적 명분론은 예법을 통한 공적 사회질서 확립이라는 긍정적인 측면이 있었지만, 지나친 형식적 제약으로 인간이 발휘할 수 있는 진취성과 창의성을 억압하는 부정적 측면도 있었다.

유교통치의 원형은 덕치(德治)이고 이는 예(禮)를 바탕으로 하는 교화(敎化)라 할 수 있다. 다스리는 사람이 기준을 세우면 다스림을 받는 사람들은 이를 준수하는 것이다. 결국 유교식 의사결정체계란 다스리는 노심자(勞心者)가 유교적 가치관 내에서 결정한 내용을 다스림을 받는 노력자(勞力者)에게 전달하는 과정으로 볼 수 있다. 이 때 노력자의 의견이 어떻게 의사결정과정에 반영되는지는 알 수 없기 때문에 결국 결정 내용의 울타리가 크게 만들어져 있는 가운데 노력자는 제한적으로 의사결정권을 행사할 수밖에 없는 것이다. 따라서 국정의 주요 이슈에 대해 일반 서민들이 생각을 표현할 수 있는 정보와 자격도 없었으며, 다수 의견을 결집하여 전달할 수 있는 채널도 제한적이었다.

의사결정의 모호성을 조선 사람들의 일상의 대화 속에서 쉽게 찾을 수 있다. '예'(yes)와 '아니오'(no)의 경계를 애매하게 하는 소위 불확실성(uncertainty)과 모호성(vagueness) 또는 논란(controversy)의 여지를 남겨 놓는 이른 바 '이것일 텐데', '아닐 텐데' 혹은 '글쎄'가 지배적 예이다. 이러한 언어적 현상은 동양적인 순응성, 융통성을 포용하는 한국의 의사결정문화의 큰 특징이라고 할 수 있다.

의사결정행태는 다분히 유교적 사상에 기초하였지만 큰 한해나 홍수 등과 같은 천재지변으로 인하여 민생이 도탄에 빠지게 되면 그것은 인군의 부덕의 소치로 치부하여 당시 이단시하여 배척하였던 전통적인 종교나 신앙을 끌어들임으로써 의사결정이 다분히 종교적이며 미신적 성격을 띠기도 하였다.

이 같은 관찰에서 알 수 있듯이 당시 지도층인 관료들과 서민들 사이에 팽배하였던 미덕은 지배계급이 정한 규칙과 질서에 서민들은 순종해야만 하는 획일주의와 반분석정신이었다. 이는 새로운 기회와 변화를 찾으려는 진취적 정신의 결여로 나타났으며, 도전과 위협이 있을 때는 문제의 원인을 찾아 근본적인 해결방안을 모색하기보다 있는 그대로를 받아들여 순응하는 것을 미덕으로 삼는 나약한 성격으로 발전하게 되었다. 이러한 성향으로 인해 조선은 좁은 한반도를 넘어 바다를 통해 펼쳐져 있던 많은 기회에 눈을 돌리지 못하였다. 제국주의의 파고가 높은 바다에서 새로운 경제적 기회를 찾아 범선을 띄우고, 강한 군사력으로 무장하며, 첨단 무기의 개발에 박차를 가하고, 백성들이 생활수준을 높이려 하였던 당시 선진국들의 모습들을 보고 자극을 받을 기회를 갖지 못하였다.

조정의 의사결정체계

조선의 조정(정부)의 의사결정체계는 <그림 1>과 같다. 조선왕조의 정치체제는 전제적이지만 권력구조면에서 절대군주제가 아닌 관인지배체제로서의 성격을 지니고 있다. 관인지배주의적이기 때문에 정치체제가 구조적으로 분권화되고, 자율성이 비교적 높아 권력의 집중이 완화되는 동시에 관인간의 합의제와 견제기구가 고도로 발달한 시대였다. 국왕의 권한을 제한하거나 의사결정을 할 때 독주를 방지하고 신하들이 의사결정체계에 참여할 수 있도록 대간의 기능을 강화하였다. 즉, "천자가 옳다고 하여도 간관은 옳지 않다고 말하고, 천자가 반드시 행해야 한다고 말해도 간관은 반드시 행할 수 없다"고 말할 수 있었다. 간관은 지위고하를 막론하고 직언을 할 수 있도록 보장하여 줌으로서 국왕의 독주를 방지하고 군주의 옳고 그름을 가리어 탄핵할 수 있었다. 절대적인 왕권을 견제하고 또 그 왕권을 위탁 집행하는 신권을 견제할 장치가 없을 때, 정치적 안정과 조화를 기대할 수 없다. 따라서 홍문관, 사헌부, 사간원으로 구성되는 삼사제도는 서로를 감시 견제할 수 있는 구조적 대립관계를 형성하고 있어 막강한 국왕의 의사결정 행태까지 견제할 수 있는 제도였다.

조선조 2대왕 태종(1367-1422, 재위 1401-1418)은 대신들의 합의 기구인 의정부(議政府)체제를 정비하여 대신들의 정책결정권을 제도화했다.

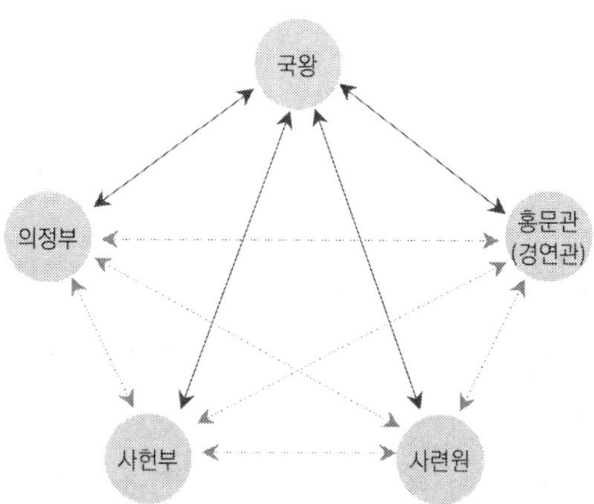

그림 1_조선의 의사결정체계

출처 : 문재우, "조선조의 의사결정행태," 한국행정사학지, 6호, 1998, p. 239.

민간기구의 의사결정

우리나라 사람들은 모이기를 즐겨하고 서로 돕고 협동하는 일을 공동체 구성원의 미덕으로 삼았으며, 다수가 모이는 그룹에서 의견을 수렴하고 최종 결정에 이르는 과정에 자율, 평등, 공생의 원칙이 적용되었다.

조선시대의 마을 자치조직체인 향약(鄕約)은 지방의 자치적인 질서 유지와 상호 협조 등을 위해 만든 유교적인 규약이었다. 향약은 1519년(중종 14)에 조광조가 널리 실시하려 하였으나 그가 실권하면서 성공하지 못하였고, 그 뒤 각지에서 사림 세력에 의해 개별적으로 시행되다가, 사림 정치가 구현된 선조대에 이르러 전국적으로 시행되기에 이르렀다. 지방마다 향약의 내용은 다소 차이가 있지만, ① 덕업상권(좋은 일은 서로 권한다), ② 과실상규(잘못은 서로 규제한다), ③ 예속상교(좋은 풍속은 서로 교환한다), ④ 환난상휼(어려운 일을 당하면 서로 돕는다)의 상부상조 정신을 바탕으로 하고 있었다.

향약은 조선 중기 이후 우리나라의 고유한 풍습과 실정에 맞게 고쳐지기도 했으나, 향약을 이끌어 가는 임원들의 악용으로 많은 폐단을 낳기도 했다. 그러나 유교적 도덕을 널리 알리고, 자치 정신을 일깨우는 데 크게 이바지하기도 하였다. 향약의 간부인 약정(約正) 등에는 대개 지방의 유력한 사림이 임명되었고, 일반 농민들은 이에 자동적으로 가입되었다. 그 결과 사림들은 농민에 대하여 중앙에서 임명된 지방관료 들보다도 오히려 더 강한 지배력을 가지고 그들의 사회적 기반을 굳힐 수 있었다. 이러한 향약을 통한 자치제의 실현은 신분 간의 대립을 약화시키고 양반이 농민을 통제하는 수단으로 활용된 것이다.

향약은 주도세력 혹은 참여층에 따라 사족향약, 수령향약, 상하동약 등으로 나뉘기도 하고 때로는 혈연적 유대조직으로써의 기능도 갖추었다.[2] 따라서 향약의 성격에 따라서 의사소통체계는 많이 달랐다. 상호부조적 성격이 강한 사족향약은 사족 상호간의 수평적 의사소통이 강하였으며, 수령향약은 수령과 군현민과의 수직적 의사소통체계였으며, 상하동약은 상층 및 하층민간의 수직적 의사소통을 목적으로 결성되었다고 볼 수 있다. 임진왜란과 정유재란 이후, 사회 경제적 변화와 함께 사족지배체제가 동요하자 사족들은 이를 재복구하기 위하여 여러 형태의 노력을 하였는데, 그 중에 하나가 상하합계(上下合契=大同契)라는 동계를 만들거나 복구하는 일이었다. 상하합계는 17세기 촌락사회 내에서의 상하민 질서를 재확립하기 위한 목적으로 만들어졌다고 볼 수 있다.

조직을 결성하는 과정을 보면, 사족향약과 상하동약의 경우, 향중부노(鄕中父老) 등으로 표현되는 사족들 2, 3인 혹은 몇 사람이 의견을 내고 향중의 동의를 얻어 향약을 결성하였다. 예를 들어 해주향약에서는 간부들(都副約正, 直月, 司貨 등)을 처음 선정할 때 다른 회원들의 의견을 듣지 않고 창립 회원들이 임으로 선정하였다. 회원들이 동등한 자격을 가졌기 때문에 상호부조에 필요한 재정이 부족하여 각출을 해야 할 때 상호간의 의사를 존중하고 최종결정권을 분담하는 방식으로 의사결정이 이루어진 것이다. 1년 임

2) 김무진, "조선시대 鄕約 및 鄕案조직에서의 의사결정구조," 『기획학술대회 논문집』, 계명대 한국학연구원, 2005, p. 12.

기의 사화(司貨)라는 직책은 반드시 서원유생으로 삼았는데, 이는 평소 서원과의 의사소통을 염두에 둔 포석으로 볼 수 있으며, 의사결정을 할 때 서원을 고려하였음을 엿볼 수 있다.

반면에 수령향악의 하나였던 서원향약에서는 면(面)단위로 장내(掌內)를 설정하고 계장(契長) 1인, 동몽훈민(童蒙訓民) 1인, 색장(色掌) 1인을 두었고 리(里)단위로 별검(別檢)을 두었다. 특히 색장과 별검은 신분의 귀천을 따지지 않고 임명하였기 때문에 다른 신분의 사람들끼리 의사소통의 채널이 될 수 있었다. 서원향약의 경우, 중재가 필요한 문제가 발생했을 때 주민은 먼저 계장유사(契長有司)에게 아뢴 후 문제를 해결하는 절차를 밟았다. 여기서 해결이 되지 않는 경우 면내 최고결정기구라 할 수 있는 약중사유회의(約中士類會議)에서 처리하였다. 약중사유회의는 사안이 발생할 때마다 개최하는 비상설기구로써 사족의 의사결정권을 보장해 주는 역할을 하였다. 만일 여기에서도 해결이 되지 않으면 관가에 올려지게 된다.

강신(講信)이라는 또 다른 의사소통기구는 1년에 4번 정도 모였는데, 먼저 색장이 소집공고문(회문: 回文)을 내고 별검이 회원들에게 연락하여 소집하였다. 조직운영을 위해서 도계장은 1년에 한번 각 면계장(面契長) 유사(儒士)를 소집하여 향약법을 의논하도록 하였다. 도계장은 또한 관가에 고해야할 일이 있으면 불시에 회의를 소집할 수 있었으며, 4인 중 2인 이상이 모이면 결정하여 관가에 고할 수 있었다.

의사소통의 기반을 조성하기 위해 교화의 대상자들에게 교화의 내용과 기준을 가르치기도 하였다. 서원향약은 나이가 서른 이하인 문무 어느 쪽 아닌 자들에게 소학(小學), 효경(孝經), 동자습(童子習) 등의 서적을 강제로 읽게 하였고, 약회가 열렸을 때 글자를 모르는 자를 위해서 약문을 상세히 풀어주기도 하였다.

수령향약의 경우, 지역의 수령이 향약 조직 내에 있을 수도 밖에 있을 수도 있었다. 지금까지 이야기한 서원향약은 수령이 조직 밖에 있는 경우인데, 수령이 조직원과 의사소통을 하는 방편은 임원선정이나 약문에 규정된 보관(報官: 관에 보고하는 일)을 이용하는 것이었다. 이는 양방향 의사소통방식이라기 보다 일방적인 의사전달 방법으로 볼 수 있다. 그 이유는 보관이라는 방편은 일정한 권한을 넘어서는 사안은 무조건 관에 넘기는 것으로서, 관이 관여할 사안들에 대한 향약의 묵시적 동의라고 할 수 있다. 즉 관에 보고해야 사항이 이미 정해져 있어 그것을 향약이 확인해주는 절차를 거칠 뿐이라면 앞서 나열한 결정절차란 수령의 결정권한의 포기와 이양이라기보다 수령의 통치 범위를 향약이라는 조직이 확인하는 과정일 뿐이라는 것이다. 결국 보관이라는 의사소통체계는 양방향 의사소통과정이라고 보기 보다는 일방적 의사결정과정의 특징을 띤다고 볼 수 있다.

사창계약 속에는 상하가 의사소통을 강제적으로 하도록 하는 제도적 장치가 있었다. 불공평하게 논의한 자에게는 중벌(中罰)을 주고, 약장 유사가 아닌 자가 문제의 논의를 제대로 하지 않아 민심을 불안하게 만들면 상벌(上罰)을 주고, 하인이 불평하는 일이 있음에도 이를 유사에게 알리지 않고 사사롭게 원망하는 자는 중벌(重罰)을 주었다. 예를 들면, 우항동계(愚巷洞契)는 양반과 상민이 함께하는 조직이었는데 하인을 관장하기 위해서 하유사를 별도로 두었고 이 직책에는 사람을 신분에 구애됨이 없이 임명하였다. 향약은 향촌 내의 모든 일을 의논하는 조직은 아니었고 스스로 규정한 내용을 지키는 조직이기 때문에 근본적으로 의논하여 결정할 일이 무한정 있었던 것은 아니다.

향안(鄕案)이란 조선 초기 지방자치 기구로서 존재했던 유향소를 운영하는 사람들의 명부를 말한다. 이것은 일종의 향신록(鄕紳錄)으로서 그 지방의 현족들만이 기록될 뿐만 아니라 사실상 향권을 장악해 온 재지토족(在地士族)들이었다. 이것에 기록된 사람들은 비로써 양반으로서 대우는 물론, 좌수, 별감이라는 향임(鄕任)에도 선출될 수 있었고, 지배신분의 반열(班列)에 들 수도 있었다. 향안의 사회적 기능은 그 조직의 결정 내용을 규정하는 것이었다.

향안의 조직운영은 임원 선출에서부터 시작하였다. 잡음이 없는 적절한 사람을 선출하기 위해서는 고을 구성원의 의견을 듣고 모으는 원활한 의사소통이 필요했다. 이러한 향중공론(鄕中公論)을 형성하는 조직이나 세력은 향약, 향안뿐만 아니라 각종 계회 혹은 서원, 향교도 포함되었다. 향안을 수정하기 위해서는 의결정족수 30명을 넘겨야 했지만 점점 이 정족수를 채우기가 힘이 들자 1640년대 전반에는 15명으로까지 줄었다. 예를 들면, 현풍향안에서는 사안에 따라서 의결정족수가 달랐다. 현풍향안에서 결정된 내용을 보면 '수령에게 공손할 것', '하리(계급이 낮은 관료)에게 지나치게 위세를 부리지 말 것' 등을 규정하여 이를 어길 시 향안에서 제명할 수도 있었다.

조직을 만들고 운영하고 임원을 선출할 때 향안의 구성원들이 늘 합의하에 원만하게 진행된 것은 아니었다. 조직운영이 원만하지 않았던 것은 빈번하게 발생한 투단(投單)을 통해 엿볼 수 있다. 투단은 향청(鄕廳)에 단자(單子)를 내는 것으로 새로운 향원을 추천할 때 구성원간의 합의가 이루어지지 않았음을 의미한다. 향안의 구성원은 투단을 하면서 의사결정과정의 문제점을 제기하기도 하고 결정된 사항에 대해 불복하기도 하였다. 투단을 하면 결정된 사안을 재고하게 만들고 그 결정을 무효화할 수 있었다.

조선시대에는 서원(書院)도 마을 주민의 공론을 만들고 의사소통을 주도한 의사소통체계의 한 축이었다. 서원을 설립하여 운영한다는 것은 향촌 내에서는 의사소통망을 형성함은 물론 도내와 전국적으로 의사소통체계와 결정권을 가진다는 것을 의미하였다.

사족이 주축이 되는 있는 향약과 향안과는 달리 촌락민으로 구성된 피지배층이 주도하는 촌계(村契)조직도 동시에 발전하였다. 18세기 중반 이후 사족의 지배력이 이완되고, 자연적인 촌락이 발전하면서 사족들이 주축이 되었던 동계, 특히 상하합계(上下合契=大同契)는 관념적인 형태로 남거나 형해화되고 오히려 자연촌 단위의 촌계들이 실제적으로 촌락의 운영을 담당하였다. 특히 노동조직이라 할 수 있는 두레조직은 지주층의 참여와 간섭을 배제하였으며 신분제적 강제에서 벗어나려는 움직임을 보였다(이해준, 2005). 촌락을 단위로 자생적으로 만들어진 각종 계(契)는 고려 말 그리고 조선 초 향도(香徒)에 대하여 "계(契)를 모아 향을 피우는데 이를 향도라 한다. 서로 돌아가면서 연회를 열고 남녀노소가 차례를 지어 앉아 먹고 마시니…"라는 내용에서 엿볼 수 있듯이 구성원들은 계를 통하여 상호 친밀성을 높이고 단합을 과시하였다. '동린계(洞隣契)'는 상호부조를 강조한 계의 한 형태로서 본질적으로 향도는 '기층민들의 상호부조적인 공동체적 모습'을 보였다(이해준, 2005, 51).

촌계(村契)와 대동계 그리고 두레에서는 민주적 대동회의와 의사결정이 기본이었다. 전 주민이 참여하여 마을의 일들을 함께 논의하며 결정하는 것이 일반적인 주민전체회의 모습이었다. 무기명 투표, 투표권과 같은 최종결정에 필요한 가시적 방편들은 없었지만 경험, 관습, 전통의 계승을 중요시 하였고 구성원 각자가 맡은 역할을 철저하게 수행하는 것을 전제로 한 공동생활체였다. 공동체 마을신앙, 생업경제와 노동관행, 마을민의 대동단결과 결속, 동재와 동물 운영(서당, 상여, 우물, 무당, 야장), 상부상조와 환과고독 진휼, 공동시설의 관리 등 제반사를 마을 회의에서 논의되고 결정되었다. 두레 회의는 두레의 임원선출과 회계, 마을 관련 사항이 회의의 주된 내용이었다. 두레회의는 농사짓기 전과 농사 후의 회의로 나뉘어졌다. 농사짓기 전의 회의에서는 1년 농사의 대소사, 즉 두레의 재조직 역원선출, 신입례와 신참례, 농사순서 결정, 구레 셈의 기본원칙 확인, 농악기나 보수 구입, 품앗이와 품싹결정, 호미 모듬 의례준비 등이었다. 농사 후의 회의는 한해의 결산, 상호부조, 농악기 보수, 마을살림, 마을의 대소 공사(길내기, 풀베기) 해결 등이었다. 의사결정은 완전히 민주적인 방법으로 진행되었고, 상부상조의 측면에서 의례적이고 균분적인 사족들의 부조와 다른 점이 많았다. 예를 들면, 과부, 노인, 환자가 있는 집안이나 어린 아이들만이 있는 집의 농사를 두레가 거들어 주었고, 마을 전체를 위한 노역에 인력을 제공함으로써 공동체적 삶의 유지를 우선시 하였다 (이해준, 2005). 이러한 마을 조직의 또 다른 특징은 평등과 공평성(합리성)의 원칙이었다. 마을 구성원은 누구나 동등한 책임과 권한을 가지면서 참여하고, 권익을 분배받았다. 상부상조의 부담이나 지원, 호역의 균배, 공동노역 등등에서 마을민은 동등하였다.

불교적 사고방식과 의사결정

한국인의 사고방식과 의사결정방식에 지대한 영향을 미친 요인으로서 종교, 특히 불교를 꼽지 않을 수 없다. 비록 유학이 조선시대의 통치철학과 사회와 공동체의 운영방식에 많은 영향을 미쳤으나 한국에서의 불교는 삼국시대 이래로 한국인의 삶과 늘 함께 해왔을 뿐만 아니라 지금도 국민의 1/4이 불교를 종교로 가지고 있다고 볼 때, 불교의 교리와 사상은 일반 대중들의 생각의 저변과 행동방식에 여전히 큰 영향을 행사해 왔다고 봐야할 것이다.

한국사회는 오랜 역사 속에서 불교문화에 기초한 독특한 민주적 정치문화 전통을 발전시켜왔다.[3] 불교의 모든 행위는 연기법에서 벗어나지 않아야 한다는 이른바 '정법주의'에 근거한다. 이 정법주의가 민주성에 근거하였는지를 따져보기 위해서는 붓다의 제자들로 이루어진 공동체, 즉 승가가 어느 정도 민주적으로 운영되었는지를 검토할 필요가 있다. 연기법을 따르면 모든 존재는 상의상관적 관계 속에서 존재한다. 세기경에는 정치제도가 탄생하고 통치자를 선출하는 과정이 함축되어 있다. 여러 사람들이 공동체를 이루어 살다보니 사유권을 침해하는 사례가 발생하였고, 이에 갈등

3) 유승무, "불교의 정치문화 전통과 민주주의," 『기획학술대회 논문집』, 계명대 한국학연구원, 2005, p. 22.

을 중재하고 가해자를 치리하는 리더를 세우게 되었다는 내용이다(장아함경 제 22권(세기경 본연품 제 12)). 즉 '인간의 불완전성과 복잡성에서 유래되는 인간과 인간의 대립, 경합, 투쟁을 적절하게 해결하여 사회의 통합을 이룸으로써 통합적인 질서를 형성 유지해 나가는 것을 정치라 한다면'(이극찬, 1981), 불교가 교리적으로 민주주의를 지향하고 있음을 확인할 수 있다.

승가란 부처의 가르침을 따르는 무리들이 늘어나면서 자연스럽게 형성된 4인 이상의 불제자의 공동체를 말한다. 승가의 구성원들 간의 위계질서는 승랍, 수행이력 그리고 법과 율에 대한 이해의 정도에 따라 결정되었으며, 승가의 행정조직은 승가의 합의에 따라 적합한 사람에게 소임을 배정함으로써 운영되었다. 초창기의 승가에서는 행정을 책임지는 우두머리가 없었다. 실제로 율장을 보면 승가의 여러 직책 중에서 최고책임자를 의미하는 직책은 발견할 수 없다. 모두가 각자에게 주어진 소임을 담당하는 동등한 구성원들이었다. 이는 승가가 평등한 공동체임을 의미함과 동시에 민주적인 공동체였음을 시사하고 있다. 실제 붓다는 승가 공동체의 모든 일을 모든 구성원들이 자주 모여 가능한 만장일치로 결정하는 것을 권고하였다. 실제로 구성원들은 자신의 일상생활, 관습, 도덕적 실천, 수행발달 상황, 그리고 붓다의 가르침 그 자체에 대해서 토론할 것을 장려하였다. 심지어 의사결정과정에서 병들었거나 장애를 가진 승려들을 위해 부재자투표(chandam hara)를 시행하기도 하였다.

의사결정에 대한 불교의 만장일치식 전통에 대해서 좀더 언급해 보자. 이는 구성원 모두가 결정에 참여할 수 있으며, 영향력을 행사할 수 있음을 의미한다. 먼저 본생경에는 통치자의 선출을 둘러싼 의사결정 방식을 엿볼 수 있는 다음과 같은 이야기가 나온다.

> "그 때 히말라야 산의 모든 새들이 지저귀며 평판한 누각 위에 모였다. '사람들 사이에는 왕이 있고, 짐승들과 물고기 사이에도 왕이 있는데 우리 새들 사이에는 왕이 없다. 우리는 무정부상태에 살아서는 안 된다. 우리도 왕을 뽑아야 한다. 왕의 자리에 앉기에 적절한 누군가를 정하자.' 그들은 많은 새들을 수소문한 끝에 올빼미를 선택했다. '여기에 우리가 좋아하는 새가 있다'고 말하였고, 한 새가 이 문제에 대해 투표가 실시될 것이라고 모두에게 세 번 선언하였다. 이 발표를 두 번 참을성을 있게 들은 후 마지막에 까마귀가 일어나서 외쳤다. '잠시 기다려 주게. 만약 그렇다면 그가 왕으로 추대되었을 때 그가 지은 표정을 보았는가? 그가 화를 낼 때는 어떤 모습이 될 것인가? 만일 그가 화를 내어 우리를 바라본다면 뜨거운 쟁반 위에 뿌려진 참깨처럼 우리는 흩어지게 될 것이다!'... 이렇게 하여 모인 새들은 다시 까마귀의 발언을 안건으로 상정할 것인가를 투표하여 발언 기회를 주었다. 그러자 까마귀는 자신은 위의 이유 때문에 올빼미를 새들의 왕으로 선출하는 것을 반대한다는 의사를 분명히 하였다. 그 결과 올빼미를 새들의 왕으로 뽑고자 하는 안건은 부결되었고... 그래서 새들은 금빛 나는 거위를 그들의 왕으로 뽑고 흩어졌다."[4]

이 이야기는 리더를 선출하는데 있어 소수의 반대의견이 받아드

---

4) *Ibid.*, 29

려져 부결되는 과정을 잘 보여주고 있다. 즉 의사결정과정에 전체 공동체의 의견이 반영되어야 함을 시사하는 것이다. 이러한 합의를 도출하기 위해서는 평소에 자주 모여 화합과 사회적 통합 분위기를 성숙시켜 두어야 한다. 붓다도 고대 인도의 상징적 통치자로 알려진 리챠비 왕들의 7가지 통치 원칙을 자주 언급하였는데, 그 중 첫 번째 원칙이 바로 자주 회합을 가지는 것이었다. 경전에는 붓다가 살던 당시, 최강국이었던 마가다 왕국이 인근의 밧지국을 쉽게 함락할 수 없었던 이유로 자주 회합하는 밧지국의 전통을 들고 있다. 밧지국은 자주 회합을 하는 전통이 있어 사회통합도가 매우 높기 때문에 좀처럼 함락되지 않을 것이라며 밧지국 침공을 포기하도록 유도했던 이야기가 있다. 원래 밧지국은 이러한 회합의 정치문화에 기초한 공화제를 채택하고 있었고, 붓다는 밧지국의 이러한 공화제를 이상적인 정치제도로 간주했던 것 같다.

불교가 흥왕했던 통일신라, 고려, 조선시대의 정치제도는 일인군주제였기 때문에 대승불교적 민주주의적 가치는 절대적 왕권을 통하여 실현될 수밖에 없었다. 왕은 불교의 정치적 가치, 즉 민주주의를 실현하기 위해서 소수의 대신들로부터 보고를 받기 보다는 여러 계층의 삶의 현장을 두루 관찰하고 그들로부터 직접 보고 받았다. 왕의 민주적 태도는 의사결정에 필요한 의견수렴과정의 민주성에 이어져야 한다. 예를 들면, 대정장에는 "군신은 서로가 한 자리에 모여 정치를 의논하는 일이 있는데 그 때에는 질서를 지켜 회의장이 혼란스러워서는 안 된다. 한 사람이 말을 하고 있을 때 다른 사람이 그것을 차단하여 끊기게 해서는 안 된다. 반드시 갑이라는 사람의 의견 발표가 끝난 다음 을이라는 사람의 의견을 발표해야 한다"는 말이 있다 (유승무, 2005, p. 30; 왕법정이론(대정장 31권 p. 856 하, 857 중); 나카무라 하지메(1989) 재인용).

비록 조선이 전제 군주제였지만 조정의 의사결정체나 일반 서민들의 공동조직체는 상당히 민주적이며 참여적으로 운영되었음을 알 수 있다. 왕은 전제 군주였지만 그의 독주와 전횡을 견제하는 조직이 있었으며, 실제로 목숨을 걸고 왕이 내린 결정이 잘못되었음을 간하는 사간들도 많이 있었다. 오늘날 민주주의라는 이데올로기에 견줄 정도로 군주의 독재를 견제하는 시스템을 가지고 있었고, 민간의 공동체 조직을 보더라도 리더가 민주적 절차에 따라 선발되고 구성원들의 의견이 의사결정과정에서 반영되는 모습을 보이고 있었다. 그렇지만 이 모든 것들이 의사결정의 절차와 과정이 민주성을 띄었다는 것을 의미할 뿐 의사결정 그 자체의 합리성과 과학성을 말해 주는 것은 아니었다.

Chapter 08

일본의 근대화가 주는 교훈

일본이 서구의 근대 문명을 빨리 수용하여 국가의 경쟁력 강화에 활용한 과정을 살펴보면 우리나라가 상대적으로 이 점에 있어 얼마나 등한시 했는지를 이해할 수 있다. 일본은 우리나라와 비슷한 시기에 서구의 과학기술을 접하였는데 조선과는 달리 이를 자국의 근대화를 성공적으로 이끄는 밑거름으로 삼는 행운을 얻었다. 동양에서 서양의 과학을 가장 빨리 흡수한 것은 명치유신을 주도한 일본의 지사들이었는데 이들은 1840년 중국이 아편전쟁에서 힘없이 무너진 것을 중국 지식인 위원(魏源)이 쓴 '해국도지'를 통해 소상히 알고 있었다. 따라서 일본의 지사들은 1853년 개항 후 무서운 속도로 서양의 선진 문물을 받아들였다. 위원의 책은 서양 물질문명의 우수성을 중국인들에게 알리기 위해 썼던 것인데 이를 오히려 일본이 신문명을 받아드리는데 자극제 역할을 했던 것이다. 조선에도 김정희, 이규경, 최한기 등과 같이 당시 식자들에게 이 책이 전해졌으나 이 책이 조선에서는 큰 파장을 던지지 못하였다[1].

1854년에 미국의 위협과 전투력의 열세를 느꼈던 일본은 미일수호조약(일명 가나가와(神奈川) 조약)을 체결하면서 처음으로 서양에 문호를 개방하였다. 당시 일본은 막부정권이 주도하여 미국에 문호를 개방하였으나 천황을 비롯한 양이론(壤夷論)자는 자신들의 동의도 구하지 않고 싸움 한번 제대로 못한 체 미국에 문호를 개방한 막부정권에 강한 불만을 갖게 되었다. 이 두 세력은 오랫동안 정국의 주도권 다툼을 벌이다가 조슈번(長州藩)을 비롯한 존황양이론(尊皇壤夷論)자가 막부정권을 타도한다. 실력으로 볼 때 5번째 정도밖에 되지 않던 조슈번이 막부정권을 쓰러뜨릴 수 있었던 것은 이들이 영국으로부터의 신식무기를 도입했고 조직적으로 사병을 훈련했기 때문이었다. 당시 막부군 1만 5천명이 3분의 1도 되지 않는 4천5백명의 사쓰마·조슈군에 의해 참패를 당한 것은 사쓰마의 월등한 무기, 특히 대포의 위력 때문이었고, 사병들이 무기를 잘 다룰 수 있도록 훈련되었기 때문이었다.

에도막부(江戶幕府)의 봉건체제를 무너뜨리면서 시작된 명치(메이지)유신(明治維新)은 일본이 근대국가로 새 출발한다는 신호탄이었다. 일본은 약 14년간 부국강병을 위해 내적 체제정비에 치중하였으며 1881년부터는 해외에 눈을 돌릴 여유가 생기게 되었다.[2] 흔히들 일본은 1868년 명치(메이지)유신을 계기로 근대 국가를 수립하고 고속 성장을 한 것으로 알고 있지만 명치유신 이전에 일본

1) 이덕주, 『조선은 왜 일본의 식민지가 되었는가』, 에디터, 2002. p. 62.

2) *Ibid.*, 139

은 이미 근대화를 위한 기반이 상당히 조성되어 있어 조선과는 상황이 달랐다. 조선과 일본의 개항시점을 보면 일본은 미국의 페리 제독의 강요로 1854년에 개항하였고, 조선은 일본의 강요에 의해 1876년에 개항하여 그 차이는 불과 21년 밖에 되지 않는다. 그런데도 불구하고 19세기 말 조선과 일본의 명운은 극과 극을 달렸다. 불과 20년의 차이가 19세기 말에 두 나라 사이에 벌어진 경제력과 군사력 경쟁력의 차이를 설명하기가 어렵기 때문에 일본은 새로운 과학기술과 서양문물을 받아들일 수 있는 토양이 우리보다 나았다는 전제도 설득력이 있어 보인다.

일부 학자는 두 나라의 국력이 양극화되게 된 원인을 임진왜란으로까지 거슬러 올라가 설명하기도 한다. 최남선은 "임진왜란이 문화적인 면에서 한국과 일본의 지위가 뒤바뀌는 전환점이었다"고 주장하였다. 조선 전기까지만 하더라도 대륙문화를 배경으로 일본에 비해 선진의 자리를 지킬 수 있었던 조선이 새로운 서양의 세계문화를 흡수하는 데 일본에 뒤지게 된 것은 왜란 전후부터이다.[3] 이러한 최남선의 주장은 일본이 총기개발기술을 임진왜란 전에 이미 받아들인 사실과 무관하지 않다. 1543년 일본 규슈(九州)의 최남단 가고시마(鹿兒島)에서 한참 떨어진 다네가시마(種子島)에 난파된 남만국(南蠻國) 배 한척이 입항하였다. 남만국이란 '남쪽 외국인'이란 뜻으로 당시 아시아 쪽으로 진출해 있던 포르투갈과 에스파니아인을 뜻하였다. 이 남만인은 당시 도키다카 도주에게 총기를 처음으로 소개하였고 총의 엄청난 위력에 놀란 도주는 엄

---

3) *Ibid.*, 162

청난 값을 치르면서 그 총기를 구매하였다. 그는 구매한 총기를 지역의 뛰어난 대장장이를 시켜 모방하게 하였고 우여곡절 끝에 총기가 완성되었다. 이 사건으로 '사무라이 1번지'라고 할 수 있는 가고시마의 무기고에는 칼에다 총을 더하게 되었고, 무기의 선진화를 더욱 앞당길 수 있었다. 이렇게 만들어진 서양총이 일본 전역에 퍼지면서 곧 바로 임진왜란을 일으키는 원동력이 되어 조선의 가슴에 총구를 겨누게 되었던 것이다.[4)]

개강 시기의 차이는 20년 차이 밖에 되지 않지만 일본은 이미 선진문물을 받아 빨리 발전시킬 수 있었던 정치적, 경제적, 사회적 인프라를 조성하고 있었다. 예를 들면, 타국과 외교관계를 유지하고, 통상무역을 시작하기 위해서는 그것을 수용할 수 있는 법체계가 선행되어야 하고 재정, 금융, 치안, 상관습, 위생, 통신, 교통 등 모든 면에서 외국과 비교해서 손색이 없는 시스템이 필요한데 일본은 이런 면에서 준비가 되어 있었던 것이다. 지식과 기술과 제도만 받아드리면 저절로 근대화가 되기보다는 그것을 소화하고 내재화하여 흡수할 수 있는 문화적, 사회적, 경제적 기초가 있어야 하고, 국민의 의식수준도 이를 수용할 수 있어야 한다. 서민들이 그렇지 못하다면 최소한 지배계층이라도 이런 토양을 만들어야 한다. 사카이야(계옥태일)는 "명치유신 이후 유입된 구미 근대문명이 일본에서 급속히 소화될 수 있었던 것은 그 이전에 수공업과 상업의 발달에 의해 배양된 경영 노하우 그리고 근면한 정신과 전국적으로 보편화된 초등교육에 의해 중견 기능자의 대량 육성이 가능

4) 주강현, 『제국의 바다 식민의 바다』, 웅진싱크빅, 2005, p. 163.

했다는 데 그 이유가 있다."고 하였다.[5)]

19세기 초, 일본이 서양의 선진문물을 빨리 받아드린 데는 앞서간 교육자들의 역할도 매우 컸다. 사쿠마 쇼산(佐久間象山, 1811-1864)은 23세에 에도로 나와 사토(佐藤一齊)로부터 유학을 배웠고 한학에 몰두하였으나, 아편전쟁의 소식을 접한 후 위기의식을 느꼈으며 그 때부터 해양과 국방문제에 눈을 돌렸다. 그는 서양을 이기기 위해서는 서양의 학문과 선진문물을 배워야 할 필요가 있다고 생각하였고, 당시 강대국이었던 네덜란드 말과 병학을 익혔다. 특히 그는 모든 학문의 기초라고 생각하여 기하학을 습득하고, 서양 총포의 제작법과 사격술, 군대의 교련법도 가르쳤다. 가쓰(勝海丹), 요시다(吉田松陰) 등이 그의 문하생이었다.

당시 21세에 불과했던 요시다는 존황양이론자였지만 서양의 병학을 배웠다. 그 목적은 "서양인을 배격하기 위해서는 서양의 병학을 알아야 한다"는 것이었다. 가쓰(1823-1899)는 막부 관료로 일본 해군의 창시자였다. 그는 막부가 설립한 나가사키 해군연수소에서 연수를 받은 후 네덜란드 교관으로부터 해군 교육을 받았다. 그 후 1860년에는 간인마루(咸臨丸)를 조정하여 미국에 다녀온 당시로서는 선구자적인 인물이었는데 그는 명치유신을 위한 무진전쟁 때 사이고와 담판하여 데도성을 무혈양도한 사람이었다.

일본도 문을 여는 과정에 내부적으로 갈등이 많았지만 서양의 선진 문물을 받아들여 자기 것으로 만드는 일에 지식층의 합의가 이루어졌고 이러한 일본 지식인들의 열린 자세는 18세기 서양의

5) 이덕주, 『조선은 왜 일본의 식민지가 되었는가』, 에디터, 2002, p. 165.

문호개방 요구에 대해 쇄국으로 일관했던 조선의 지배층의 그것과는 사뭇 달랐다. 조선은 자국의 정신문화와 군사력으로 서양의 물질적 정신적 침범을 물리칠 수 있다고 생각하였고 그래서 우리의 것을 지키는 일에 더 집착하였다. 당시 지도층이 이러한 고정관념에 사로잡혔던 이유는 첫째, 당시 국가 경쟁력의 원천이 경제력과 군사력을 앞세운 힘에 있는 군국주의, 패권주의 패러다임의 도래를 인식하지 하지 못하였기 때문이고, 둘째, 당시 패권 국가들의 군사력과 자국의 군사력을 객관적으로 비교하고 분석하지 못했기 때문이었고, 셋째, 조화와 평화를 우선시 하는 기질과 문화가 당시의 주변국가의 힘의 불균형을 포용하고 타국의 주권침해를 수용할 수 있다고 오판하였기 때문이었다.

Chapter 09

의사결정의 이해

의사결정(decision-making)의 정의는 매우 다양하며, 상황에 따라서 정의는 달라질 수 있다. 많은 정의들 중에서 조직의 수준에서 행해지는 다면적 의사결정까지 포함할 수 있는 정의를 내리기 위해서 유사용어라고 할 수 있는 의사결정(decision-making), 문제해결(problems solving), 선택행위(choice behavior)라는 용어들을 이해할 필요가 있다.

> '문제해결'이란 어떤 목적에 이르기 위한 사고 활동으로, 일반적으로 장애물을 피하거나 극복하려는 사려 깊은 노력까지 포함 한다 (Costello and Zalkind, 1963, p. 332).

코스텔로와 잘카인드(1963)는 의사결정을 여러 가지의 가능성 중에서 한 가지를 선택하는 행위로 정의하였다. 따라서 문제해결이란 결국에는 문제를 해결하는 과정의 여러 시점에서 내려야 하는 결정들을 포함한 광역적인 활동이라 할 수 있다. 즉 문제해결이란 최종적인 선택을 하기 전에 거쳐야 하는 사고의 과정을 강조하는 개념이라 할 수 있다.

그렇다면 조직의 의사결정은 무엇을 말할까? 조직에는 수많은 선택이 있으며 그 선택과 관련된 행동들이 있는데, 이러한 행동을 선택과정으로 볼 수 있다. 선택이란 조직이 어떤 소기의 목적을 달성하는 과정에서 제기되는 문제들을 해결하기 위한 일련의 행동이라 할 수 있다. 그래서 의사결정과 문제해결을 합성한 단어, '의사결정 문제'란 결정과 문제해결에 필요한 모든 요소를 포괄하는 개념으로 이해할 수 있다.

의사결정은 과정(프로세스)이다

선택 행위를 여러 대안들 중에서 하나를 선택하는 행동으로 본다면 전체적인 의사결정 문제의 관점에서 지나치게 협소하고 제한된 시간적 현상으로만 보게 된다. 즉 선택이란 대형 문제를 종결하는 단계나 문제해결과정의 중간지점에서 발생하는 사건으로 보게 된다는 것이다. 이런 시각으로는 선택을 하는 사람이 내세우는 정당성, 선택에 고려되는 다양한 요인들, 그리고 이러한 요인들이 선택이라는 행위에 영향을 미치는 방식을 이해할 수 없어 선택행위를 이해하는데 별 도움이 되지 못한다. 따라서 선택의 과정을 어떤 긴 과정을 마무리 짓는 것으로 이해해야 한다. 이런 시각으로 보면 선택이라는 최종결과가 어떻게 해서 수많은 요인들의 영향을 받았는지를 더 잘 이해할 수 있다.

19세기 중엽, 조선이 쇄국정책을 통하여 외국의 선진문물을 빨리 받아들이지 못한 것도 '문호를 개방할지 말지'라는 문제의 국가적 해결과정으로 볼 수 있다. 외국의 무장한 배들이 들어와서 통상을 하자고 요구할 때 조정은 여러 가지 문제해결방안들을 생각하였을 것이다. 쇄국이라는 결정으로 이르게 된 과정을 살펴보면 특정 세력이 과도하게 논의를 점거한 것 같아 소수자의 소리는 죽어버린 것 같다. 아울러 문제해결을 위해 필요한 핵심 정보를 수집하는 방법이 너무 산발적이었으며 전문성이 떨어졌으며, 그러한 정보가 조정의 논의과정에 적극적으로 활용된 흔적이 없다. 개화파들의 준비 안 된 쿠데타는 국가적으로 불행이었으며 오히려 외교적인 문제만 더 불거지게 만들었다. 결론적으로 우리는 문을 닫아걸었고 그 사이에 일본의 힘은 상대적으로 더욱 커갔다.

과거에 있었던 중요한 판단과 결정, 특히 실패를 낳았던 의사결정과정은 학문적으로 심층 연구해야 하는 대상이다. 그러나 우리나라는 성공한 결과에만 너무 지나치게 높은 가치를 두어 실패에 대한 성찰과 검토를 방기하고 있다. 이에 비해 미국은 과거 인기가 높았던 케네디 대통령이지만 그의 재임 시절에 있었던 정책적 실패사례(예: 쿠바 피그만 침공 사태)를 공개적으로 분석하고 비판하고 있어 우리가 본받을 필요가 있다.

의사결정의 환경

의사결정의 환경에 관심을 두는 이유는 의사결정자가 의사결정이라는 현상의 일부분이기 때문이다. 즉 의사결정을 하는 사람은 의사결정 환경에 영향을 주기도 하지만 또 받기도 한다. 환경에는 개인이 통제할 수 없는 모든 임의적 변수들을 포함하며, 부분적이지만 의사결정의 결과에 영향을 미치는 요인들이 될 수도 있다. 조직의 경우, 이런 환경이 하나라기 보다 여러 개가 있을 수 있다. 조직의 의사결정은 조직이 내리는 결정 그 차체에 의해 영향을 받을 뿐만 아니라 구성원들의 물리적, 정신적 특성 그리고 조직과 구성원들의 사회적, 정치적, 경제적 환경에 의해 영향을 받을 수 있다. 의사결정자가 가질 수 있는 재량권은 그 조직이 갖고 있는 독특한 구조와 권한의 관계에 제약을 받지 않을 수 없으며, 그러한 제한사항들이 조직 내 구성원들이 떠안아야 할 환경이라고 할 수 있다. 조직 밖에도 조직의 행동을 제한하는 정부, 업종별 협회, NGO와 같은 기관들이 많이 있다.

감성, 기분, 신념, 역사, 문화, 성(性), 마음의 상처(trauma)등이 조직과 개인의 움직임에 영향을 미치는 요인들이다. 이러한 요인들이 선택할 때 고려되어야 하고 조직의 의사결정에서 유념되어야 하는 요인들이다(William 1996, 8). 개인이 가지고 있는 사물에 대한 기존 이미지, 각성된 조각기억들, 추상화(abstraction), 이해(assimilation), 예측(projection)으로 구성된 고차원적인 지적 능력은 의사결정에 영향을 미칠 수 있는 개인의 내적 환경요소로 볼 수 있다. 이러한 내적 환경요소는 시간이 지나면서 의사결정과 관련된 행동에 의해

변화한다. 이러한 환경요소는 측정하기도 관찰하기도 쉽지 않지만 의사결정자에 따라서 뚜렷하게 드러나며 결과에도 영향을 미친다.

개인의 결정에 중대한 영향을 미치는 요소는 외적인 자극도 포함된다. 외적인 환경에 포함되는 것은 조직 내부의 요소에만 국한되는 것이 아니라 조직의 외적 요소까지 포함한다. 그 중에 하나가 사람이 수행하는 다양한 역할이나 사회적 소속되어 있는 조직들이다. 가정과 교회 그리고 학교에서의 여러 측면들과 다양한 공동체에서의 역할은 사람의 조직생활에 영향을 미친다. 개인의 일부인 문화는 동질화의 영향을 받아 사람들의 신념, 야망, 권위에 대한 태도, 시간에 대한 지향성, 인지 그리고 현실에 대한 해석에 반영된다. 조직 내 역할에 대한 성향과 그 성향이 비조직적인 역할이나 애착에 얼마나 잘 맞느냐는 조직 행동을 이해하는데 매우 중요하다. 궁극적으로 사람들이 어떤 조직에 참여하거나 또는 하지 않는데는 이러한 요인들이 크게 작용하는 것이다.

사람들의 선택은 상황과 성격의 영향을 받는다(Lopes, 1987). 상황은 바람(열망)의 수준(level of aspiration)을 말하며 성격은 안정에 대한 욕구(need for security)라 할 수 있다. 바람의 수준은 사람들이 성취하고자 하는 결과의 크기와 비례하며 이는 그 사람의 내적 기준과 선택 상황에 따라 달라진다. 안정에 대한 욕구는 개인들이 가지고 있는 성격적 특성의 하나이다. 안전을 추구하는 사람은 확실한 결과가 보장되는 안을 선호하며 대안이 가져다주는 최악의 결과에 늘 초점을 맞추는 반면, 안전보다 가능성을 추구하는 사람들은 모험적이며 대안이 가져다줄 수 있는 최고의 결과에 초점을 맞춘다. 로페스는 사람의 선호가 이 두 요인의 곱의 함수로 결정된다고 보았다.

결정의 정당성 확보 욕구

어느 정도 교육을 받은 사람은 결정을 할 때 합리적이고 싶어 하는 본능이 존재한다. 즉 자신의 결정이 좋았다는 다른 사람들의 평을 듣고 싶어 하는 것이 사람의 본능이다. 텟록은 판단과 결정이 진공상태가 아닌 명시적, 암묵적 규범이 존재하는 사회적 상황에서 일어나는 것임을 말하였다(Tetlock, 1991). 사람의 행동은 두 가지 전제하에 이루어진다. 첫째, 사람들은 자신의 행위의 이유와 당위성을 스스로 설명할 수 있어야 한다고 생각한다는 점이다. 즉 사람들은 자신의 행위를 스스로 통제할 수 있으며, 자신의 행동과 그 결과에 대해 책임을 져야 한다고 믿는다. 둘째, 대다수의 사람들은 다른 사람으로부터 존경과 신뢰를 받고자 하는 욕구가 있다는 사실이다. 이 두 가지 전제를 합하여 텟록은 '설명력(accountability)'이 사람의 판단과 결정에 큰 영향을 미친다고 보았다.[1] '설명력'이란 자신의 판단과 결정을 다른 사람에게 정당화하고자 하는 욕구 또는 사회적 압력으로 정의될 수 있다. 개인이 결정을 할 때 이 '설명력'은 많은 영향을 미치지만 집단의 다수가 결정을 내릴 때는 그 영향력이 매우 약해진다. 즉 다수가 책임을 공유하면서 책임감이 희석되기 때문이다.

1) 우리나라에서는 어떤 행위의 당위성을 설명할 때 '명분'이라는 단어를 많이 이용한다.

텟록은 인간이 자신의 행위를 누군가에게 설명을 해야 하는 상황과 그렇지 않은 상황에 따라 정보를 구하는 정도가 달라짐을 실험으로 보여주었다. 즉 자신의 행동을 누군가에게 설명해야 하고, 설명을 해야 하는 대상에 대한 정보를 알고 있을 때, 대상이 정한 규범대로 행동해서 상대방을 설득하려고만 할 뿐 대상에 대한 정보 외에 다른 정보를 구하려는 노력을 하지 않는다. 반면에 대상에 대한 정보가 없을 경우에는 자신의 행위를 정당화하는데 필요한 정보를 가급적이면 많이 얻으려하고 그것을 숙지하려 한다. 즉 자기가 선택한 행위를 정당화하는데 필요한 정보를 더 얻으려 한다는 것은 대안(선택)에 대한 '설명력'이 최종 선택에 있어 중요한 동기가 된다는 것을 의미한다.

극대화의 비현실성

사람들은 자신의 선택과 판단에 대해 다른 사람의 이해를 구하기 위해서 극대화자(maximizer)가 되려는 경향이 있다. 극대화란 어떤 결정을 합리화할 수 있는 가장 좋은 잣대이다. 극대화적 행위는 1등 지상주의를 조장하는 일련의 사회적 풍조와 무관하지 않다. 프로골프 토너먼트나 테니스 대회에서 1등과 2등이 받는 상금액의 차이는 하늘과 땅 차이이다. 무슨 경연대회를 하더라도 1등만이 언론의 조명을 집중해서 받는다. 2등과 3등은 1등이 있으므로 존재하는 상대적인 자리에 지나지 않는 경우가 많다. 최고가 된다는 것, 최고의 성과를 낸다는 것이 왜 내가 그 선택을 하였는지에 대한 가장 확실한 증명방법이라 할 수 있다. 그래서 신상품개발부장은 자신의 상품 전략이 다음 해 매출을 극대화할 수 있을 것이라고 주장하여 예산을 따내고, 시민단체의 프로그램 기획부장은 자신의 프로젝트가 가장 많은 시민들을 동원할 수 있을 것이라고 주장한다. 그러나 이러한 주장은 어떤 선택을 강요하는 요인으로 작용할 뿐 많은 경우에 억지이거나 달성되지 못한 체 끝나는 수가 많다. 대통령 선거 때 내어 거는 공약들이 이 극대화형 공약들이 많다. 우리는 이를 '장밋빛 공약'이라는 말을 쓰기도 한다.

베리 슈워츠(2004)는 선택에 대한 만족을 극대화하려는 사람(maximizer)과 그렇지 않은 만족자(satisfier)로 구분하여 개인의 성격이 선택과 결정에 영향을 줄 수 있음을 시사하였다. 극대화자는 자신이 하는 모든 결정이 최고이기를 추구하는 사람이나 만족자는 자신의 선택이 최고일 것을 고집하지 않으며 만족할 수 있다면 그 결정을 흔쾌히 수락하는 사람을 말한다. 물론 극대화자나 만족자는 정도(수준)의 문제로 인식해야 할 것이다. 극단적인 극대화자라면 바지를 하나 고를 때 그 바지를 파는 지구상의 모든 상점의 가격을 다 비교해야 직성이 풀리겠지만 현실적으로 불가능하다. 따라서 구매 결정을 위해 상대적으로 어느 정도 대안들의 탐색과 비교에 시간과 노력을 투자하느냐에 따라 극대화자에 가까운 사람과 만족자에 가까운 사람으로 분류할 수 있을 것이다. 노벨상을 수상한 경제학자이자 심리학자인 허버트 사이먼은 '만족하기(satisfying)'라는 개념을 처음 소개하면서, 모든 대안들에 관한 정보 수집에 수반되는 노력과 시간을 감안한다면 만족자의 전략이 최상의 전략일 수 있다고 하였다. 그래서 정보가 아무리 많아도 그것을 다 활용할 수 없다면 가장 좋은 결정을 내리는 데 별 도움이 되지 않는다.

한 국가와 민족의 진로를 결정하는 일도 그 민족이 오랫동안 길러왔던 기질과 성격에 영향을 받을 수밖에 없다. 우리 민족은 한반도에 오랫동안 정착하면서 안정적으로 발전해 왔다. 따라서 급격한 변화를 원하지 않으며 위험을 회피(risk aversion)하려는 기질이 있다. 고구려 이 후, 우리가 스스로 군대를 몰아 이웃나라의 국경을 넘어 침략한 역사적 사건은 없었다. 이 사실에 근거하여 우리 민족이 평화를 사랑하는 백의민족이라며 자화자찬을 할 수도 있지만 위험을 감수하지 않으며 새로운 영역을 개척하지 않으려는 민족적 성향이 오랜 기간동안 우리 민족의 성격에 고착되어 왔음을 알 수 있다. 지정학적으로 우리나라는 중국과 일본의 사이에 위치하고 있어 이들 나라와 국경분쟁, 왕위 책봉, 조공문제 등으로 끊임없이 문제와 갈등을 겪어야 했다. 그 때마다 우리 조정은 이들과 원활한 평화적인 관계를 유지하기 위해 외교적으로 노력해 왔다. 결과적으로 일정부분 성공한 사례도 있었지만, 이들 나라들이 군사적 적대, 외교적 무례를 범하며 우리나라를 억압하고 굴종시킨 사례가 더 많았다. 그래서 우리나라는 문제에 부딪칠 때마다 극대화자(maximizer)가 되기보다는 적당하는 선에서 타협을 잘하는 만족자(satisfier)로 머물기를 바란 경우가 많았던 것이다. 그러나 만족자의 독은 그것이 오랫동안 누적되었을 때 1등이 아닌 2등 3등으로 끝나면서 1등으로부터 설움을 당하는 처지가 될 수 있다는 것이다.

만족자란 오늘날 복잡한 의사결정 환경에서 대부분 개인과 조직이 택하는 결정방식인 것이 현실이다. 극대화자가 된다는 것은 문제와 갈등의 근원을 모든 시각에서 조망하고, 이를 위해 많은 정보를 얻어야 한다는 부담이 있다. 극대화자가 된다는 것은 자신의 선택과 판단을 타인에게 설명할 수 있는 객관적인 잣대와 평가표가 있어야 하는데, 대부분 이런 조건들을 모두 갖추기는 어렵다. 그래서 대다수 개인이나 조직은 목표와 가치를 극대화(maximize)하려는 목표는 두되, 만족하는 해결책(satisfying solution)을 제안하는 것으로 한 발짝 물러선다. 특히 우리나라는 빈번한 갈등과 문제의 상황에서 구조적으로 우리의 목표와 가치를 극대화할 수 없는 상황에 처한 경우가 많았기 때문에 이해 당사자들 모두를 만족시킬 수 있는 적당한 해결책에 안주하는 경향이 높았다. 이는 타협을 통한 평화적 공존이라는 인류의 보편적 윤리에는 적합한 행동방식이지만 때로 극대화라는 목표를 국가와 민족이 공유하고 이 목표를 달성하기 위해 내부적 시스템을 혁신하고 새로운 영역에 도전하고자 하는 의욕을 갖지 못하도록 우리의 정신을 가두는 위험이 있다.

21세기에 들어서면서 한국은 더 이상 점진적인 개혁이나 혁신을 통해 발전을 도모하는 데는 한계를 느끼고 있다. 많은 분야에서 우리나라 기업들은 따라 잡아야 하는 선진 기업들이 많이 있었다. 자동차는 GM과 도요타가 있었고, 전자제품은 GE와 SONY가 있었으며, 휴대전화는 노키아가 있었다. 그러나 우리의 초일류기업들이 세계적인 초일류기업들과 어깨를 나란히 하거나 어떤 분야에서는 최고에 이른 마당에 적당히 만족할 수 있는 목표보다 극대화하는 목표가 절실해 지고 있다. 더구나 점진적인 개혁이 아닌 무에서 유를 만들어내는 창의성의 더욱 중요해 지고 있다.

인지과정의 해부

심리학의 역사를 둘러보면 행동이론가들이 자극과 반응의 관계를 비인지적이며 결정론적인 관점으로 봐 왔다는 것을 알 수 있다. 이들의 이론에 따르면 비슷한 상황에서 비슷한 행동을 하면서 습득하게 되었고 과거로부터 부정적이거나 혹은 긍정적으로 강화되어 온 지식을 통해 개인의 행동은 예측가능하다고 하였다. 물론 이런 견해는 인간의 모든 행동을 설명할 수 없는 한계를 지니고 있지만 인간 행동을 이해하기 위한 또 다른 접근방법으로 인지이론가에 의해서 시도되었다. 이 인지적 접근방법은 사람들의 계획된 행동 과정을 찾아, 설명하고, 상관관계를 규명하는데 많은 기여를 하였다.

하몬드는 그의 렌즈모델(lens model)을 통하여 사람들이 어떻게 문제 상황을 인식하는 지를 설명하고 있다(Hammond, 1955). 렌즈모델에 의하면 어떤 행동을 취해야 할지를 결정하기 이전에 의사결정 상황을 평가하는데 사람들은 팔리시(policy: 방책, 수단)를 생각한다는 것이다. 의사결정에서 팔리시(policy)란 새롭거나 유사한 상황에서 취했던 과거의 행동을 말하며, 학습이론에서는 이것을 습관이라고 부르며, 사회심리학에서는 스크립(script)라고 부른다. 의사결정자들은 질이 모두 다른 돼지를 품평할 때나, 보험회사가 취업지원자를 평가할 때 이런 렌즈모델을 적극적으로 이용하기도 한다. 클라인(Klein, 1993)은 소방대원, 탱크운전요원, 디자인 엔지니어를 대상으로 이 팔리시가 어떻게 적용되는 지를 연구하였는데, 이들 모두는 다양한 상황을 어떻게 다루어야할지를 훈련과 교육을 통해 이미 익숙해져 있었다. 따라서 그들은 익숙한 문제 상황에 봉착하면 훈련된 방식대로 문제를 적절하게 처리할 줄 안다. 클라인은 이를 인식(Recognition)-준비된 의사결정(Primed Decision making), 즉 RPD모델이라 불렀다. 이 RPD모델은 3가지 수준이 있다. 가장 기초적인 수준은 단순한 비교(match) 수준이다. 즉 문제의 상황이 인식되면 바로 과거에 이러한 상황을 어떻게 대처했는지를 떠올린 다음 실행에 옮기는 수준이다. 그 다음 수준에서는 의사결정자가 과거에 취했던 행동을 한 단계 발전시켜 변형된 행동들을 생각해 내고 이러한 행동을 했을 때 어떠한 결과를 얻을 것인지를 평가하는 수준이다. 끝으로 최상의 수준에서는 앞서 말한 변형된 행동에 중대한 결함이 있어 대규모 수정이 요구되거나 더 복잡한 심적 시뮬레이션이 요구되는 수준이다. 즉 문제 인식과 동시에 취해야 할 행동(해결책)이 준비는 되지만 그 행동과 해결책의 구체적인 내용이 결정되어 있는 것은 아닌 수준을 말한다.

여기서 말하는 정신적 시뮬레이션은 RPD모델에서 핵심 부분이다. 클라인은 앞서 말한 다양한 직업인들이 결정을 내릴 때 하는 생각들을 분석하여 사람들이 선택을 할 때 그 선택으로 인한 결과를 상상한다는 사실과 선택한 행동과 그 상상들은 모두 과거의 경험에 근거하고 있다는 것을 말하였다. 과거의 행동, 특히 실패했던 경험은 과거의 성공했던 경험 이상으로 지금의 결정에 큰 영향을 미친다. 따라서 사람들은 어떤 선택이나 행동이 문제 상황을 성공적으로 대처할 수 있을지를 판단하는 데는 과거의 경험을 적극 활용한다. 즉 과거의 경험은 취하려는 행동에 어떤 결함이 없는지를 살피는데 도움을 줄뿐만 아니라 그 행동을 수정하는 일도 적극 돕는다. 경험이 사람의 결정과 문제해결에 미치는 영향은 이버트와 밋셀(Ebert and Mitchell, 1975, 15)이 개인의 인지과정에서 말한 지각(perception)-환기(evocation)-고차원과정(higher-level process)에서 좀더 상세히 설명하고 있다.

비록 RPD모델이 3가지 수준의 문제해결행위를 설명하였지만 의사결정행위를 연구하거나 사람들의 의사결정을 돕기에는 아직 모호한 측면이 많다. 이를 위해 우리는 앞서 말한 렌즈모델(lens model)을 다시 한번 언급할 필요가 있다. 렌즈모델이 RPD모델이 제안한 최상의 수준의 행동(결정)에 관한 모든 문제를 충분히 설명하지는 못하지만 적어도 유사한 문제가 발생했을 때 취해야 할 행동이 전반적으로 명료하지 않은 상황을 보다 시스템적으로 설명한다는 장점은 있다. 브런스윅(Brunswik, 1947)에 의해 시작된 인지적 추론(perceptual inference)이론이 그 출발점으로 볼 수 있는데, 그는 사람들이 어떤 결정을 내리기 전에 주변 환경을 이해하는데 어떠한 인지적 큐(perceptual cue)를 활용하는지에 의문을 가졌다. 사람의 마음은 사건이나 개체를 직접적으로 경험하기 보다는 센서를 통해 들어오는 정보를 이용하여 정신적으로 재구성한다. 따라서 외부 세계를 직접 체험한 것 같은데도 실제로는 감각을 통해 전달받은 정보를 마음속에서 재구성한 경우가 빈번하다.

직사각형으로 생긴 탁자를 여러 위치에서 바라본다고 가정하자. 측면에서 바라본 탁자는 사다리꼴로 보이지만 당신은 당연히 그것을 직사각형의 탁자로 인식한다. 화가가 탁자를 화폭에 현실감 있게 담기 위해서는 탁자를 사다리꼴로 그리는 것이 상식이다. 즉 원근법에 의해 가까운 탁자의 모서리는 길게 보이고, 뒤쪽의 모서리는 짧게 보이도록 그릴 것이다. 정상적인 사람이라면 그런 그림을 보고 탁자가 사다리꼴이라고 생각하는 사람은 없을 것이다. 한 걸음 더 나아가 그 탁자의 주변을 돌아보도록 하자. 우리가 위치를 옮길 때마다 직사각형 탁자의 모형은 변할 것이다. 그렇지만 눈에 보이는 그런 모습이 우리의 인지적 시스템을 속이지는 못한다. 이것을 "인지적 영속성(perceptual constancy)이라고 부르는데, 우리가 경험한 것(탁자가 직사각형이라는 사실)과 감각기관을 통해 얻는 것(탁자가 사다리꼴로 보이는 현상)은 항상 동일하지 않다는 것을 말한다. 따라서 직사각형의 탁자가 있다는 사실을 추론하기 위해서는 우리가 지닌 인지 시스템이 시시각각으로 감각기관을 통해 들어오는 정보를 활용하는 것이다.

브런스윅(Brunswik, 1947)은 이 아이디어를 <그림 2>와 같은 렌즈 모델로 요약하였다. 우리가 목적개체(Ye)를 인식하도록 명령을 받았다고 하자. 이 목적 개체는 빛과 공기로 둘러쌓여 있고, 우리는 시각기관, 청각기관 등 감각기관을 통하여 목적 개체에 대한 정보를 받는다. C1 C2 등은 이 목적 개체에 대한 정보를 전달하는 수많은 인지적 큐(perceptual cue)들이다. 이러한 규를 근거로 우리는 목적 개체에 대한 결정(Ys)을 내려야 하는 것이다. 예를 들어, 시각적 큐는 목적개체인 토끼의 테두리를 보고는 '작다'고 여길 것이며, 색깔을 감지하는 큐는 그것이 '하얀색'이라고 인지할 것이다. 토끼의 몸이 빛을 어떻게 반사하는가에 따라 당신은 그것이 털로 덮여 있다고 판단할 것이고, 실룩되는 코, 긴 귀, 빨간 눈을 보면서 당신은 그 개체가 토끼라고 단정을 지을 것이다. 실제로 이런 판단과 결정은 순식간에 이루어진다. 우리의 인지 시스템은 이런 결정을 정상인이라면 의식적인 노력 없이도 신속하게 할 수 있도록 만들어져 있다.

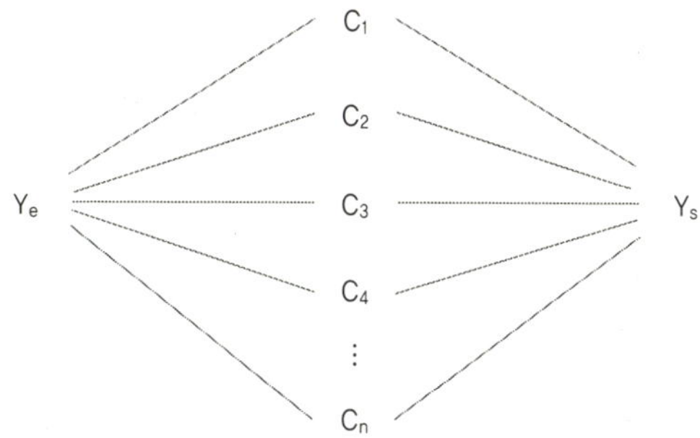

그림 2 버런스윅의 렌즈 모델 (Beach 1997, p. 35)

마치와 사이먼(March and Simon, 1958)은 "적응적 동기부여 행동의 일반적 모델"을 제시하였는데, 이 모델의 전제는 모든 사람은 만족스런 상태에 이르기를 원한다는 것이다. 즉 사람은 충분한 만족을 얻지 못했을 경우, 또 다른 대안을 찾아 나선다. 개인은 주위 환경과 자신의 과거 경험을 회상하면서 자신이 취할 다양한 행동이 가져다 줄 것 같은 결과를 평가한다. 그 결과란 자신의 가치관이나 욕망과 같은 다양한 요인에 따라 만족스럽기도 또는 덜 매력적일 수 있을 것이다. 만족과 욕망의 정도는 보상에 대한 기대가치가 클수록 증가할 것이다. 사람은 이러한 다양한 인지적 과정을 통해 바람직한 수준의 만족을 줄 행동에 대한 믿음을 쌓게 되고 또 그것에 따라 행동하는 것이다. 물론 이 이론은 사람이 추구하는 만족이 무한정으로 증가하리라는 것을 말하지 않으며, 단순히 의사결정행위를 촉발하는 만족의 수준을 예측한다는 점을 강조한다는 점에 유의할 필요가 있다.

이 모델은 또한 유기체의 심리적 상태(만족, 기대, 욕망의 정도)와 인간의 드러난 인지적 행동(탐색)을 통합했다는 점에서 의의가 크며, 행동의 상호작용, 상황, 심리적 요인들이 다양한 상황에 대한 적응수단을 사람들에게 제공한다는 측면에서 개인을 적응하는 유기체로 봤다는 특징이 있다.

행동과정에 영향을 미치는 개인적, 조직적 요인은 매우 많다. 조직구성원이 결정과 관련된 활동을 하도록 만드는 것은 개인의 성격과 심리적 상태와 부분적으로 관계가 있지만, 그 외에도 다양한 사회적, 조직적인 영향요소가 있다. 이 과정을 바르게 이해하기 위해서는 개인의 의사결정을 구성하는 다양한 카테고리를 알아야 하고, 개인의 인지적 과정이 적용되는 다양한 단계를 확인할 필요가 있다. 감성, 기분, 신념, 역사, 문화, 성(性), 마음의 상처(trauma)등이 조직과 개인의 움직임에 영향을 미치는 요인들이다. 이러한 요인들이 선택할 때 고려되어야 하고 조직의 의사결정에서 유념되어야 하는 요인들이다(Williams, 1996, 8).

렌즈모델의 적용

앞서 말한 브런스윅의 렌즈모델을 영업사원채용이라는 현실에 적용해 보자. 기업이 영업사원을 뽑을 때는 고용된 후 성과를 많이 올릴 수 있는 사람을 뽑으려 할 것이다. 문제는 사람을 미리 뽑아 한 동안 영업을 맡겨본 후 우수한 성과를 보인 사람을 뽑으면 간단한 일이지만 현실적으로 어려운 측면이 있다.[2] 따라서 입사 후 우수한 성과를 보일 것으로 예상되는 사원(목적 개체)들을 선발할 수밖에 없는데, 이를 예측할 수 있는 기준을 미리 알아 이 기준에 근거하여 지원자를 평가하여 선발하는 일은 가능할 것이다.

기존 영업사원들의 성과 자료가 있다면 우수한 사원과 성과가 낮은 사원을 가르는 특징이 무엇인지 연구해 볼 수 있을 것이다. 예를 들어, 우수 사원은 영업을 할 때 어떻게 행동하는지를 연구하면 되겠지만, 좋은 영업을 창출하는 행동이 무엇인지를 판단할 수 있는 직접적인 정보를 얻는 일은 쉽지 않다. 결국 지원자가 우수한 영원사원이 될 수 있을지 없을지를 평가하기 위해서는 간접적인 대리 기준(추천서, 학점, 경력, 자격증 등)으로 지원자들을 평가할 수밖에 없다.

한편 이미 누가 우수한 영업사원이고 누가 아닌지를 알고 있을 뿐만 아니라, 이 사람들의 과거 입사지원서를 가지고 있다면 이 문제는 쉽게 접근할 수 있다. 지원서에 있는 정보들이(디지털화 되어 있으면 더 좋을 것이다) 성공한 영업사원과 실패한 영업사원을 예측하는 일을 돕는 의미 있는 규(cue), 즉 기준으로 활용될 수 있기 때문이다. 그렇다면 지원서에 기재된 많은 정보들 중에 어느 정보가 이를 예측하는데 더 유효한지를 판단하는 일이 남는데, 이 작업은 정량적 측정방법과 회귀분석과 같은 통계분석기법을 통해 해결할 수 있다. 즉 성별, 나이, 출신학교수준, 학부 성적, 전공, 추천서, 자격증과 같은 데이터들을 독립변수(예측변수)로 삼고 각각을 정

---

2) 오늘날 기업들이 인턴사원으로 채용한 후 개인의 업무성과를 평가해본 후에 정규 직원으로 채용하는 경우가 많다.

량화할 수 있다. 성별은 0, 1로 코딩하고 학교수준과 추천서는 5점 등간 측도로 변환할 수 있을 것이다. 이렇게 변환된 자료를 다음과 같은 다중회귀분석등식을 이용하여 분석한다면 어떠한 독립변수(예측변수)가 성공을 예측하는데 유효한지를 판단할 수 있을 것이다.

$$Y_e = a + B_1C_1 + B_2C_2 + B_3C_3 + \ldots\ldots + B_nC_n$$

이러한 회귀분석식은 성과를 예측할 수 있는 최적의 큐(cue)가 무엇인지를 알게 해 주는데 유용하지만, 기계적이며 융통성이 결여되어 있어 예외적인 사항이 있더라도 무시되어 버린다. 즉 통계적 횡포에는 속수무책인 것이다. 그래서 인사권자가 최종적으로 지원자를 낙점할 때는 이 공식이 제공하는 예측 값을 참조는 하되 궁극적으로 개인의 주관적 기준이나 잣대가 적용될 것이다. 지금까지는 렌즈 모델의 왼쪽 면을 말하였으나 이제 렌즈 모델의 오른쪽 면을 언급할 필요가 있다. 즉 C_1, C_2, C_3와 같은 큐(cue)들이 영업사원의 성과(Y_e)에 미치는 영향도를 고려는 하겠지만 최종적인 결정(Y_s)을 내리기 위해서는 결정권자의 지적인 능력이 작동할 필요가 있다. 인사권자는 지원자를 만나 인터뷰를 실시하고 입사지원서를 읽으면서 C_1, C_2, C_3의 가중치인 B_1, B_2, B_3를 조정할 수도 있으며, 새로운 큐를 삽입할 수도 있을 것이다.

이제 렌즈모델의 좌와 우를 모두 적용한다면 Y_e는 상사가 영업사원의 성과를 평가한 값이 될 것이며, C는 지원서에서 추출한 정량화한 값들이라 할 수 있다. 즉 기업은 C_1, C_2 등과 같은 목적 개체(Y_e: 성공한 영업사원)에 대한 정보를 전달하는 수많은 큐(cue)를 통하여 목적 개체에 대한 최종적인 판단(Y_s)을 내리는 것이다.

인지적 의사결정 단계

<그림 3>은 Simon(1960)이 제시한 의사결정과정의 3단계를 보여주고 있다. 첫째, 탐색단계(intelligence phase)는 주변 환경을 탐색하며 어떤 결정이 필요한 경우가 없는 지, 늘 주시하는 단계라 할 수 있다. 다양한 소스로부터 환경적 변화를 감지한 정보를 이용하여 이것을 목적지향적인 의사결정이 필요한 지 여부를 확인하는 기초 자료로 활용한다. 정보를 모으고, 분류하고 그런 다음 분석하는 것이 이 단계의 주요활동들이다. 의사결정이 요구되는 데는 내·외부의 변화 때문만 아니라 앞서 내린 결정이 잘못됐거나 결정에 따라 실행을 했는데 결과가 좋지 않은 경우도 있다. 둘째, 설계단계(design phase)는 의사결정자가 택할 수 있는 행동이나 선택을 개발하고 검토하는 단계이다. 이 시점에서 우리는 어떤 행동(선택)이 가져다주는 결과를 그 결과가 갖는 가치와 매력 측면에서 평가할 수 있어야 한다. 마지막으로 선택단계(choice phase)는 선택이라는 의사결정을 해야 하는 시점이다. 결정자는 내·외부의 압력을 받으며 대안들을 비교해 본 후, 목적을 가장 잘 이뤄낼 수 있는 대안을 결정해야 한다. 일반적으로 행동계획을 선택하고 나면 실행(implementation)할 일만 남는다. 실행은 보통 계획을 수반하는데 이 계획은 향후 취할 행동의 가이드가 되어주고, 계획과 실제 사이에 괴리가 없는지를 계속 모니터하는데 근거가 된다.

그림 3_의사결정과정의 3단계 삽입(Ebert and Mitchell, 1975, p. 15)

개인적인 관점에서 이러한 활동들이 쉼 없이 일련의 과정으로 일어난다고 보기는 어려우며, 어떤 한 시점에서 결정이 내려진 후 종료되는 것도 물론 아니다. 사람들은 어떤 2 단계를 동시에 수행할 수도 있으며, 탐색단계와 설계단계를 반복적으로 오가며 수행하다가 최종적으로 선택단계로 갈 수 있다. 게다가 개인의 결정이 조직의 다른 부분에 영향을 미치다 보면 그 부분에서 새로운 결정이 필요하게 되는 일이 생겨날 수도 있다. 아무튼 이 탐색단계-설계단계-선택단계라는 틀은 순서와는 상관없이 개인이 의사결정을 하면서 일반적으로 거쳐야 하는 행동들을 논리적인 세(3) 카테고리로 묶어놓았다는 의미에서 문제해결과정을 이해하는데 유용한 모델이다.

탐색-설계-선택의 단계를 거칠 때 사람들은 수시로 자신의 과거 기억과 경험을 더듬게 된다. 이때 그 사람이 지금의 상황과 거의 유사한 특징을 가진 기억 조각을 찾게 되면 그 기억을 감지(recognition)해 낸 것이다. 사람들은 자신의 행동을 결정하기 위해 과거에 경험했던 상황에 대한 정보를 끄집어내려고 노력하는데 이것이야 말로 고차원적인 지적능력이라 할 수 있다. 클라인(Klein, 1993)은 이를 인식(Recognition)-준비된 의사결정(Primed Decision making), 즉 RPD모델을 이용하여 설명하였다. RPD모델은 3가지 수준이 있는데, 가장 기초적인 수준은 단순한 비교(match) 수준이다.

즉 문제의 상황이 인식되면 바로 과거에 이러한 상황을 어떻게 대처했는지를 떠올린 다음 실행에 옮기는 수준이다. 그 다음 수준에서는 의사결정자가 과거에 취했던 행동을 한 단계 발전시켜 변형된 행동들을 생각해 내고 이러한 행동을 했을 때 어떠한 결과를 얻을 것인지를 평가하는 수준이다. 마지막으로 최상의 수준에서는 앞서 말한 변형된 행동에 중대한 결함이 있어 대규모 수정이 요구되거나 더 복잡한 심적 시뮬레이션이 요구되는 수준이다. 즉 문제 인식과 동시에 취해야 할 행동(해결책)이 준비는 되지만 그 행동과 해결책의 구체적인 내용이 결정되어 있는 것은 아닌 수준을 말한다.

이러한 개인의 지적 능력은 다시 추상화(abstraction), 이해(assimilation), 예측(projection) 이라는 3 범주로 나누어 볼 수 있는데, 이를 마치와 사이먼(March and Simon, 1958)이 제안한 '의사결정에 있어 개인의 인지과정'에 연계하면 <그림 4>와 같다.

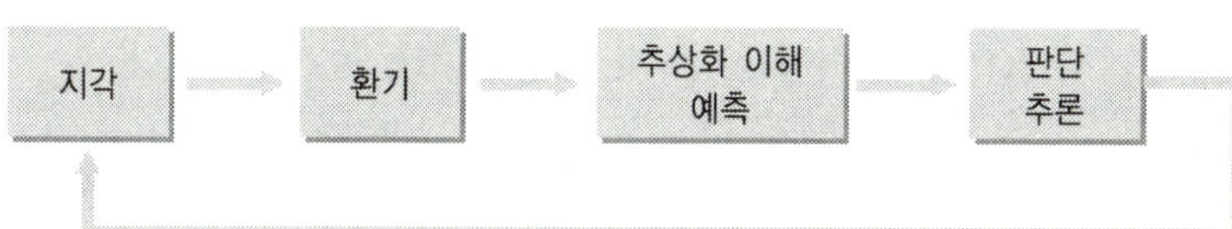

그림 4_의사결정에 있어 개인의 인지과정(Ebert and Mitchell, 1975, p. 15)

지각(perception)

우리 모두는 주변 환경으로부터 끊임없이 정보를 받는다. 이런 정보를 우리는 감각기관을 통해 받는데, 대부분 별다른 혼란 없이 처리되고 해석된다. '지각'이라고 불리는 이 과정은 감각기관을 통해 외부 정보를 체험하는 것으로 정의할 수 있다. 지각이란 객관적인 실체를 사람들이 주관적으로 해석하는 것과 체험하는 것을 말하는 것이지 그 자체를 의미하는 것은 결코 아니다. 따라서 외부의 정보를 받아 거르는(filtering) 과정이 필히 동반된다.

환기(evocation)

사람의 내적 상태는 그 사람에게 기억되어 있는 과거와 경험이 결정짓는다. 사람의 기억에는 지각된 환경의 자극에 선택적으로 반응하는 프로그램이 내장되어 있다. 그래서 사람이 어떤 자극을 지각하면 자신의 기억 중에서 그것과 관련된 극히 일부분을 회상해 내는 것이다. 즉 개인이 지각한 특별한 환경적 요소에 반응하여 일부분의 기억만이 극히 짧은 시간에 활성화되는 것을 말한다. 마치와 사이먼(March and Simon, 1958)은 이 활성화되는 기억의 일부분을 '환기된 부분(evoked set)'이라 불렀다.

고차원 과정(higher-level processes)

환경적 요소를 지각함으로 활성화된 기억(즉 '환기된 부분')을 처리하는 데는 몇 가지 인지적 과정을 거치게 된다. 예를 들면, 사람이 지각하는 환경적 자극은 전체로서 내면화되기보다 분명하게 드러나는 몇 가지 속성에 따라 축약된 형태로 표현되는데 우리는 이를 '추상화(abstraction)'라 부른다. 우리는 이 '추상화' 과정을 통해 문제의 수많은 속성을 다 고려하지 않고 몇 가지 핵심사항만을 기억하는 것이다. 이는 충격적이거나 자극적인 장면을 똑 같이 본 사람들이 구체적으로 기억하는 부분은 서로 다른 현상과 일맥상통한다. 미국 노스웨스턴대 김이준 박사는 동물의 뇌는 외부 자극을 모두 뇌에서 받아들이지 않고 주의를 기울이는 자극만 골라서 처리하도록 진화했다고 주장하면서 인간의 뇌도 이와 같아 특별하게 주의를 기울인 자극만 처리한다는 것이다. '이해(assimilation)'는 인지적 조직이 일어나는 과정이다. 사람들은 앞의 추상적인 요소들을 비교하고 종합하여 의미를 갖는 '전체(whole)'를 생성하는 것이다. '예측(projection)'이란 앞에서 이해된 요소들이 다양한 새로운 형태로 재구성되는 과정을 말한다.

결과(results)

고차원적인 인지과정의 결과를 우리는 '판단'이나 '추론'이라 부른다. 두 용어는 다른 과정들을 통하여 생성되는 일반화 과정이라고도 하는데, 이 일반화란 일(문제)의 현재성, 당위성, 미래성을 축약한 것을 의미하기도 한다. 이 일반화를 통하여 인간과 환경의 비인간적인 요소들의 행동을 설명하고 예측할 수 있는 것이다.

프레임(frame)

여기에서 프레임을 이야기하려는 것은 사람이 판단하고 결정하는데 매우 중요한 역할을 하는 인간의 인식체계를 설명하는 중요한 개념 중에 하나이기 때문이다. 프레임이란 의사결정자와 이해관계가 걸려있는 상황과 관련된 요소(element)들 그리고 그 요소들끼리의 관계로 구성된 정신적 개념(construct)이라 정의할 수 있다. 여기서 말하는 요소란 눈에 띄는 현재의 사건 그리고 관련된 과거의 사건을 말하며, 관계란 요소들끼리 예상되는 상호작용을 말한다. 흔히 예상했던 대로 일이 진행되지 않는다면 결국 지금 자신이 갖고 있는 프레임이 상황을 올바르게 표현하고 있다고 볼 수 없다. 그래서 예상했던 일이 일어나지 않으면 의사결정자는 즉시 자신의 프레임을 바꾸려하거나 아니면 프레임 안에 있는 다양한 요소들을 재해석하거나 재배치를 하려 든다.

프레임을 좀 더 현실감 있게 정의를 해 보면, 일이 돌아가는 상황에 대한 의사결정자의 해석이라 할 수 있다. 그래서 프레임이란 어떤 상황에 이르게 만든 사건에 대해 사람이 이미 알고 있는 지식에서 나오며, 사람이 어떻게 행동할 것이며 결과에 이르게 된 원인에 대한 개인의 은밀한 이론에서 나온다. 그래서 프레임은 의사결정자가 기대하고 있는 것을 말해줄 수 있다. 비록 그 프레임이 잘못되었다 하더라도 잘못됐다는 것을 알려주는 명백한 피트백이 있을 때까지는 그 상황을 이해하고 취할 행동을 결정하는 기초가 된다. 따라서 어떤 사람의 프레임을 이해하는 것만으로 그 사람이 취할 미래의 행동과 언어를 예단할 수 있다는 점에서 프레임에 대한 이해는 매우 유용하다.

사람들이 단독으로 결정을 내리는 경우는 많지 않다. 의사결정이란 일종의 사회적 행위로써 다른 사람이 자신의 결정을 어떻게 생각하고 반응할지를 염두에 두고 내린다. 앞서 텟록이 말한 '설명력(accountability)'과 비슷한 개념이다. '설명력'이란 자신의 판단과 결정을 다른 사람에게 정당화하고자 하는 욕구 또는 사회적 압력으로 정의될 수 있다. 사람들은 타인들이 문제의 상황을 어떻게 해석할 지(프레임)를 미리 가정하고 어떤 결론을 내려놓는다. 만일 그 사람의 프레임이 나의 것과 다르다는 생각이 들면 갈등을 피하기 위해 그 사람의 프레임의 관점에서 봐도 이상해 보이지 않는 결정을 하려 할 것이며, 자신의 프레임을 그 사람의 것과 맞추려 노력할 것이다. 특히 내가 하는 일이 상사나 동료의 의견을 조율해야 하는 일이라면 더욱 그럴 것이다. 다양한 프레임으로 문제를 해석한다는 것은 매우 중요하다. 자신의 프레임으로 볼 때는 문제가 없었지만 타인의 프레임으로 보면 문제가 될 수 있다. 선진사회는 다양한 프레임으로 문제를 바라보는 것을 허용하는 성숙된 사회를 말한다. 다양한 프레임들이 조정된다는 것은 문제에 대한 이해와 해석에 있어 상호간 합의에 도달한 것을 의미한다.

사람들이 사물이나 문제를 인식할 때 적용하는 프레임이 매우 유연한 사람이 있는 반면 매우 경직된 사람들도 있다. 대부분 사람들은 모두 이 두 극단의 프레임 가운데 중간 지점에서 자신의 프레임을 가지려 한다. 그런데 때로 양 극단의 프레임이 정면충돌할 때 그룹이나 조직은 나뉘어져 싸우게 되고 큰 충돌음을 내게 된다. 정치적 프레임(이념, 성향)이 다를 때 이 싸움은 매우 격렬해진다. 미국은 오랫동안 양당 제도를 유지해 왔다. 전통적으로 민주당은 진보적이며, 적게 가진 자들인 블루칼라의 지지를 받아 온 반면, 공화당은 보수적이며, 중산층을 비롯한 가진 자와 기업가들의 지지를 받아왔다. 초기의 두 당의 정강이나 정책은 뚜렷한 차별성이 있어 구분할 수 있었지만, 세월이 지나면서 두 당의 정책과 정강은 중도 쪽으로 수렴되는 경향을 보였다. 경제가 발전하고, 소득수준이 높아지고, 중산층이 확대되면서 양당은 중도성향의 중산층의 표가 필요해지면서 상대 정당의 정책의 일부를 모방하기 시작한 것이다.

2003년에 진보적 성향의 노무현 정부가 들어서면서 진보와 보수라는 두 개의 극단적 프레임이 격렬하게 충돌하기 시작하였다. 북한을 주적으로 보기보다는 끌어안고 함께 가야하는 민족공동체적 시각, 근·현대 역사를 기회주의자가 득세한 실패한 역사로 규정하는 진보적 시각, 노동운동을 적게 가진 자(비주류)들의 균등을 향한 정당한 운동으로 바라보는 시각, 평등을 지향하는 교육제도 등 사사건건 진보와 보수의 입장은 첨예하게 달라 임기 내내 나라는 시끄러웠다. 게다가 언론 및 방송매체들도 진보와 보수로 확연하게 나뉘어져 대립하였으며, 진보와 보수를 표방하는 NGO와 교육단체들이 각기 제 목소리를 내었다. 이런 대립의 과정은 우리나라가 보다 성숙한 민주주의 공동체로 다가서기 위해 필요한 성장통이요 과도기적 현상으로 보인다. 그러나 이런 대립과 반목이 궁극적으로 국가 경쟁력을 향상시키고 나라의 안보를 굳건하게 만드는 방향으로 잡아가지 않는다면 국가와 민족을 위해 이로울 것이 없는 갈등이요 다툼일 뿐이다. 19세기에 고종을 섭정하면서 권력을 잡은 흥선 대원군은 '척사(斥邪)', '양이(洋夷), '쇄국(鎖國)'이라는 극단적인 프레임으로 외국의 개방요구와 신기술 문명을 바라보면서 개혁과 개방의 시기를 놓쳐 나라를 기울게 하는 우를 범하였음을 잊지 말아야 할 것이다.

사람들은 자신의 프레임을 조정할 때 2가지 방법을 쓴다. 첫째, 사람들은 그 프레임 을 드러내 놓고 토론함으로써 차이점을 찾아내고, 상황의 성격이나 선택할 수 있는 옵션에 대해 상호간에 동의할 수 있는 생각을 내 놓는다. 만일 조정이 불가능하다면 적어도 그 차이점을 이해하려는 자세를 가진다. 두 번째는 좀더 절묘한 방식으로 프레임이 조정되는 경우이다. 비슷한 세계관과 유사한 신념과 가치관을 가진 사람들은 상황을 비슷하게 해석하는 경향이 있다. 서로 공유하는 이런 신념과 가치관을 우리는 문화(culture)라 부른다. 따라서 우리가 한 나라의 문화를 말할 때 그 나라에 거주하는 사람들의 세계관이 유사하리라 생각하듯이, 조직을 말할 때도 같을 것이다. 다수의 사람들이 공동의 신념과 가치관을 공유할 때 상황을 비슷하게 해석하는 경향이 있으며, 우리는 이를 결혼문화니 가족문화 또는 우정문화라는 단어를 덧붙인다. 요약하면 동일한 문화를 공유하는 사람은 문제에 대해 비슷한 프레임을 소유하게 되고, 이 프레임은 외부인들이 가진 그것과는 분명 다를 것이다.

조직 문화는 구성원들에게 유사한 프레임을 갖도록 강요하기도 한다. 만일 사람이 조직의 어떤 문화가 싫다면 그것을 바꾸려하기보다 오히려 그 조직을 떠나는 것이 나을 것이다. 따라서 조직에 남아있거나 매력을 갖는 사람들은 그 문화를 구성하는 신념과 가치관을 편안하게 받아드리는 사람이며 조직구성원들이 문제를 해석하는 방법에 적극 동조하는 사람들이다. 어떤 종교단체(교회, 사찰 등)의 일원이 된다는 것은 공통의 핵심 신념과 가치관을 공유하는 것이다. 이러한 신념과 가치관이 없다면 그 사람은 그 종교단체의 일원이 될 수 없을 것이다. 따라서 무작위로 뽑아 형성된 집단보다 이 종교단체의 멤버들의 세계관은 현저하게 유사할 것이다. 그렇다고 그 종교단체 내 구성원들이 이견이 전혀 없는 것은 아니지만, 의견이 다소 다르다 하더라도 핵심적인 신념과 가치관에 비하면 주변적인 것이라는 얘기다.

핵심적인 신념과 가치관을 조직 내 구성원들이 공유하면 할수록 구성원들이 문제 상황을 바라보는 프레임은 유사하게 된다. 따라서 구성원이 다른 구성원들을 깜짝 놀라게 할 정도로 의외의 판단이나 결정을 내리는 경우는 적어진다. 그렇지만 정 반대의 경우도 가능할 것이다. 구성원들의 신념과 가치관이 제각각이면 한 직원이 내린 결정이 다른 직원들에게는 이상하고 적절해 보이지 않아 갈등은 증폭될 것이다. 즉 각 구성원들은 다른 악보를 보고 제각기 다른 목소리를 내기 때문에 조화로운 목소리가 나올 수 없는 것이다. 그러나 다른 각도로 보면 창의적인 아이디어들이 더 많이 나올 것이며 시간이 걸리겠지만 보다 나은 결론과 선택을 할 수 있어 국가와 조직의 경쟁력에 보탬이 될 것이다.

그런 경우가 흔치는 않지만 두 사람이 똑 같은 프레임으로 문제를 본다고 하더라도 두 사람이 그 문제를 똑 같은 방법으로 다루거나 동일한 옵션을 선택한다는 것을 의미하지는 않는다. 그럼에도 불구하고 두 사람의 프레임이 비슷하다면 적어도 상대방의 출신과 성장배경을 이해하고 그 사람 사용하는 유사한 가정을 바탕으로 선택을 할 것은 자명하다. 그래서 갈등이 생기더라도 적어도 문제를 정의하는 그 자체에 대한 갈등이라기보다 문제에 어떻게 접근하는 가에 대한 갈등에 그치는 것이다. 같은 문화를 공유한다고 하여서 모든 일이 순조롭게 흘러가는 것은 아니지만 그런 것조차 없을 경우 문제는 보다 꼬일 것은 분명하다.

공유 문화의 좋지 않은 측면도 무시할 수 없다. 조직의 구성원들이 특정 프레임에만 얽매여 사물과 문제를 바라 볼 경우 "groupthink"

라는 집단사고의 덫에 걸릴 수 있다. 다양한 각도로 문제를 바라보는 시각이 없다보니 이런 집단은 때때로 치명적인 실패를 가져다 주는 선택을 하는 수가 있다. 집단사고 만큼 심각한 다른 문제는 프레임이 조직의 문화에 맞지 않을 때 발생하는 것으로, 참신한 생각이나 멋진 관점들이 무시당하고 드러나지 않는 것이다. 이것은 조직이 변화와 개혁을 시도해야 할 때 부정적으로 작용할 수 있는 독과 같다. 오랫동안 안정되고 예측 가능한 환경에서 운영되어 온 기업이 있다고 가정하자. 이러한 조직 문화를 혐오하는 사람들은 이 기업들을 차츰 떠나게 되고 동질적인 프레임을 가진 남아 있는 사람들은 이런 문화를 즐기며 안주하게 된다. 이런 기업에 급격한 환경변화가 일고 갑자기 변화의 바람이 불어오기 시작하면 조직 외부에서 지금 어떤 일이 일어나고 있는지 알고 있는 사람은 최고경영자를 제외하고는 거의 없다. 이러한 상황에서 최고경영자는 급격한 개혁 드라이브를 걸어야 하고, 구성원들이 이해하지 못하는 혁신적인 조치들을 취하게 되는데 이는 리더와 구성원들을 매우 힘들게 한다. 흔히 혁신은 관습화되어 버린, 그래서 구성원들이 행복하게 받아드리는 조직의 신념과 가치관과 충돌하는 경우가 많다. 박제화된 기존의 신념과 가치관에 배치되는 모든 것들을 구성원들은 '위협'이라는 프레임으로 보게 되고, 이러한 프레임은 핵심적인 공유문화를 보호하려하고 변화에 저항하게 만든다. 경영인들은 이런 변화를 위해 직원들을 설득해야 했는데 이는 설득이 필요해서라기보다 제안된 변화가 조직문화와 맥을 같이해야 하기 때문이다.

프레임 효과(framing effect)

사람들의 선호와 선택은 문제를 표현하는 방식이나 정보를 제시하는 방법에 따라 상당히 영향을 받는데, 이를 일반적으로 프레임 효과(framing effect)라 한다. 어떤 상황에 대한 프레임이란 그 상황에 대해 의사결정자가 갖는 이미지라 할 수 있다.

어린이 안전벨트 착용과 같은 정책적인 이슈를 예로 들어보자. 공무원과 부모들을 실험실로 초청한 후, 각각을 반으로 나누었다. 반으로 나뉜 각 그룹에게는 다른 형태로 가공된 교통사고 정보를 제공하였다. A 그룹에게는 "만일 안전벨트착용을 의무화를 할 경우 교통사고로 사망하는 150명의 어린이 중 100명을 구할 수 있다"라는 정보를 제공하였다. B그룹의 사람들에게는 안전벨트를 착용하지 않아 사망한 어린 소녀에 대한 이야기를 들려주었다. 그런 다음, 실험 참가자들에게 안전벨트 착용법안의 도입여부에 대한 찬반을 결정하도록 하였는데, 부모 그룹의 경우 '어린 소녀의 교통사고 이야기'를 들은 그룹이 이 법안을 더 찬성한 반면, 공무원 그룹의 경우, 객관적인 교통사고 통계를 제공받은 그룹이 이 법안을 더 찬성한 것으로 나타났다. 즉 부모 그룹과 공무원 그룹은 각기 다른 프레임을 가지고 있었으며 이 프레임이 다름으로 인해 관심을 갖고 사용하는 정보가 달라졌다는 것을 알 수 있다.

도박실험에 참가한 150명에게 이길 금액과 확률 그리고 잃을 금액과 확률을 다음과 같이 다르게 표현한 문장들을 보인 후, 2개의 방식 중에 하나를 선택하도록 하였다(Tversky and Kahneman, 1981). 여기에서 A1과 A2는 이익의 관점에서 서술된 도박안인 반면, B1과

B2는 손실의 관점에서 서술된 도박안임을 유의해서 보기 바란다.

(1안) A1: 240불을 확실히 딴다.

A2: 1000불을 딸 확률은 25%이고 아무 것도 따지 못할 확률은 75%이다.

(2안) B1: 750불을 확실히 잃는다.

B2: 1000불을 잃을 확률은 75%이고 아무 것도 잃지 않을 확률은 25%이다.

실험 결과, A1과 A2 중에는 A1의 240불이 A2의 기대가치인 250불 보다 적음에도 피실험자의 84%는 A1을 선호하였다. 한편 B1과 B2 중에는 B2의 기대손실이 B2의 기대손실(750불)과 똑 같음에도 피실험자 87%가 B2를 선호하였다. 사람들은 결과를 A처럼 수익의 관점으로 문제를 서술하면 위험을 피하려하는 경향을 보이고, B처럼 손실의 관점에서 문제를 서술하면 위험을 더 감수하려는 경향이 있는 것이다.

어떤 지역에 희귀한 전염병이 돌아 600명 정도가 생명의 위협을 받고 있다. 이 전염병의 확산을 막기 위해 두 가지 프로그램이 제안되었고 각 프로그램을 시행한 결과를 전문가들은 다음과 같이 예측하였다(Tversky and Kahneman, 1981; 안지원 2000, 20; 베리 슈워츠, 2004, 68). 먼저 긍정적인 프레임으로 짠 예측을 살펴보자.

프로그램 A는 600명 중 200명을 확실히 살릴 수 있고, 프로그램 B는 600명이 모두 살 수 있는 확률은 1/3이고 600명 모두가 죽을 확률은 2/3이다.

이 때 여러분들은 어느 쪽을 선택하겠는가? 당연히 절대다수의 사람들은 프로그램 A를 선택한다.

그럼 이제 부정적인 프레임 로 짠 예측을 보자.

> 프로그램 A는 600명 중에 400명이 확실히 죽게 되고, 프로그램 B는 모두 죽지 않을 확률이 1/3이고 600명 모두 죽을 확률이 2/3이다.

이 때 여러분들은 어느 쪽을 선택하겠는가? 이 때는 절대 다수의 사람들이 프로그램 B를 선택한다. 이유는 무엇일까? 위의 문제는 각기 표현은 다르지만 각각의 기댓값은 동일하다. 병든 사람이 600명이라면 그 중에서 200명을 구하는 것은 400명을 잃는 것과 같다. 즉 첫 번째 문제의 프로그램 A와 두 번째 문제의 프로그램 A는 같다. 한편 누구도 구하지 못할 확률이 2/3라면 모두를 잃을 확률은 1/3과 같다. 즉 첫 번째 문제의 프로그램 B와 두 번째 문제의 프로그램 B는 같다. 그럼에도 긍정적인 프레임의 예측을 제시받은 사람들은 프로그램 A를 선호하는 경향이 높으며, 부정적인 프레임의 예측을 제시받은 사람들은 프로그램 B를 선호하는 경향이 높다. 이는 동일한 문제일지라도 어떠한 프레임을 가지고 문제에 접근하느냐에 따라 사람의 선택은 달라질 수 있다는 것을 의미한다.

카너먼과 트버스키(Kahneman and Tversky, 1984)는 주유소 유류가 표지판을 예를 들어 프레임 효과를 설명하였다. 이 예는 기업의 할인정책에 대해 소비자가 경제적인 판단을 해야 하는 상황을 설명하고 있는데, 물론 현금으로 주유할 때 가격이 오히려 싸지는 우리나라와는 상황이 좀 다르다.

주유소 A는 다음과 같은 내용의 유류가 표지판을 내 걸었다.

현금으로 할인 받읍시다!
현금 : 갤런 당 1.45 달러
카드 : 갤런 당 1.55 달러

다른 인근의 경쟁 주유소 B는 다음과 같은 가격을 내 걸었다.

현금 : 갤런 당 1.45 달러
카드 : 갤런 당 1.55 달러

두 가격이 제공하는 정보는 실제 내용 상 다른 것은 없다. 현금 결제를 할 때 주는 할인 혜택은 사실 카드 수수료와 같기 때문에 '현금 = 할인'이라는 슬로건을 A주유소가 내건 것 외에 두 광고는 차이가 없다. 이 때 제시된 가격이 실제 할인인지 아니면 물게 될 수수료를 깎아 준 것인지를 알려면 소비자는 정상 가격에 대한 정보가 필요하다. 휘발유의 정상 가격이 1.55달러라면 현금으로 결제하는 사람들은 할인을 받는 것이고, 정상 가격이 1.45달러라면 카드로 결제하는 사람들은 수수료를 내는 것일 뿐 현금으로 결제하는 사람이 받는 할인혜택은 없는 셈이다. 즉 두 주유소의 경영자들은 휘발유의 정상가격과 관련해서 소비자가 다르게 받아들일 수 있는 판매조건을 제시하고 있다. 이는 동일한 정보를 가지고도 소비자로부터 더 긍정적인 반응을 얻어낼 수 있는 표현방법이 있다

는 것을 의미한다. 물론 의도적인 정보의 조작으로 소비자가 오해하여 잘못된 판단을 할 수 있겠지만 이는 상도덕 차원에서 다루어져야 할 문제일 뿐이다.

사람들의 이러한 성향 때문에 우리는 문제나 대안을 설명할 때 긍정적인 측면을 부각하거나 이것을 제시하는 지혜를 발휘해야 한다. 사람의 성격을 '낙관적이다', '비관적이다'라고 표현하는 경우가 있는데 이는 그 사람이 문제를 어떠한 프레임으로 보고 이해하느냐에 달려있다. 반 정도 채워진 주스 잔을 보고는 낙관적인 사람은 아직도 반이나 남은 주스에 흡족해하지만, 비관적인 사람은 반밖에 없음을 안타까워한다. 등산을 할 때 낙관적인 사람은 등행길의 반을 왔음을 기뻐하지만 비관적인 사람은 아직 반이 남았음을 부담스러워하는 것과 같은 이치이다. 사람의 생각과 태도 그리고 결정에 영향을 끼치기를 원하는 정치가나 광고업의 카피라이터는 이러한 사람들의 성향을 유념할 필요가 있다. 문제나 사물을 어떻게 표현하고 제시하느냐에 따라 사람들이 상황을 받아들이는 태도가 현저하게 달라진다. 많은 사람들이 광고 메시지나 정치적 슬로건이 과장되었다고 믿지 못하겠다고 하지만 어느 누구도 이 프레임 효과에서 벗어날 수 없다. 그래서 사람들은 여전히 광고가 많이 된 제품을 더 많이 구매하게 되고 말을 긍정적이며 멋지게 하는 후보에게 표를 더 주는 것이다.

국가간 국민성에 따라 이 프레임 효과도 다양하게 나타난다. 일본인들은 어떤 결정이 필요한지 그리고 무엇을 결정할 지를 판단하는 것을 무척 중요한 일로 여긴다. 지금은 고인이 된 경영학의 대가, 피터 드러커는 "일본인들에게 있어 의사결정에서 가장 중요한 요소는 문제를 정의하는 것"이라고 말하였다. 일본인들은 문제를 정의하는 과정에서 구성원들의 동의를 얻어내는데 많은 시간을 할애한다. 이런 과정은 비록 시간은 오래 걸리지만 다양한 의견수렴을 통해 좀더 나은 프레임을 만들 수 있다는 큰 장점이 있다.

대조상계효과

사람들의 선호도(preference)는 대안이나 해결책을 어떻게 나열하느냐 또는 구성하느냐에 따라 영향을 받는다(안서원 2000, 21). 예를 들면, 대안들을 나열하는 방식에 따라 사람은 대조상계효과(trade-off contrast) 또는 비대칭 우위효과(asymmetric dominance effect) 때문에 판단이 영향을 받는 것이다. 5천원 상당의 현금과 5천원의 가치에 준하는 물건(예: 볼펜)을 사람들에게 제시하였을 때, 보통 사람들은 현금을 선택하는 경향이 높다. 반면 선택 가능한 옵션에 현재 볼펜보다 다소 값이 떨어지는 다른 종류의 볼펜을 추가하였다면 기존 5천원 가치의 볼펜을 선택하는 사람이 늘게 된다. 이는 기존의 대안들에다 매력도가 상대적으로 떨어지는 대안을 추가함으로써 각 대안들에 대한 선호도를 의도적으로 조작할 수 있다는 것을 의미한다(Huber, Payne and Puto, 1982).

갈등을 감소시키면서 쉽게 결정할 수 있도록 하는 방법의 하나는 더 많은 대안을 만들어 기존의 안을 수용하여 갈등을 줄여주는 방법이다. 물론 그 대안이란 갈등의 소지를 줄일 수 있는 속성들이 잘 설계되어 있어야 한다(악의적일 경우엔 조작도 가능하다). 사람들이 큰 갈등을 느끼는 경우는 여러 속성들이 상호 교차적으로 좋아 월등하게 선호도가 높은 대안을 딱 짚어내기가 힘들기 때문이다. 한 여성이 자신의 배우자를 고르고 있다. 신랑후보 A는 외모는 근사한데 학벌이 좀 떨어지며 불안정한 직업을 가진 사람인 반면, B후보는 외모는 다소 떨어지더라도 학벌이 좋고 현재 안정된 직장을 가지고 있는 사람이다. 이 상황에서 여성은 선택에 갈등을 느끼게 되는데, 이 때 외모도 다소 떨어지며 직업도 다소 불안정한 제3의 신랑감 C가 나타나면 여성은 대게 B후보로 기울게 된다. 신랑감 C의 속성은 신랑감 B에 대한 우월성을 더욱 부각시키면서 선택에 대한 갈등을 많이 줄여주기 때문이다.

기업에서 영업을 할 때 이러한 간단한 조작을 통하여 성과를 올릴 수 있다. TV홈쇼핑회사가 처음에 20만원 하는 제빵기계를 소개하다가 나중에 고가의 40만원짜리 제빵기계를 추가하였는데, 그런 다음 가격이 저렴한 20만원짜리 제빵기계의 주문이 더 늘었다. 즉 가격이 높은 제빵기계가 선택의 장에 추가됨에 따라 소비자들은 두 제빵기계를 비교하게 되었고, 새로운 고가의 제빵기계에 비해 기존의 제빵기계가 비용 대 효익을 더 높게 인지하기 시작한 것이다. 즉 고가의 제빵기계의 출현으로 저가의 제빵기계의 효용이 상대적으로 더 높게 인식된 것이다. 사람은 어떤 대안들에 대한 선호도가 늘 정립되어 있어서 필요할 때 그것을 있는 그대로 드러내기보다는 상황이 바뀔 때마다 그 선호도를 다시 구성하게 된다. 우리는 대형할인점들이 진열된 상품들의 상대적 호감도를 높이기 위해 끊임없이 상품의 구성을 조작하는 것을 자주 볼 수 있다. 예를 들면, 커피믹스에 머그 컵을 끼워주는 일, 세제나 치약을 여러 개 묶어 파는 일, 각종 사은품을 끼워 주는 일은 쇼핑객들로 하여금 새로운 제품의 조합이 갖는 선호도를 재구성하여 상품의 매력도를 높이는 것이다. 즉 단품으로 판매될 경우, 경쟁업체의 다른 단품과 쉽게 수평비교를 할 수 있을 터인데 제품의 조합이 달라지면 수평비교가 어렵게 되는 것이다. 결국 소비자들은 객관적인 판단을 유보하고 덤으로 주는 물건이 필요하지도 않으면서 충동구매를 할 가능성도 높아질 것이다.

시장에서 구매자들은 자신의 구매결정을 정당화할 수 있는 정보를 더 얻기 원한다. 즉 자신이 원하는 기능(또는 속성)들이 내장되어 있는 제품을 저렴하게 또는 비싸게 사지는 않았다는 확신을 갖기를 원한다. 이 때 구매자들은 최소 3가지 이상의 모델을 비교하거나 3곳 이상의 매장의 가격을 비교한다. 먼저 자신이 구매하려는 상품과 매장을 어느 정도 마음에 담아둔 후, 그 결정을 정당화할 수 있는 추가적인 정보를 얻기 위해 유사한 다른 모델이나 다른 매장을 기웃거리게 된다. 이 때 자신이 마음에 담아둔 물건과 기능은 같은데 가격이 비싼 대안들이 출현하면 처음 마음에 둔 구매로 마음을 굳혀가는 것이다. 즉 제 3의 대안의 출현은 기존의 대안들에 대한 선택에 대한 갈등의 소지를 낮춰주는 역할을 한다. 한편 정반대의 현상도 발생할 수도 있다. 즉 추가로 얻은 정보가 자신의 최초의 선택을 강화시켜주기 보다 더 많은 갈등을 유발할 수도 있다. 따라서 기업이 자사 제품을 디자인하고 가격을 책정할 때 경쟁사 제품의 그것들과 비교해서 소비자가 자사의 상품을 선택하는 일에 갈등이 최소화될 수 있도록 제품의 포지셔닝(positioning)을 해야 할 것이다. 지나친 갈등유발은 고객으로 하여금 구매를 포기하도록 만들어 자신에게나 경쟁사에게 모두 해가 될 수도 있는 것이다.

가망이론

카너먼과 트버스키(Kahneman and Tversky, 1979)는 문제를 어떻게 제시하는가에 따라 선택하는 사람의 모험적 성향이 바뀐다는 사실을 가망이론(prospect theory)을 통해 보여 주었다. 이는 인위적 조작에 의해 사람이 느끼는 위험이 달라지고, 그래서 선택이 달라지므로 대조상계효과와 무관한 것은 아니다.

위험을 가망이론과 기존의 기대효용이론(expected utility theory)의 차이점을 다음과 같은 함수로 표현될 수 있다.

$$\text{기대효용이론} = \sum \mu(x_i)\,\rho(x_i)$$

$$\text{가망이론} = \sum \upsilon\ v(x_i)\pi\ (x_i)$$

가망이론에서는 효용함수(μ) 대신 가치함수(v)가 들어갔으며, 확률(ρ) 대신 결정가중치(π)가 포함되었다. 여기에서 가치함수는 사람이 이득과 손실의 상황에서 동일한 문제를 다르게 생각하는 왜곡된 인식체계를 말하며, 결정가중치는 객관적인 확률이 있음에도 이를 주관적으로 다르다고 판단하는 왜곡된 인식체계라 할 수 있다.

가망이론을 증명하기 위해 카너먼과 트버스키는 다음과 같은 실험을 시행하였다.

> 문제 1 : 1000원을 이미 보유하고 있는 사람에게 다음의 2가지 대안 중에 하나를 선택하는 것이다.
>
> A안 : (1000, 0.5) → 1000원을 받을 확률이 50%
>
> B안 : (500) → 500원을 받을 확률이 100%

> 문제 2 : 2000원을 이미 보유하고 있는 사람에게 다음의 2가

지 대안 중에 하나를 선택하는 것이다.

A안 : (-1000, 0.5) → 1000원을 잃을 확률이 50%

B안 : (-500) → 500원을 잃을 확률이 100%

실험결과, 문제 1의 경우 A안이나 B안 모두 500원을 받는다는 사실은 동일하다. 그럼에도 불구하고 피실험자의 84%가 B안을 선택하였다. 반면 문제 2의 경우 피실험자의 68%가 A안을 선택하였다. 이는 사람들이 이득을 보는 상황에서는 모험(확률적인 상황)을 피하려하는 경향이 높아지고, 손실을 보는 상황에서는 100% 확실하게 잃기 보다는 잃지 않을 확률이 있는 대안을 선호하게 된다. 이처럼 사람들은 잠재적 손실과 관련된 선택을 할 때는 위험을 기꺼이 껴안는 경향이 있다. 이 조망이론을 확장하면, 100달러를 잃었을 때 느끼는 상실감은 100달러를 얻었을 때 느끼는 희열감보다 훨씬 크다. 일부 연구결과에 의하면 손실에 의한 심리적 효과는 이득에 의한 효과보다 적어도 2배는 크다고 한다. 카너먼과 트버스키는 이것을 '손실 혐오(loss aversion)'라고 명하였다.

자산효과

탈러는 이러한 조망이론을 한 단계 더 업그레이드한 자산효과(endowment effect)를 제안하였다(Thaler, 1980, 1985). 일단 무언가가 당신에게 공짜로 제공되어 당신의 일부가 된 다음, 얼마 후 그것을 포기해야 한다면 사람들은 그것을 손실로 생각한다. 사람들은 자신의 자산에서 나가는 비용(out-of-pocket cost)은 손실로 인식하는 반면, 기회비용(opportunity cost)은 포기한 이득으로 보아 과소평가하는 경향이 있다.

소비자가 구매를 한 다음 일정기간 사용해 본 후 반품할 수 있도록 하는 마케팅 전략이 있다. 이 전략은 반품 제도를 믿고 소비자들은 구매결정을 쉽게 내리도록 하여 판매를 늘릴 수 있다는 이점과 일정기간 내에 반품하는 고객이 의외로 적다는 점에서 자산효과를 십분 활용한 마케팅 방법이라 할 수 있다. 즉 고객이 반품기간 동안 제품을 사용하다보면 그 제품이 주는 효용에 익숙해지면서 자기 자산의 일부로 간주하게 된다. 따라서 이미 자신의 일부가 돼버린 제품을 반환하려하면 마치 자신의 포켓에서 비용이 지출되는 느낌이 들면서 환불받게 될 금액보다 더 큰 손실을 느끼게 되어 반품을 주저하게 된다는 것이다.

또 다른 예로, 사람들이 어떤 실험연구에 참여한 대가로 가치가 비슷한 커피 잔 또는 멋진 펜을 선물로 주었다. 그 후 이 선물들을 서로 교환할 수 있는 기회를 주었다. 무작위로 사람들에게 선물이 배포되었기 때문에 선물을 맞바꿀 사람들이 많을 것으로 예상하였으나 실제는 그렇지 않았다. 사람들은 받은 선물을 이미 자신의 것(자산)으로 생각하기 때문에 이것을 내어놓는다는 것은 자신의 호주머니에서 비용을 지불하는 것으로 생각하였기 때문이다. 한 걸음 더 나아가 받은 선물을 다시 판다고 가정하고 판매가격을 적으라고 했을 때 몇 분전에 적어낸 판매가격보다 30% 이상이나 뛰어 있었다.

자동차 판매 전략에도 이 자산효과는 적용될 수 있다. 고객에게 기본 액세서리만 부착된 자동차를 보여준 후 원하는 옵션을 추가해 가도록 할 것인지 아니면 옵션이 풀로 장착된 자동차를 보여주고 원하지 않는 옵션을 빼도록 할 것인지 생각해보자. 자산효과를 생각한다면 당연히 후자의 방법을 선택하는 것이 지혜로운 영업사원일 것이다. 이미 부착되어 있는 옵션을 본 후에는 이것들이 자신의 자산으로 생각하게 되고 이것을 포기한다는 것은 더 큰 손실의 감정을 느끼게 되기 때문이다. 예를 들면, 40만 원짜리 오디오가 장착된 자동차를 자신이 타는 모습을 한번 상상한 사람은 그것을 포기하는 고통이 40 만원의 가치보다 훨씬 커진다. 반면 단순히 40 만원의 비용을 지불하고 오디오를 살 때 얻는 기쁨은 그 40 만원보다 훨씬 적을 수도 있는 것이다(배리 슈워츠, 2004, 76).

매몰비용의 늪

자산효과와 비슷한 심리적 현상으로 매몰비용에 대한 집착이 있다. 매몰비용이란 이미 지출해 버렸기 때문에 다시 회복할 수 없는 비용을 말한다. 때로 사람들은 이미 지불해 버린 이 매몰비용에 연연하여 합리적인 결정을 유보하는 경향이 있다. 이를 속된 말로 표현하자면 '본전 생각' 때문에 처음의 결정을 중단하지 못하고 계속 이어가는 것이다. 예를 들면, 은행은 대출을 한 기업이 경영상에 어려움을 겪으면 더 추가적인 대출을 허용해 주어 대출금을 회수하기를 원한다. 이 추가 대출금은 그 기업이 회생을 할 수 있다면 더 없이 좋은 투자이지만 만일 망하게 된다면 최악의 투자가 될 것이다. 즉 은행은 어려움에 처한 기업에게 이미 대출해준 금액이 떼일까 두려워서 위험이 있음에도 불구하고 추가 대출을 허용하는 것이다. 은행이 어려운 기업에 추가 대출을 하는 데는 이미 대출해 준 금전적 비용만이 매몰비용에 포함되는 것은 아니다. 일반적으로 은행과 기업은 대출과 이자를 포함함 대출금 상환을 통한 장기간의 우호적 관계를 유지한다. 은행이 포기하기 어려운 매몰비용은 이러한 값비싼 신뢰와 우호적 관계도 포함된다. 따라서 은행이 추가대출을 중단하고 대출을 회수한다는 것은 그간에 쌓은 신뢰와 우호적 관계를 같이 잃게 되는 것을 의미한다. 은행 대출책임자의 의사결정태도를 조사한 한 연구에 의하면 대출업무를 승계 받은 사람보다 맨 처음 대출을 승인했던 책임자가 오히려 추가 자금을 대출해 주려는 경향이 높았다. 이는 자신이 과거에 내렸던 결정의 결과를 인정하지 못하는 사람들의 일반적인 속성을 반영한다고 볼 수 있다.

김대중 정부 때부터 본격적으로 시작된 대북 '햇볕정책'은 노무현 정부가 '포용정책'으로 포장을 바꾸어 지속해 갔다. '햇볕정책'이란 남한이 북한에게 조건 없이 물질적 지원을 하고 긴밀한 경제협력을 함으로써 남북간의 긴장을 완화하며 북한의 경제발전과 개방적인 체제로의 전환을 통하여 남북통일에 필요한 여건을 단계적으로 만들어가는 진보진영의 통일정책이다. 조건 없이 퍼주는 '햇볕정책'에 대해 많은 국민들이 반감을 가지고 있음에도 벌써 10년 가까이 정부는 남북간의 경제협력과 지원 명목으로 엄청나게 많은 돈을 지출해 왔다. 이렇게 지출된 천문학적인 금액은 이미 매몰비용이 되어 우리 정부의 대북 정책의 전략적 유연성을 훼손하고 있다. 주변의 상황이 변하면 언제라도 정책을 바꾸는 일이 당연하건만 우리 정부가 이 매몰비용에 너무 집착하다보면 기존 대북정책을 수정하는 일을 주저할 것이고 그러다 보면 상황에 맞는 효과적인 대북전략을 수립할 수 없게 되는 우를 범할 수 있다.

부정적 정보에 더 혹하는 심리

국회의원 또는 대통령 선거를 보면 상대방 후보의 약점을 찾아내 비방하는 네거티브 전략을 구사할 때가 많다. 아무리 후진적인 선거운동 방식이라고 하지만, 특정 후보에 대한 부정적인 정보가 있을 때 경쟁적 관계에 있는 후보는 그것을 활용하려는 유혹을 뿌리치기가 쉽지 않다. 그 이유는 긍정적인 정보와 부정적인 정보가 혼재되어 있을 때 사람들은 부정적인 정보에 더 주목을 하기 때문이다. 사피르 등(Shafir, Simonson and Tversky, 1993)은 사람들이 선택할 때 긍정적인 속성과 부정적인 속성이 혼재되어 있을 때 부정적인 속성에 더 큰 비중을 두게 되는데 이는 자신의 선택을 정당화하고 설명하기가 쉽기 때문이라고 하였다. 이들의 실험은 다음과 같다.

문제상황 : 이혼 법정에서 아이의 양육권을 양친 중 누구에게 줄 것인가를 결정해야 한다. 다음과 같이 제한된 정보를 가지고 당신은 배심원으로서 누구에게 양육권을 허락할 것인가 또는 허락하지 않을 것인가?

실험상황 : 피실험자는 두 그룹의 나누어졌는데 한 그룹은 '누구에게 양육권을 허락할 지'를 결정하도록 하였고, 다른 그룹은 '누구에게 양육권을 허락하지 않을 지'를 결정하도록 하였다.

정　　보 : 부모 #1

- 중간 수준의 수입
- 중간 정도의 건강

- 중간 정도의 근무시간
- 어느 정도의 아이와의 유대관계
- 어느 정도의 안정적 사회생활

부모 #2

- 중간 이상의 수입 (긍정적)
- 매우 높은 아이와의 유대관계 (긍정적)
- 사회생활이 매우 활발함 (부정적)
- 일과 관련된 여행이 많다 (부정적)
- 건강에 약간 이상이 있다 (부정적)

두 부모의 정보를 보면, 부모 #1에 대한 정보는 대체적으로 무난한 항목들로 구성되어 있지만 부모 #2의 항목들은 매우 긍정적인 항목과 부정적인 항목들이 혼재되어 있다는 것을 알 수 있다. 이 실험의 결과는 두 그룹 모두 부모 #2를 선택하는 경우가 높았는데, 이는 양육권을 줘야 할 사람도 부모 #2이고, 양육권을 주지 말아야 할 사람도 부모 #2라는 모순을 낳고 있다. 즉 양육권을 줘야 하는 부모를 선택하는 그룹에 속한 피실험자들은 여러 정보 중에서 긍정적인 항목(찬성 이유)들에 더 큰 비중을 두었고, 양육권을 주지 말아야 하는 부모를 선택하는 그룹의 피실험자는 부정적인 항목(반대 이유)에 더 큰 비중을 두었기 때문이다.

Chapter 10

선택의 바다와 인간의 한계

인간은 합리적으로 판단하고 결정하기를 원하지만 오류를 범하는 경우가 생각보다 많다. 오류를 범하게 되는 이유는 여러 가지가 있겠지만 가장 큰 요인은 선택해야할 것들이 너무 많아졌다는 점 때문이다(배리 슈워츠, 2004). 현대인이 겪는 선택의 어려움은 소비생활에서 빈번하게 볼 수 있다. 맥도날드 패스트푸드 레스토랑이나 스타벅스 커피점에서 주문을 하려고 벽면 가득한 메뉴판을 보게 되면 주문하기 전부터 좌절을 느끼는 사람이 많을 것이다. 때로 새로운 것을 한번 시도해 보려 생각을 하다가도 뒤에 기다리는 사람이 많으면 그냥 포기하고 늘 시키던 것으로 주문하고 만다. 간혹 새로운 메뉴를 시도하려면 후회하지 않는 결정이 되지 않도록 하기 위해서는 그 선택에 대한 정보를 더 얻어야 하고 이를 소화해내야 하는 부담이 동반된다. 대형 할인점 상품 진열대에 쌓여있는 각종 음료수, 차, 빙과류 그리고 과자 종류를 보면서 선택이 많다는 것이 축복이라기보다 때로 고통이 될 수도 있다는 것을 느낀 적이 많을 것이다.

선택이 많아진다는 것은 많아진 선택적 대안들을 이해하고 비교하는 데 필요한 정보량이 기하급수적으로 늘어나고, 그 늘어난 정보를 섭렵한 후 가장 좋은 것을 결정해야 하는 부담이 발생한다. 모든 인간은 개인마다 정도의 차이는 있으나 정보를 처리하고 그것을 기억하는 능력에 한계가 있기 마련이다. 사람에 따라서 정보를 처리방식과 선호하는 정보의 양식도 다양하다. 노벨경제학 수상자 사이먼(Simon)은 이를 제한적 합리성(bounded rationality)과 만족자(satisfier)라는 말로 설명하였다. 사람의 인지적 능력은 한계가 있어서 문제를 단순화하여 정보처리 부하를 줄여보려고 노력한다. 그래서 때로 문제를 인식하는데 필요한 핵심적인 정보만을 가지고 표현한 소규모의 모형을 만들어 결정을 내리는데 활용하기도 한다. 경영학을 공부하는 학생들에게 전략 경영 시뮬레이션 게임을 이용하여 기업의 전략적 의사결정을 배우도록 한다. 이 게임은 실제 기업보다는 현저하게 적은 변수들에 대한 값들을 프로그램에 내장하여 하나의 결정(예: 가격결정)이 다른 성과(예: 매출액)에 미치는 영향을 쉽게 이해할 수 있도록 도와준다. 사람들은 또한 자신을 만족시키는 최소한의 조건들을 전제한 후, 이 조건에 맞는 안을 주저 없이 선택하는 경향이 있다. 즉 만족자(satisfier)는 극대화자(maximizer)와 같이 최선의 선택을 하는 완벽한 합리주의자는 아닐지라도 비용효과적인 측면에서 최선의 것을 쉽게 결정한다는 특징이 있다.

인간의 생리적, 인지적 한계는 자신의 만족을 극대화할 수 있는 대안을 선택하는 일을 매우 어렵게 만든다. 경마에서 우승할 말을 예측할 8명의 전문가들에게 과거 자료를 제공하고 실제로 얼마나 정확하게 우승마를 예측하는 지를 보았다. 처음 4종류의 자료에서 시작하여 정보의 가짓수를 5, 10, 20, 40가지로 늘려갔다. 그 결과 정보의 양이 늘어날수록 전문가들의 예측에 대한 확신은 증가되었지만 정확성이 정보의 양만큼 증가하지는 않았다. 즉 정보의 양이 어느 정도 넘어서자 오히려 판단의 정확도가 떨어진 것이다(전기정 등, 1994, 168). 한 소비자 그룹에게는 6 종류의 딸기잼을 또 다른 소비자 그룹에게는 24 종류의 딸기잼이 맛보도록 하였는데, 견본 잼을 많이 맛본 사람일수록 적게 맛을 본 사람들 보다 잼을 구매하는 경우가 적었다(Iyengar and Lepper, 2002). 많은 종류의 잼을 맛본 소비자는 종류가 많다는 것에 만족하기보다 더 많은 정보를 처리하며 비교해야하는 스트레스로 인해 오히려 구매를 유보한 것이다. 학생들에게 보너스 점수를 주기 위해 보고서의 소재로 6가지와 30가지 중에서 하나를 선택하도록 하였다. 그랬더니 6가지 소재를 선택한 학생들은 30가지 소재를 선택한 학생들보다 더 많고 더 좋은 논문을 작성하였다.

정보처리의 한계비용과 한계수익

많은 선택의 역작용에도 불구하고 효과적인 의사결정을 위해서는 많은 대안이 있는 것이 좋고 이를 위해 더 많은 정보가 있어야 한다고 대부분 믿고 있다. 원론적으로는 맞는 말이다. 이는 생각해야 할 대안들이 많고 그 대안들을 이해하는데 필요한 정보가 많으면 많을수록 더 나은 결정을 할 수 있다고 믿는 신념 때문이다. 그러나 이러한 신념이 현실화되기 위해서는 대안들에 대한 많은 정보를 수집해서 그것들을 모두 분석하고 체계적으로 비교할 수 있는 개인적인 능력과 지원시스템 그리고 충분한 시간적 여유가 있다는 것을 전제하는 것이다. 대안들을 모두 체계적으로 비교·분석하는데 소요되는 비용과 노력이 선택을 통하여 얻게 되는 이익을 초과하게 된다면 모든 대안의 분석을 통한 최적해(optimal solution)를 구하는 노력은 어리석은 결정이 될 것이고, 문제해결을 하는데 마감일이 걸려 있다면 모든 대안들을 분석해서 최적 해를 구하려는 노력 역시 적절치 않을 것이다.

비용과 이익(cost/benefit) 분석을 합리적으로 잘하는 사람은 지불해야 하는 비용이 얻을 것으로 기대되는 이익을 넘지 않도록 노력한다. 따라서 더 많은 대안을 분석하고 이해하는데 지불해야 될 시간과 노력에 대한 한계적(marginal) 추가 비용이 더 나은 결정으로 얻게 될 한계적 초과 이익을 넘지 않는 범위 내에서 대안과 정보를 추구하는 활동은 절제되어야 할 것이다. 따라서 어느 정도의 해결 대안을 산출하고 어느 정도의 정보를 수집해야 하는 지에 대한 문제는 문제의 특성(심각성, 빈도수, 향후 다른 문제에 미치는 영향 등)과 문제를 둘러싸고 있는 상황적 요인(시간적 제약 등)을 고려해야 할 것이다. 예를 들어 개인의 생활용품을 구입할 때 물품의 대금이 자신의 소득에서 차지하는 비율이 매우 크고 다년간 사용해야 하는 내구재(예: 휴대폰, 자동차, TV)라면 다양한 브랜드에 대한 정보를 최대한 많이 구하여 분석한 다음 구매결정을 내릴 것이다. 그러나 다이어리 하나를 구매하기 위해 여러 곳의 문방구를 기웃거리며 정보를 수집하는 어리석은 사람은 별로 없을 것이다.

극대화자는 얻게 되는 이익(benefit)을 극대화하려고 노력하지만 만족자는 그 이익을 얻기 위해 투입해야 하는 비용의 많고 적음을 꼭 따진다. 만족을 극대화하는데 투입되는 물적, 정신적 비용이 과다하다고 판단되면 만족도가 조금 낮은 대안을 선택하는 것이 만족자의 결정이다. 그런데 사람에 따라서 자신의 정신적 노력과 시간의 값어치는 낮게 평가하면서 구매할 상품의 가격에는 매우 민감한 사람들이 있다. 이런 사람들은 쇼핑을 할 때 다양한 매체(인터넷, TV홈쇼핑, 오프라인 상점 등)를 통한 다양한 정보를 최대한 많이 얻어 가장 저렴한 가격을 제시하는 상점에서 물건을 구매함으로써 극대화자의 행동을 보인다. 이익(만족)과 비용(노력)에 대해 개인이 갖는 인식과 성향에 따라 동일한 문제에 대해서 어떤 사람은 극대화자가 되기도 하고 만족자가 되기도 한다.

정보 해석의 오류

정보(데이터)는 우리가 문제를 객관적으로 바라보고 판단할 수 있도록 돕는 중요한 자원이다. 일반적으로 정보란 객관적인 사실에 근거하고 있어 있는 그대로 받아들어야 하지만 우리가 정보를 이해하고 해석하는데 자신의 고정관념과 편견의 틀에서 바라보고 자기가 원하는 방향으로 또는 유리한 쪽으로 해석하는 경향이 높다. 즉 자신이 바라는 결론이나 결정을 정당화하기 위해 아전인수(我田引水)격으로 사용하는 경향이 있는 것이다.

행동과학 연구에 크게 이바지한 미국의 와튼 응용조사 센터의 제임스 엠쇼프와 이안 미트로프 교수는 1970년대 중반에 미국 대기업의 전략적 의사결정을 연구한 적이 있었다. 이들은 대기업들이 엄청난 예산을 들여 만든 정보시스템이 때로 아무 쓸모가 없는 애물단지로 전락한 사실을 알게 되었다. 그 이유는 중역들이 경영전략을 실현하기 위해 막대한 예산이 드는 정보시스템의 구축을 필요성을 주장할 때 자신의 전략을 지지하는 정보만을 선별해서 받아드리고 이것을 반대자들을 설득하는데 이용하였기 때문이라는 사실을 알아냈다(전기정 등, 1994, 107). 정보를 객관적으로 활용하기보다 자신에게 유리하게끔 왜곡하거나 선별해서 사용하려는 인간의 보편적인 심리가 있는 것이다.

사람들이 정보를 이용할 때 쉽게 빠지는 오류의 하나는 용이성 또는 가용성의 함정이다. 사람들은 일상에서 쉽게 접하거나 자주 접한 정보를 근거로 쉽게 결론을 내려버리는 경향이 있다 (전기정 등, 1994, 116). 즉 어떤 문제가 발생할 빈도나 확률을 말할 때 그 문제와 관계되는 사례가 자신에게 친숙할수록, 눈에 띌수록 그리고 최근에 일어났던 일일수록 실제 빈도수와 상관없이 그것이 마치 사실인 것처럼 인식해 버리는 것이다. 예를 들면, 비행기사고와 육상교통사고로 사망할 확률을 판단할 때 많은 사람들은 비행기 여행이 더 위험하다고 생각한다. 사실 미국 교통당국에 따르면 비행기를 타다 사망사고를 당할 확률은 0.0009%이고 자동차를 타다 사망사고를 당할 확률은 0.03%여서 30배 이상 낮다. 그럼에도 그렇게 인식하는 이유는 비행기 사고는 대부분 대형사고여서 언론과 방송매체가 이를 크게 보도하기 때문에 사람들의 기억에 더 확실하게 각인되기 때문이다.

정보는 최근성 효과(recency effect)에 의해 왜곡되는 경우도 많다. 의사결정자가 문제를 해결하고 결정을 해야 할 때 최근의 정보에 가장 많은 영향을 받는다. 직장에서 흔히 볼 수 있는 '눈도장을 찍는다"는 현상은 상사가 부하직원의 업무능력을 평가하는 직무고과가 있을 때 자주 발생한다. 특히 직무고과가 진행되는 시기나 인사이동 철이 되면 부하는 상사의 눈에 자신이 자주 눈에 띄게 하거나 일을 더 열심히 함으로써 임박한 인사고과에 영향을 미치려 한다. 일부러 결제나 보고서를 자주 올리거나 보고회에서 프레젠테이션을 인상적으로 함으로써 자신이 최근에 열심히 하고 있다는 사실을 상사에게 각인시키는 것이다. 이는 인사고과시기에 상사를 자주 만남으로써 자신이 열심히 하고 있다는 최근 정보를 제공함으로써 자신의 영향력을 극대화하려는 노력이며 이러한 노력이 때로 효과가 있다고 많은 직장인들은 믿는다.

은행의 영업부 직원들을 대상으로 한 연구도 이런 경향을 보여주었다. 은행의 영업부 직원들이 고객들에게 어떠한 상품을 추천하는지를 조사한 결과, 가장 최근에 열렸던 연수프로그램에서 교육받은 금융상품을 가장 많이 추천하였다. 상식적으로 생각하여도 그리고 교육받은 내용에 따른다면 행원은 당연히 고객의 필요를 청취한 후 가장 적절한 금융상품을 추천해야 함에도 불구하고 실제 행원들은 다양한 금융 상품 포트폴리오에서 상품을 고르지도 않았고, 소비자의 필요를 청취하여 적합한 상품을 찾아 권하는 것도 아니었다. 고객의 여건에 관계없이 그저 최근에 교육받은 상품을 기억하고 이것을 권하는 경향이 많았다(전기정 등, 1994, 119).

일상생활 속에 자동차를 구매할 때도 비슷한 현상이 일어난다. A씨는 큰 사고를 당한 경험이 있어 자동차를 구매할 때 고려하는 가장 중요한 기준이 안전도이다. 그는 평소에 P자동차 브랜드가 안전하다는 이야기를 들어왔기 때문에 그 자동차를 조망 간에 구매할 생각을 갖고 있었다. 그러던 어느 날 갑자기 P자동차가 연루된 큰 사고 소식을 TV뉴스에서 접하면서 P자동차의 안전성에 대해 평소에 가지고 있던 신뢰가 갑자기 무너지게 된다. 이렇듯 사람들은 최근의 특별한 경험이 자신의 판단에 큰 영향을 미치는데도 불구하고 사람들은 의외로 이 문제를 인식하지 못하고 굴절된 판단을 하는 경우가 많다.

정보의 최근성 효과는 우리나라의 선거과정에서도 많이 목격되는 현상이다. 선거 전략가들은 선거일이 다가오면 유권자, 특히 후보를 결정하지 못하고 있는 부동표를 대상으로 자기에게 유리한 문제를 이슈화하거나 특별한 사건을 언론에 터뜨려 선거결과를 유리하게 만들려한다. 이러한 일들은 과거 권위주의적인 정권에서는 더 의도적이며 계획적으로 자행된 경우가 많았다. 과거 대통령선거들을 살펴보면 선거기간 중에 예기치 않게 발생한 사건이나 의도적으로 타이밍을 맞춰 터진 이슈들이 선거의 향배에 큰 영향을 준 경우가 많았다. 최근 대통령 선거에서 꼭 등장하는 용어가 '북풍'이다. 후보가 친북적이거나, 친인척이 공산주의와 관련된 전력이 있거나, 친척 중에 북한과 관련이 있다는 정보는 가급적 선거일 직전에 폭로해서 상대 후보의 표를 깎아 보자는 것이 상대 진영의 선거 전략의 하나였다. 대선이 있는 2007년에는 남북정상회담의 개최가 선거에서 여당에게 프레미엄을 줄 것으로 생각해서 정부와 여권이 줄기차게 추진했던 것도 최근성 효과를 노린 것이다. 이질적 이데올로기뿐만 아니라 군사적으로 남북한이 대치하고 있는 특수한 상황에서 이러한 '북풍'은 때로 매우 효과적으로 국민의 판단과 결정에 영향을 줄 수 있었는데 이는 전형적인 정보의 최근성 효과를 네거티브 선거 전략으로 활용하는 예라 볼 수 있다.

'정보의 최근성 효과' 측면에서 최근 성공적으로 마무리된 서울시의 '청계천 복원'을 생각해 보자. 청계천 복원사업은 이명박 시장의 선거공약이었는데 많은 사람들이 불가능할 것이라고 생각했던 무척 힘든 프로젝트였다. 그럼에도 불구하고 2005년 10월 1일에 복원을 완료하였고 성대한 복원식을 치르면서 언론의 헤드라인을 자주 장식하였다. 청계천 복원으로 이명박 시장은 차기 대선주자로써 주가가 수직상승하여 선두를 달리게 되었다. 그러나 '최근성 효과'를 고려한다면 2007년 후반에 있을 대통령 선거에서 청계천 복원 효과를 지금처럼 생생하게 느낄 수 있을지는 미지수이다. 그렇게 본다면 복원 공사가 다소 지연되어 대통령 선거가 있기 6개월 전에 완공되었다면 이명박 전시장은 청계천 복원의 효과를 더 톡톡히 볼 수 있지 않았을까 하는 아쉬움이 남는다.

사람들은 때로 충격적인 경험이나 사건이 오랫동안 뇌리에 저장되면서 두고두고 자신의 판단과 결정에 영향을 받는 경우가 있다. 이를 '충격효과'라고 한다. 정보가 충격적일수록 사람들의 뇌리에 쉽게 각인되고 잘 지워지지 않는 것이다. 선진국의 변호사들이 배심원들의 결정에 영향을 미치기 위해 사건의 정황을 생생하게 보여주는 비디오 자료나 사진을 보여준다. 많은 사람들이 징크스라는 것을 믿는 것도 비슷한 맥락이다. 어떤 사건이나 일이 있은 후 일이 잘 되지 않았다는 뼈아픈 경험은 비록 비과학적이라도 그 징크스를 믿고 피하려는 믿음이 생기는 것이다.

개인의 수준에서 정보의 왜곡된 해석은 가장 많이 발생한다. 이는 개인의 판단을 검증하고 피드백을 줄 수 있는 채널이 별로 없기 때문이다. 정보를 인지하는 개인의 인식체계가 자로 잰 듯 정확하지 않으며, 주관적인 요소(편견, 감정, 경험 등)들이 판단과 결정에 많이 개입한다. 인간은 감정에 쉽게 휩싸이고 망각을 쉽게 하는 동물이기 때문에 상황정보를 객관적으로 분류하고 이해하지 못하는 경우가 자주 생기는 것이다. 교육과 훈련 그리고 경험을 통하여 개인은 이런 정보에 관한 오류를 최소화시킬 수는 있겠지만 늘 충분한 것은 아니다. 교육수준, 출신지역, 성별, 나이와 관련하여 대다수의 사람들은 한두 가지의 편견을 지니고 있으며 이러한 편견 때문에 어떤 사람과 문제에 대한 정보를 객관적으로 이해하지 못하는 경우가 많다. 조직의 전략가나 정부기관의 의사결정자들도 이런 정보처리의 오류에서 자유로울 수 없다. 따라서 이런 오류를 최소화하기 위해서는 제3의 눈이 있어야 하는데, 이는 의사결정체계나 시스템일수도 있으며, 다수가 의사결정과정에 참여하는 것으로 가능할 것이다.

통제의 환상과 믿음

일반 사람들이 갖는 스스로의 통제력에 대한 환상의 원인을 여러 측면에서 분석해 보자. 19세기 초 미국 아이오와 지방에는 떼를 지어 돌아다니는 버팔로(북미에 서식하는 들소)를 주식으로 먹고 사는 인디언들이 살고 있었다. 버팔로가 멀리 이동하면 이 부족은 식량자원이 줄어들어 굶주림에 시달리곤 했다. 이럴 때마다 인디언 부족들은 버팔로가 돌아올 때까지 며칠 밤낮 교대를 해가며 정교하고 결정적인 버팔로 춤을 추었다. 결국 버팔로가 돌아오면그 부족은 그 춤 의식 때문에 버팔로가 돌아왔다고 믿었다. 일부 학자는 이 예화를 인디언 부족들이 버팔로에 대한 통제력을 과신함으로써 '잘되면 내 탓' 편견을 보인 것으로 해석하고 있다(전기정, 1994, 211).

그러나 이 예화를 불가항력의 초자연현상에 대한 불안심리를 인디언들이 버팔로춤이라는 종교적 의식을 통해 승화시킬려는 노력으로 본다면 통제력 과신이라는 편견으로 해석하기에는 적절치 않은 것 같다. 즉 인디언들은 버팔로의 이동에 대한 자신의 통제력을 과신했다기 보다는 자신의 통제영역을 넘는 초자연적인 현상을 통제하는 어떤 초월자의 통제력을 믿은 것으로 볼 수도 있다. 기독교인은 하나님에게 자신이 소원하는 것을 많이 기도하면 이루어진다고 믿으며, 불교에서는 정성을 다하여 때로 고행을 하면서까지 소원을 빌면 그것이 이루어진다고 믿는 것은 그 결과의 좋고 나쁨을 떠나 어떤 초월자의 통제력을 인정하는 종교적인 행위로 이해할 수 있다. 따라서 초월자의 통제력을 인정해야 하는 문제와 영역은 실제 인간의 결정의 범위를 벗어나나 인간의 의사결정에 영향을 미칠 수 있는 중요한 변수의 하나임에 틀림없다. 초월자의 통제력을 인정할 때와 그렇지 않을 때 인간이 내리는 결정의 배경과 그 결정을 내릴 때 고려하는 요인의 집합이 엄청나게 달라지기 때문이다. 예를 들면 아프리카의 오지에 기독교 선교를 하겠다고 나서는 선교사 지망생이 아프리카에 대해 바라보는 관점과 그렇지 않은 사람의 관점과는 많은 차이가 있기 마련이다. 일반 사람은 아프리카하면 전염병과 가난을 먼저 생각하겠지만 선교사 지망생은 선교 대상이 되는 많은 불신자가 먼저 우선될 것이다. 즉 프레임이 다르기 때문에 똑 같은 사물과 현상을 다르게 보고 전혀 다른 믿음을 형성하게 되는 것이다.

예측의 오류

예측이란 판단 및 결정과 순차적으로 밀접한 관계를 가진다. 예측(forecasting)이란 일상생활이나 기업 경영에 있어서 매우 중요한 활동 중에 하나이다. 주말의 일기예보를 보고 사람들은 어떠한 레저활동을 할지를 결정하고, 기업은 제품이 어느 정도 판매될지를 예측하여 생산계획을 수립하고 원자재와 부품을 주문하며, 향후 경기를 예측하여 기업들은 생산시설을 확장하거나 대규모 연구개발비의 투자를 결정한다. 따라서 어떤 판단과 선택을 할 때 늘 그 선택의 결과를 예측하면서 하는 경우가 많다. 따라서 판단과 선택의 오류는 예측의 오류라는 동전의 다른 면이라 할 수 있다.

예측이란 일어날 사건에 대한 확률적 판단이다. 그런데 인간은 이 확률적인 판단을 할 때 매우 취약한 경우가 많다. 사람들이 자주 겪는 첫 번째 오류는 표본(sample)의 크기를 고려하지 않고 표본

이 무조건 모집단을 대표하는 것으로 생각해서 모집단의 성격을 규정하는 일이다. 예를 들면,

> 어떤 마을에 두 개의 병원이 있다. 큰 병원에는 매일 45명 정도의 아이가 출생하고 작은 병원에서는 15명 정도의 아이가 출생한다. 태어난 아이들 중에 남자아이의 비율은 50% 정도이지만 정확한 비율은 날마다 조금씩 차이가 난다. 일 년 동안의 기록을 볼 때 어느 병원이 남아의 비율이 60%인 날이 많겠느냐?

이 문제의 답은 작은 병원이다. 왜냐하면 작은 병원이 표본의 크기가 작기 때문에 변량(variance)이 클 확률이 높고 따라서 50%를 벗어날 확률이 높은 것이다. 그럼에도 불구하고 대부분 사람들은 두 병원이 비슷할 것이라고 답하였는데 이는 명백한 오류라 할 수 있다.

사람들은 또한 우연성(randomness)에 대해서도 잘못된 선입견을 갖고 우연한 사건임에도 불구하고 우연임을 인정하지 않는 우를 범하기도 한다. 예를 들면, 동전 던지기를 연속 6회 할 경우 앞-뒤-앞-뒤-뒤-앞(패턴 1), 앞-앞-앞-뒤-뒤-뒤(패턴 2), 앞-앞-앞-앞-뒤-앞(패턴 3)과 같은 패턴들이 나올 것이다. 이때 각 패턴이 나올 확률을 제시해 보라고하면 대개 패턴 1이 가장 자주 나올 것이라고 말하는데 이는 우연성의 동질 확률을 무시한 잘못된 판단이다. 사람들이 패턴 1이 가장 많이 나올 것으로 생각하는 것은 우연적 사건의 패턴과 가장 유사하기 때문이다. 그러나 패턴 2 또는 3이 나올 확률도 패턴 1과 같기 때문에 우연적 사건에 대한 사람들의 판단

도 오류가 있음을 알 수 있다.

사람들은 흔히 미래를 예측할 때 현재의 정보를 이용한다. 이때 사람들이 범하는 오류는 현재의 정보가 신뢰할 수 있는지 그래서 미래를 예측하는데 사용하는데 문제가 없는지를 고려하지 않고 현재의 모습이 미래에도 계속될 것이라는 가정 하에 예측을 하는 경우가 많다. 많은 기업들이 현재의 추세가 불연속적임을 예측하지 못하여 어려움에 처하는 경우가 많다. 1980년대에 미국의 자동차 제조업체들은 연료를 적게 소비하는 소형차의 필요성을 예측하지 못한 결과, 일본의 자동차 제조업체에게 많은 시장을 내 주었고, 미국의 오프라인 대형 서점 체인점인 바니스 노블(Barnes & Noble)사는 전자상거래의 출현이 자신의 비즈니스에 미치는 영향을 예측하지 못하여 온라인 서점 아마존 닷컴(amozon.com)사에게 큰 시장을 내주고 말았다.

여러 개의 TV 광고 안들이 있다고 하자. 이 중에 최대의 효과, 즉 시청자로부터 최고의 반응을 얻을 것이라고 예측되는 안을 기업이 선정하는 것은 당연한 일일 것이다. 그러나 최고의 반응을 얻을 것이라고 예측하는 것은 그냥 주먹구구식의 느낌에 의존하는 것이 아니라 소규모의 샘플(피실험자)에게 광고샘플을 보여주고 그 반응을 조사한 결과를 근거로 하는 것이 좀더 과학적 접근방법일 것이다. 이러한 추론의 근거는 전체를 대표하는 소규모의 샘플 시청자가 광고에 대하여 보여준 태도와 느낌은 전체시청자의 의견을 반영한다고 가정하기 때문이다.

기업들은 정확한 예측을 하기위해 많은 투자를 하고 있다. 예측에 필요한 자료를 구매하기도, 자체적으로 생성되는 데이터를 축적하여 광범위한 데이터베이스를 구축하여 활용하기도 한다. 다량의 자료를 분석하는데 필요한 분석모델을 만들고 이를 위한 고가의 소프트웨어와 분석 장비를 구입하기도 한다. 기업들은 과거의 자료를 근거로 현재의 판단과 결정이 바람직한 결과를 가져올지를 최대한 가늠해 본 다음에야 프로젝트와 광고를 시작하며, R&D와 M&A 결정을 하며, 신입사원을 충원한다. 판단과 결정을 하기에 앞서 이 중요한 과정, 즉 예측에 대한 자신이 없다면 올바른 판단을 내릴 수 없다. 경기가 불투명할 때 기업들이 여유 현금을 쌓아두고 투자를 하지 않는다. 이는 불투명한(불확실한) 미래 때문이며, 불확실성 때문에 미래를 예측하기 어렵기 때문이다.

큰 기업이 환경변화에 대응하여 전략적 키를 바꾸는데도 많은 시간이 필요하듯 국가라는 큰 조직이 변화하거나 방향을 바꾼다는 것은 엄청난 노력과 시간을 요구한다. 한 국가가 변화를 필요로 할 때 이를 인식하지 못했다는 것은 어떤 목표와 현실 사이에 존재하는 갭(gap)을 인식하지 못했다는 것이다. 즉 국가가 지향하려는 비전과 목표가 분명하게 설정되어 있지 못하였으며, 비전과 목표에 견주어 처한 현실을 냉철하고 객관적으로 분석하지 못했다는 것이다. 18-19세기 조선의 리더와 지배계급들은 어떠한 정보의 왜곡현상을 겪었을까? 첫째, 당시 지도자들은 자신들에게 필요하거나 유리한 정보를 취사선택함으로써 국제정세의 변화와 조선의 상대적인 위치에 대해 정확한 그림을 볼 수 없었다. 둘째, 동북아 지역 이외에 외국에 대한 정보가 취약하여 자국의 문제점을 정확하게 진단할 수 없었을 뿐만 아니라 문제 해결을 위한 다양한 대안을 얻는데 한계가 있었다.

Chapter 11

과학적 의사결정

인생은 선택이라는 행위로 점철되어 있다고 해도 과언이 아니다. 많은 대안들 중에 하나를 선택한다는 것은 그 대안들이 공통으로 가지고 있는 속성(attribute)을 비교해야 한다. 비교해야 할 속성의 수는 문제의 유형이나 크기에 따라 달라진다. 정부가 국책사업인 고속철도 차량 제작업체를 선정하는 일에서 부터 개인이 디지탈 TV를 구매하는 일에 이르기까지 의사결정자(구매자)가 구체적으로 비교해야 하는 속성(기능, 효능 등)들은 적게는 손가락으로 꼽을 수 있을 정도에서 많게는 수천 개에 이를 것이다. 슈퍼에서 설탕을 구매할 때 고려해야 할 속성이란 색깔(정제방법)과 용량 정도겠지만, 홈페이지 개발업체를 선정하기 위해서는 업체들의 수십 가지 특성과 역량을 비교 검토해야 할 것이다. 복잡하고 어려운 선택의 상황에서 적용할 수 있는 과학적 방법이 어떠한 것이 있을까?

규범적 선택이론

선택을 위해 가장 많이 알려지고 쉽게 적용할 수 있는 방법은 규범적 선택이론이다. 규범적 선택이론은 의사결정자가 자신이나 조직을 위해 최선의 것을 선택하려 한다는 것을 전제로 한다. 비록 실제 상황에서 쉬운 일은 아니지만 만족자(satisfier)와 극대화자(maximizer) 사이에서 모든 의사결정자는 극대화자가 되기를 바란다는 전제를 깐 이론이 있다. 극대화자가 된다는 것은 최선의 것을 선택하는 것으로 최대의 이익 또는 최소의 손실 또는 비용이 드는 옵션을 선택하는 일을 말한다.

그런데 이 규범적 선택이론을 적용하는데 겪는 어려움은 어떤 선택이 가져다 줄 당장의 이득 그리고 그 선택이 갖는 미래적 가치를 예측하기가 쉽지 않다는 점이다. 열린우리당이 2002년 대선 때 내세운 공약 중에 하나가 국토의 균형발전을 통해 지방을 살리는 정책이었으며 그것을 위한 구체적인 방안들로 행정도시 건설, 지역별 혁신도시의 지정과 건설이었다. 아울러 천정부지로 오르는 집값을 잡겠다며 각종 부동산 관련 세제 및 규제방안을 솥아 내놓았는데, 당시 이 모든 정책들을 통하여 국가의 균형발전을 도모하고 집값을 잡을 수 있을 것이라 확신하였으나 결과적으로 별 효과는 보지 못하였다. 2006년에 이르러 정부의 모든 부동산 조치들을 비웃듯 전국의 부동산 가격이 들썩이며 전 국토가 투기장화 되어버린 것이 사실이다. 그만큼 정책적 판단이나 결정이 가져다주는 결과는 예측하기가 쉽지 않다. 그래서 혹자는 대부분의 결정들이 가져다주는 결과는 의사결정자가 현재 통제할 수 있는 범위를 벗어나기 때문에 도박과 같다는 말을 하는 것이다.

의사결정을 도박에 비유한 것은 오랜 역사적 근거가 있다. 17세기 철학자이며 수학자인 파스칼은 하나님을 믿어야할지 말아야 할지를 결정하는 문제를 도박에 비유한 적이 있다. 기독교를 받아드려야 할지 말아야 할지를 결정해야 하는 사람은 심판의 그날이 오기까지는 하나님이 존재하는지 않는지를 알 수 없다. 그래서 선택은 하나님을 믿을 것인가(option 1) 아니면 믿지 않을 것인가(option 2) 2가지이다. 만일 의사결정자가 첫째 옵션을 선택하였고, 종말에 하나님이 있는 것으로 판명되면 영생의 축복을 받게 될 것이다. 반면에 하나님이 없는 것으로 드러나면 그가 예배하고 봉사하기 위해 투자한 모든 시간과 노력들은 헛수고 될 것이다. 종교적 행위를 위해 투입한 비용에 비해 천국에서 영생을 얻는 이익이 원체 크기 때문에 첫째 옵션을 굉장히 매력적으로 보인다.

그런데 두 번째 옵션, 즉 불신앙을 선택했을 때는 결과가 사뭇 달라진다. 만일 하나님이 존재한다면 그는 지옥에서 영원이 살아야 하지만, 하나님이 존재하지 않는다면 종교적 생활을 위해 투자한 것이 없기 때문에 잃을 것도 전혀 없다. 그런데 영원히 지옥에서 살아야 하는 대가가 종교적 생활을 위해 투자한 비용에 비하면 너무 크기 때문에 두 번째 옵션은 매력적이지 않다. 결론적으로 파스칼은 두개의 옵션 중에 선택하는 일은 매우 쉽다고 주장했다. 즉 사람들은 하나님을 믿는 길을 선택해야 한다는 것이다. 기독교인들이 효과적으로 사용할 수 있는 전도방법 같기도 하다.

그 후 100년 뒤 스위스의 물리학자이며 수학자인 다니엘 베르누이는 젊은 귀족으로부터 도박의 합리적 방법을 연구해 달라는 부탁을 받았다. 그의 제안은 파스칼과 비슷하였지만 좀더 조직적이고 체계적이었다. 그는 대부분의 도박에서 이기고 짐으로써 얻게 되는 이익은 분명하며, 이기고 질 확률도 명확하다고 보았다. 그래서 이김으로써 얻게 될 이익에 이길 확률을 곱하거나, 짐으로써 잃게 될 손실에 질 확률을 곱한 후 두 값을 합하면 도박에 배팅을 해야 할지 말아야 할지를 판단할 수 있다는 것이다. 만일 그 합이 마이너스이면 기댓값이 마이너스이므로 배팅을 하지 말아야 한다.

베르누이는 아울러 2가지 중요한 사실을 발견하였다. 그는 1달러를 얻거나 잃는 것이 갖는 가치가 가난한 사람에 비해 부자에게 적다는 것을 발견하였다. 이익이 가져다주는 동일한 금전적 가치가 두 사람에게 똑같이 적용되지 않는다는 것이다. 따라서 효용성(utility)이 금전적 가치를 대체해야 함을 제안하였다. 이 효용의 개념은 왜 부자가 빈자가 하지 않으려는 배팅을 순순히 하려하는지를 설명해 준다. 즉 배팅으로 안게 될 손실이 빈자에 비해 부자에게는 크게 느껴지지 않기 때문이다.

베르누이는 또한 보험의 논리를 설명하였는데, 예를 들어, 상인이 선박을 이용하여 물품들을 신세계(신시장)에 직송하여 이윤을 남기려하는 상황을 가정해보자. 만일 항해 중에 배가 난파하거나 해적으로부터 약탈됨으로 발생할 수 있는 재정적 위험을 부담해 줄 사람(기관)에게 얼마를 지불해야 할 것인가 하는 문제가 발생할 것이다. 여기에서 상인이 운송을 하려고 배를 띄운다는 것은 도박행위로 볼 수 있다. 즉 이긴다(winning)는 것은 배가 신세계에 잘 도착한 후 안전하게 돌아와 이윤을 남기는 것을 말하며, 진다(losing)는 것은 배와 화물을 모두 날리면서 손실이 발생하는 것이다. 만일

10대의 배중에서 6대가 무사히 돌아올 수 있다면(이는 과거의 경험에서 대략 추론할 수 있다) 이 상단의 안전귀환 확률은 0.6이며, 실패 확률은 0.4로 볼 수 있을 것이다.

여기에서 상인이 배를 띄우겠다는 결정을 내리는 근거는 기대 효용(expected utility)인데, 기대 효용은 다음과 같은 계산에 의해 산출될 것이다. 계산 결과, 배를 잃음으로 발생하는 기대 손실 비용이 배가 무사히 돌아옴으로써 얻게 되는 기대 이익을 초과하는 정도가 발생할 손실에 대해 상인이 지불해야 할 보험료가 될 것이다. 물론 보험료가 얻게 될 이익보다 많다면 이 상인은 배를 띄우지 않을 것이다.

$$U_e = .6 * X + .4 * (-X + -Y + -Z)$$

where U_e = 기대 효용

X = 이익 효용

Y = 선박 효용

Z = 상품가치 효용

보험이란 거래는 도박자(현대의 모든 기업가들은 도박자일 수도 있다)들에게 기대가치를 적용한 셈법에 따라 위험에 대한 비용을 지불하는 것이다. 보험회사는 수많은 보험가입자들에게 배팅을 하는 것인데, 보험회사는 보험가입자가 손실을 보지 않는 것에 배팅을 하는 것이며, 보험가입자는 손실이 발생하는 것에 배팅을 거는 것이다.

수백 년이 흐른 후 이 기대가치 접근방법은 폰 노이만과 모르겐스턴(von Neumann and Morgenstern, 1947)의 게임이론(game theory)으로 완전히 분석되었다. 그들은 대상이 자연인 자연적 게임(games against nature)과 대상이 사람인 인위적 게임(games against persons)으로 나누어 설명하였다. 위에서 설명한 두 가지 예, 즉 신을 믿느냐 믿지 않느냐하는 결정 그리고 신세계로 무역할 상선을 띄울지에 대한 결정은 자연적 게임이라 할 수 있다. 즉 신의 존재 여부와 상선이 임무를 완수하고 안전하게 돌아올지 말지는 인간의 통제범위를 벗어나는 자연의 영역으로 이것을 결정해야 하는 사람에게 대항하는 또 다른 사람은 없다. 반면, 인위적 게임에서는 의사결정자의 의도가 반대자 또는 반대하는 집단의 의도와 대립되는 설정을 갖는다.

폰 노이만과 모르겐스턴의 연구는 현대 미시경제학과 의사결정의 심리학적 연구에 많은 기여를 하였다. 물론 여기에서는 후자에 초점을 두고 있는데, 선택의 옵션들을 어떻게 분석해서 의사결정자가 그 옵션들의 가치를 평가하는 지에 관심이 있다.

자연적 게임에서 의사결정분석 방법

자연적 게임에서 의사결정분석 방법은 의사결정 매트릭스(decision matrix), 기대치 산정(expectation calculation), 의사결정 트리(decision tree)라는 방법들이 있다.

1. 의사결정 매트릭스와 기대치 산정

<그림 5>는 간단한 의사결정 매트릭스이다. 설명을 간략하게 하기 위해 2개의 선택옵션과 2개의 상태 즉 확률을 세로와 가로에 놓았다. 이 매트릭스를 자동차 도난 보험의 가입의 예에 적용해 보

자. D보험사는 당신의 차량(가치 1천5백만원)이 도난당했을 때 차량가치의 70%를 보장해주는 보험 상품을 팔고 있다. 보험료는 10만원이며, 도난을 당할 확률은 1%라고 하자. 당신은 이 보험 상품을 구매할 것인가?

만일 당신이 차를 도난당하고 보험을 들었다면 차량 1천5백만원과 보험료 10만원의 손실이 발생하였지만 10,500,000원을 보험금으로 받는다. 만일 당신이 보험을 구매하였는데, 아무런 일도 없었다면 지불한 보험료의 손실만 있을 것이다. 만일 당신이 보험을 구매하지 않았는데 도난이 발생했다면 당신이 부담해야 할 손실은 찻값 전액일 것이다. 마지막으로 보험을 구매하지 않았는데 다행스럽게도 아무런 일도 일어나지 않았다면 손실은 제로일 것이다.

	도난당함	도난당하지 않음
보험 구매	4,600,000 손실	100,000 손실
보험 구매 않음	15,000,000 손실	0

그림 5_의사결정 매트릭스 예

이 매트릭스를 근거로 보험의 구매여부를 결정지으려면 다음과 같은 등식을 세워 각 옵션이 갖는 기대 비용(가치)을 계산할 수 있다.

$$EV_{구매} = 0.01*(-4,600,000) + 0.99(-100,000) = -145,000$$

$$EV_{구매않음} = 0.01*(-15,000,000) + 0.99(0) = -150,000$$

이 경우 당신은 보험을 사는 것은 조금 유리하다는 판단을 내릴 것이다.

2. 의사결정 트리

의사결정 매트릭스에서 제시된 예와는 달리 때로 결정이 더 복잡할 경우도 많다. 특히 2개 이상의 요인들을 고려해서 결정을 해야 한다면 의사결정 매트릭스로 표현할 수가 없으며, 기대치를 산정하는 방법도 의사결정자에게 결정에 대한 투명한 통찰력을 제공하지 못한다. 그래서 나온 방법이 의사결정 트리방법이다.

<그림 6>은 <그림 5>에서 표현된 문제를 다시 의사결정 트리의 예로 변환해서 보여주고 있다. 의사결정 트리는 복잡한 의사결정 문제를 그래픽으로 설명해 주며, 트리 구조는 핵심적인 의사결정 요소들을 체계적으로 보여줄 뿐만 아니라 그러한 요소들의 관계들도 일목요연하게 잘 보여 주는 장점이 있다.

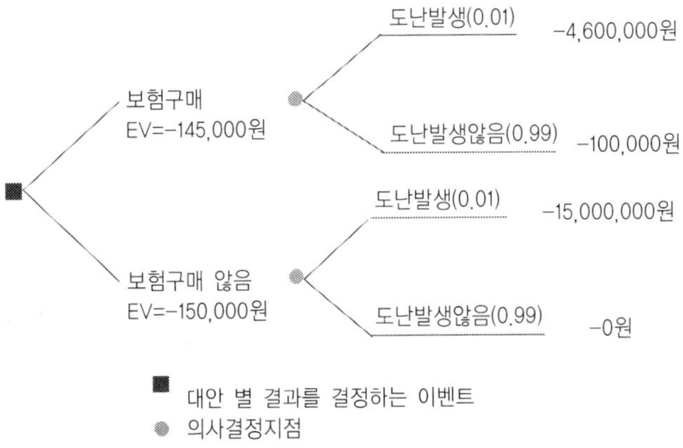

그림 6_의사결정 트리의 예

의사결정자(보험구매자)의 입장에서는 자신의 자동차가 실제 도난을 당할지 않을지를 알 수 없다. 따라서 그림이 보여주는 각각의 경로는 보험구매자가 어느 쪽으로 배팅을 해야 하는 지를 보여주는 시나리오들이라고 할 수 있다.

인위적 게임에서 의사결정분석

대표적인 인위적 게임의 예는 기업의 경쟁적 시장에서 찾아볼 수 있다. 제로섬 게임(zero-sum game)의 상황에서는 한 기업이 취한 행동으로 얻은 이익은 다른 경쟁 기업의 손실로 상쇄된다. 즉 한 기업이 마케팅 활동으로 시장점유율을 늘렸다면 다른 기업의 시장점유율은 줄어드는 것이다. 제로섬 게임이 아닌 상황에서는 양측이 받게 되는 결과(이익 또는 손실)가 대칭적이지 않고 각 측의 결정에 영향을 받는다. 이 비 제로섬 게임의 대표적인 예가 '죄수의 딜레마(prisoner's dilemma)'이다.

1. 죄수의 딜레마

당신과 당신 친구가 절도혐의로 체포되었다고 가정하자. 두 사람은 체포되어 경찰서로 송치되었고, 이제 두 개의 분리된 방에서 따로 취조를 받게 되었다. 수사관은 두 사람에게 당면한 딜레마를 설명해 주었다. <그림 7>을 보면 두 사람이 직면한 딜레마를 쉽게 알 수 있다. 두 사람은 모두 분리된 방에서 각기 다른 공범자가 어떤 고백을 하는지 모른 체 자신의 범행을 실토할 수도 실토하지 않을 수도 있다. 당신과 친구인 공범이 모두 고백하면 5년형을 선고 받을 것이며, 당신은 고백을 했는데 공범이 고백을 하지 않으면 공범은 10년형이라는 최악의 선고를 받을 것이며, 반대로 공범은 고백을 하였는데 당신이 고백을 하지 않았다면 당신이 10년형을 받을 것이며, 둘 다 고백을 하지 않으면 가벼운 1년형을 받는다는 딜레마 상황이다.

		공범	
		고백함	고백 않음
당신	고백함	당신: 5년형 공범: 5년형	당신: 0년 공범: 10년
	고백 않음	당신: 10년형 공범: 0년	당신: 1년 공범: 1년

그림 7_죄수의 딜레마

어떤 의미에서 죄수의 딜레마는 딜레마라고 할 수 없다. 그 이유는 결국 당신 친구가 어떤 선택을 하던 간에 당신의 최적의 선택은 친구를 배반하고 고백하는 것이기 때문이다. 당신이 고백이라는 선택을 했을 때, 만일 친구가 같이 고백을 하면 단지 5년형을 선고받을 뿐이지만 고백을 하지 않으면 당신은 풀려날 수 있다. 당신이 어떤 결정을 할지 모르는 공범도 최선의 선택은 고백하는 것이다. 결국 각자가 풀려나거나 아니면 1년형을 선고받는 대신 5년형을 받는 것은 확실한 선택의 결과라 할 수 있다. 게다가 상대방이 고백을 할 수 있는 가능성이 있는 상황에서도 당신의 최적의 선택은 고백하는 것이며, 이는 공범인 친구에게도 마찬가지이다. 즉 당신이 내릴 선택들의 기대가치는 당신의 친구가 고백을 할 확률이 어느 정도이던 상관없이 '고백'이라는 선택을 내릴 때 더 높아진다.

그러나 죄수의 딜레마는 대부분 사람들이 이런 상황에서 선택을 해야 하는 불편함이 있기에 딜레마라 할 수 있다. 특히 상대방이 당신의 친구라면 우정이라는 신뢰 때문에 그가 고백하지 않을 것으로 믿을 수 있다. 그럼에도 우정과 같은 감정은 이렇게 규범적으로 의사결정 분석을 할 때 고려하지 않으며, 모든 의사결정자들은 자신의 이익만을 철저하게 추구하는 것으로 가정한다.

죄수의 딜레마는 OPEC(Organization of Petroleum Exporting Countries)의 회원국가가오일가격을 책정하는 상황에 그대로 적용될 수 있다. OPEC이 결성된 것은 산유국들이 오일가격을 집단적으로 조정함으로써 오일을 소비하는 주요 산업 국가의 힘에 맞서기 위해 결성된 조직이다. 기본적으로 OPEC의 멤버들은 단일 오일가격에 합의를 보고 이 가격에 준하여 모두 수출을 해야 하지만, 개별 국가의 입장에서 보면 가격을 좀 내림으로써 더 많은 수입을 올릴 수 있는 유혹이 있을 수 있다. 이렇게 한 두 산유국이 가격을 내리기 시작하면 결국 OPEC회원국의 전체의 수익을 감소할 수밖에 없다. 그래서 OPEC의 최적의 선택은 단일 가격에 합의한 후 모든 회원국이 이것을 준수하는 일인데 그런 일이 쉽지 않다는 데 문제가 있다.

양주 제조업자들도 마찬가지이다. 업자들은 TV에는 제품광고를 하지 않기로 합의를 보고 정부의 감시를 벗어날 수 있었다. 업자 모두가 명예롭게 행동을 할 경우 문제가 없을 것이다. 그러나 만에 하나라도 그 합의를 깨뜨리고 이익을 얻을 수 있다고 생각하는 제조업자가 있을 수 있다. 만일 어느 한 업체가 이 합의를 깨뜨렸다면, 그래서 다른 경쟁업체들은 정부가 개입해서 모든 형태의 양주 광고를 못하도록 할 때까지 법정소송을 걸지도 모를 일이다.

특히 냉전시대에 미국을 중심으로 한 서방 국가와 소련 간에 벌어졌던 대결이 이 죄수의 딜레마의 전형적인 예이다. 양측 모두 무기 경쟁을 해야 할지 말지가 두 개의 옵션이었다. 만일 양측 모두가 무기 경쟁을 멈춘다면 무기 생산에 들어갈 자원을 다른 더 좋은 곳에 쓸 수 있고 전쟁의 위험도 그만큼 줄일 수 있다. 만일 한 쪽은 무기 비축에 박차를 가하고 다른 한 편이 무기 생산에 박차를 가하여 군사적 우위를 점한다면 다른 쪽은 위험에 처해질 것이다. 만일 양측 모두가 무기 생산 경쟁에 돌입한다면 양측 모두의 경제는 엉망이 될 것이며 최악의 경우에는 전쟁이 발발할 수도 있다. 어느 쪽도 상대방을 신뢰할 수 없었던 상황에서 그들을 구할 수 있는 유일한 방법은 핵폭탄이었다. 상호 군축의 가능성만이 부적절한 무기 경쟁으로부터 자신들을 지킬 수 있었다.

2. 변화와 현상유지

변화를 줄 것인지 현상유지를 할 것인지는 기업이 흔히 환경변화에 대처할 때 부딪치는 딜레마이다. 코닥의 전통적인 사업은 인화용 필름제조에 있었다. 그들은 좋은 필름을 만들기 위해 막대한 R&D비용을 투자해 왔으며 훌륭한 생산설비를 보유하고 있었다. 디지털 기술혁명이 일어나고 디지털 카메라가 아날로그 카메라를 대체하는 과정에서 그들은 인화용 필름제조부분에 변화를 주어야 할지 현상유지를 해야 할 지를 고민하였다. 이들은 변화를 시도하였지만 새로운 사업을 위해 올인(all-in)을 하지 않았고 현재 비즈니스의 현상유지에만 신경을 썼다. 그 결과 코닥은 디지털혁명이 본격화되었을 때 기존의 시장점유율을 상실하면서 새로운 시장에도 도전할 수 있는 경쟁력을 잃고 말았다. 흔히 현상유지를 원하는 것은 기존에 투자하였던 많은 것들, 즉 몰입비용에 대한 미련 때문이다.

변화를 요구하는 기회는 일종의 도박 같아 불확실하지만 현상유지는 어느 정도 확실한 것 같아 보인다. 현실에 집착할 경우, 미래에 대한 그림이 좀더 분명하게 잡히지만 새로운 기회를 잡기위해 현실을 버려야 한다면 그 미래가 어떨지 불확실하고 불안하다. 이러한 문제를 밴 과 바우펄(Behn and Baupel, 1982)은 “기본적 의사결정 딜레마”라고 불렀다. 예를 들어, 후두염 때문에 고통을 겪고 있는 59살의 사업가에게 어느 날 의사가 이런 말을 하였다. “동맥이 90%나 막혀 약물치료는 어렵고 방법은 수술을 하거나 아니면 고통을 안은 체 사는 길 밖에 없습니다.” 그런데 문제는 수술이 성공적으로 되어서 고통 없이 살 수 있는 할 확률은 90%인 반면, 실패하여 사망할 수 있는 확률도 10% 정도 된다는 점이다. 이 사업가의 딜레마는 현실에 만족하고 고통을 받으며 사느냐 아니면 10%의 사망확률이 있더라도 수술을 받느냐에 있다. 이 딜레마를 의사결정 트리로 표현하면 <그림 8>과 같다.

그림의 첫 번째 가지는 수술을 받느냐 받지 않느냐 라는 2가지 선택을 대변하며, 이는 모두 위험이 내재되어 있는 도박이라 할 수 있다. 두 번째 가지는 수술이라는 결정에 대한 가능한 두 가지 결과를 말한다. 수술이라는 도박이 성공할 확률은 p(90%)이고 실패할 확률은 q(10%)이며 p와 q를 합하면 100%가 된다. 수술이 성공하게 되면 이 사업가에게는 고통에서 벗어나 살 수 있는 제일 좋은 결과를 얻어 수술을 하지 않은 경우보다 훨씬 나은 삶의 질을 얻을 수 있을 것이다. 그러나 만일 수술이 실패할 경우, 수술을 하지 않은 경우보다 훨씬 나쁜 죽음을 맞을 수 있다. 그래서 위의 가지는 위험이 전혀 없는 현상유지를 말하며 그래서 얻게 되는 이익도 위험한 선택(수술을 받는 일, 즉 변화)이 가져다주는 결과들의 중간수준이라 할 수 있다.

이러한 종류의 문제들은 사실 개인이나 기업들이 다반사로 직면하는 상황이며, 규범적 관점에서 이 문제를 풀 경우 비교적 간단명료하다. 위험한 선택의 기대가치를 계산하여 위험이 없는 선택(현상유지)의 그것과 비교해 보면 된다. 만일 위험한 선택의 기대가치가 훨씬 크다면 그는 현상유지를 버리고 새로운 기회를 잡아야 할 것이고, 반대의 경우에는 현실에 안주해야 할 것이다.

그러나 현실에서 이런 상황이 발생하였을 때 규범적 방식으로 접근하는 일이 쉽지만은 않다. 수술을 담당할 의사의 숙련도나 명성을 감안하는 일, 죽음이나 고통의 가치와 비용을 산정하는 일이 쉽지 않을 뿐만 아니라 이런 독특한 문제 상황에 기댓값을 계산하는 방법을 적용하는 일도 의문시 된다. 그래서 의사결정 트리나 기대치 계산이 선택의 문제에 최적의 방법이라고 할 수 없다.

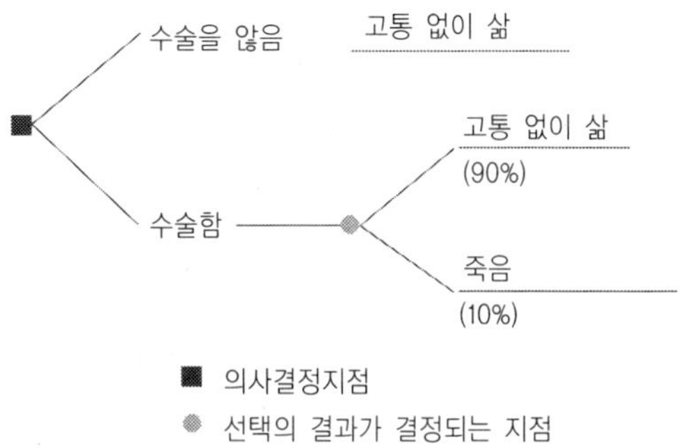

그림 8_기본적 의사결정 딜레마

3. 속성들의 관계에 따른 선택방법

문제는 여러 대안들이 지닌 속성들이 어떻게 연결되어 있는지, 또는 어떤 관계가 있는지에 따라 사람들이 이 속성을 인지하는 과정이나 선택 방법이 많이 달라진다는 점이다.

첫째, 속성들이 상호보완적(trade-off)일 경우와 그렇지 못한 경우가 있다. 홈페이지 개발업체를 선정할 때, 업체의 기술적 역량, 개발 경력, 홈페이지에 관한 구체적인 안, 비용 등의 속성을 비교·검토할 것이다. 이때 일반적으로 기술적 역량이 높은 업체일수록 높은 비용을 요구할 것이며, 개발경력이 많은 업체일수록 제시하는 가격이 높을 가능성이 많다. 이러한 속성들은 상호보완적이어서 맞바꾸기의 심리학이 개입되는 문제이다. 즉 가격이 낮은 업체를 선택하려면 경험이 적고 기술적 역량이 낮은 업체를 선정해야 할 것이다. 이때 우리가 극대화자라면 각 속성별로 점수를 할당하고 평가자들이 점수를 매기도록 한 후 합산한 결과를 가지고 높은 점수를 얻은 업체를 선별할 가능성이 높다. 이러한 선택은 비교적 단순한 선형모델(linear model)의 성격을 띠며 여기에다 가중치를 속성별로 다르게 할당하거나 동일하게 주는 융통성은 발휘할 수 있다.

둘째로 속성들이 상호보완이 되지 않을 경우를 상정해 보자. 젊은 사람들이 배우자를 고를 때 고려하는 속성(학력, 외모, 직장 등)들은 상호 보완될 수 없는 것들이다. 외모도 좋은 사람이 명문대학을 나올 수도 있고, 외모는 좋은데 직장이 신통찮은 사람도 있으며, 학력과 외모가 모두 뒤지는 사람도 있을 것이다. 이러한 비보완적인 상황에서 선택을 하는 첫 번째 방법은 고려한 속성을 모두 충족하는 대안을 선택하는 방법, 즉 결합모델(conjunctive model)이다. 즉 하나의 속성이라도 충족이 되지 않을 경우, 선택을 하지 않는 것이다. 두 번째 속성분리모델(disjuctive model)을 적용하면, 의사결정자가 중요하다고 생각하는 속성의 값이 일정기준을 넘으면 다른 속성의 값에 상관없이 선택을 하는 것이다. 세 번째는 사전찾기식 모델(lexicographic model)이다. 의사결정자는 여러 속성들의 중요도를 따져본 후 속성들의 중요도에 따라 순위를 매기고, 속성별로 각 후보자의 점수를 매긴다. 한 속성에 있어 후보자들이 동일한 점수를 얻었다면 다음으로 중요한 속성을 찾아 점수를 매겨 나간다. 이렇게 모든 속성의 점수들을 비교하다가 살아남은 후보자를 선택하는 방식이다. 네 번째 규칙은 속성에 따른 제거규칙(elimination-by-aspects)이다. 이는 위의 방식과 유사하나 차이점은 속성을 중요도에 따라 고려하기 보다는 임의로 선택한 후 그 속성이 있는지 여부, 그리고 있다면 그 속성의 값이 일정수준 이하이면 제거해 나간다는 점이 다르다. 젊은 남녀가 자신의 배우자를 택할 때 젊을수록 결합모델로 배우자를 선택을 하다가, 나이가 들어 현실을 깨닫게 되면서 속성분리모델로 옮겨갈 것이다.

페인과 동료들은 인간의 정보처리 관점에서 선택하는 규칙이 다르다는 것을 말한 바 있다(Payne, 1976; Payne, Bettman and Johnson, 1988). 먼저 선형모델의 경우, 주어진 정보를 모두 이용하여 선택하는 방식인 반면, 속성분리모델이나 속성에 따른 제거규칙은 정보의 일부만을 사용하더라도 결정을 내릴 수 있는 방법이다. 페인은 일련의 실험을 통해서 사람들이 가지고 있는 정보의 양, 문제의 심각성, 시간적 압력이 문제해결을 위해 사용하는 규칙에 영향을 미침을 발견하였다. 예를 들면, 주어진 대안의 수와 속성의 수가

적을 때, 즉 문제가 비교적 단순할 때는 주어진 정보를 모두 사용하려하며 보완적 규칙을 적용하려는 경향을 보였다. 반면 대안과 속성의 수가 많아질수록 사람들은 정보를 상대적으로 적게 쓰려하며 사용하는 규칙도 다양해졌다. 특히 대안이 많을 때는 비보완적으로 속성에 근거해 일부 대안들을 제외해 버린 후 남은 대안들에 대해서는 보완적 규칙을 사용하여 선택을 하는 경향을 보였다. 문제가 중요한 것일수록 선택의 정확성을 높이기 위해 더 많은 정보를 이용하여 속성들의 보완관계를 분석하였으며, 시간의 제약이 높을수록 쉽게 적용할 수 있는 비보완적 방법을 이용하였다. 결론적으로 페인은 문제 상황이 어느 정도의 노력과 정확성을 요구하는가에 따라 적절한 선택규칙을 택한다고 보았다. 페인은 이를 노력(투입)과 결과의 정확도 사이의 균형관계(effort-accuracy trade-off)로 파악하였다. 즉 결정의 정확성을 확보하기 위해 노력을 무한정 극대화하는 것은 아니라는 것이다.

행동적 의사결정 이론

규범적 의사결정 이론과는 달리 행동적 의사결정 이론은 그 역사가 짧은 편이다. 행동적 의사결정 이론은 태동할 때부터 사람이 어떤 도움도 없이 결정을 내릴 때 규범적 의사결정 이론들이 규명했던 과정이나 예측을 어느 정도 닮았는지를 연구하는 것이었다. 최근까지만 하더라도 이런 연구들의 기본 가정은 의사결정자의 인지적 과정이 효용이론이나 확률이론에 가장 근접하고, 그래서 각 옵션의 매력도를 확률을 감안한 효용의 합을 통하여 계산하며, 그 결과 의사결정자는 가장 큰 효용을 주는 대안을 선택한다는 것이었다. 따라서 만일 결정의 성과가 기대에 미치지 못하였다면 의사결정자가 이러한 가정에 충실하지 못한 체 결정한 것으로 단정 지었다. 따라서 실제로 의사결정자가 추구해야 할 행동과 실제로 취한 행동과의 차이를 검토함으로써 인간의 의사결정과정을 더 잘 이해할 수 있을 뿐만 아니라 더 나은 결정을 할 수 있도록 돕는 방법을 찾을 수 있는 것이다. 규범적 의사결정 이론이 제안한 의사결정방식과 실제 인간들이 행동하는 방식의 차이는 분명 사람의 인지적 한계나 정보처리를 할 때 범하는 실수에 기인한다고 볼 수 있다.

후회이론

호갈스는 선택을 갈등의 해소과정으로 이해하였다(Hogarth, 1987). 일반적으로 사람들은 어떤 목표를 가지게 되고 그 목표를 달성하기 위해 구체적인 대안들을 생각하게 된다. 갈등은 여러 대안들 중에 하나를 선택하고 나머지는 포기해야 하는 상황에서 발생한다. 결혼 적령기의 청춘 남녀가 배우자 선택을 놓고 갈등하는 것이 대표적인 사례일 것이다. 결혼이라는 목표를 달성하기 위해 보통 다수의 배우자 후보 중에서 한명을 선택해야 하고 이때 당사자는 심한 갈등과정을 겪게 된다. 그 이유는 선택하지 않은 나머지 후보는 다른 사람에게 양보해야 하기 때문이다. 결국 이런 상황에서 사람들은 자신의 선택으로 인해 후회를 최소화하는 방향으로 결정을 하게 된다. 사람들은 판단이나 선택을 한 후 후회를 최소화하고 결정의 대외적인 정당성을 높이기 위하여 객관적이며 계량적 방법의 도움을 받으려 한다. 계량적인 방법이 없을 시 적어도 자신의 판단을 정당화할 수 있는 상황 정보나 정성적인 이유를 나열하려 한다.

일련의 후회이론은 사람들이 단순히 최대 효용을 주는 선택을 하기보다는 선택하지 않은 대안으로 인한 후회를 최소화하는 쪽으로 결정한다는 것을 말하고 있다. 루미스와 서그덴(Loomes and Sugden, 1982)은 후회의 정도는 자신이 실제로 갖게 된 결과와 다른 대안을 선택해서 갖게 된 결과, 이 양자의 차이에 따라서 결정된다고 보았다. 그는 실례로 다음의 2가지 대안 중에 사람들이 두 번째 대안을 많이 선택하는데 그 이유를 대안 2를 선택했을 때 느끼게 될 후회가 더 크기 때문이라고 설명하였다.

대안 1 : 100% 확률로 8,000원을 받는 일

대안 2 : 67%의 확률로 12,000원을 받거나 33%의 확률로 아무 것도 받지 못하는 일

대안 1을 선택하여 후회하게 되는 것은 대안 2를 선택해서 12,000원을 받게 되는 경우이다. 이 때 금액의 차이는 4,000원이고 후회지수는 .67R(4,000원)이다. 대안 2를 선택하고 후회를 하는 경우는 아무 것도 받지 못하는 경우인데, 대안 1과의 차이는 8,000원이며 후회지수는 .33R(8,000원)이다. 즉 대안 2를 선택하였을 때 느끼게 되는 후회의 정도가 훨씬 더 크기 때문에 대안 2를 선택하는 경향이 높아지는 것이다. 물론 이러한 추측은 의사결정자의

성향에 따라 적절하지 않을 수도 있다. 예를 들면, 위험부담성향(risk-taking propensity)이 높은 사람은 대안 2를 통해 얻을 수 있는 높은 금액에 더 큰 매력을 느껴 비록 적은 확률이라 하더라도 대안 2를 선택할 수 있다.

현대 사회에서 대안과 선택의 수가 늘어난다는 것은 사람들로 하여금 더 많이 후회하는 여지를 열어두는 것이기 때문에 사람들이 행복해 하지 않는 이유가 되기도 한다. 모든 대안은 그것을 선택하지 않았을 때 기회비용이 있기 마련이다. 우리는 여름휴가를 사람들이 북적되는 동해안의 어느 해수욕장에 갈 수도 있고 아이들에게 교육적인 백제의 유적지를 답사 할 수도 있다. 해수욕장에 가면 우리는 교육적 이익을 비용으로 치러야 하고 유적지를 답사한다면 시원한 여름 해변의 즐거움을 잃을 것이다. 그러나 이러한 대안이 10개가 되고 우리는 한가지 밖에 선택하지 못한다면 선택되지 못한 9개의 대안이 주는 이익을 우리는 포기해야 할 것이다. 따라서 대안이 많아져 기회비용이 높아진다는 것은 우리가 선택한 대안을 통해 얻는 만족도도 같이 줄어드는 것과 같은 것이다. 물론 그 대안을 다음에 선택할 수 있는 기회가 있다면 다소 후회의 여지는 줄어들 것이다.

그래서 사람은 선택을 해야 할 때 심한 갈등에 직면하면 때때로 선택을 포기하거나 연기하는 경향이 있다. 6 종류의 딸기잼을 맛본 소비자들과 24 종류의 딸기잼이 맛본 소비자들 중에 견본 잼의 맛을 많이 본 사람일수록 적게 맛을 본 사람들 보다 잼을 구매하는 경우가 적었다는 실험에서도 드러난다(Iyengar and Lepper, 2002). 이는 24 종류의 딸기잼을 맛본 사람들은 선택을 할 때 더 많은 갈등을 겪었고 그로 인해 구매를 포기하기나 연기한 것으로 볼 수 있다. 트버스키(Tversky, 1972)는 그의 실험에서 소비자가 갈등으로 몰리게 되면 구매를 포기한다는 것을 알게 되었다. 전자제품 할인점에 "CD 플레이어 오늘 대세일"이라는 광고가 붙었고, 인기있는 소니 CD 플레이어를 정상가보다 훨씬 낮은 99불에 살 수 있게 되었다. 이제 당신은 그것을 살 것인가 아니면 계속해서 다른 상표와 모델을 찾아 볼 것인가? 이와는 다른 상황은 다음과 같다. 이제 할인점 창문에 99달러짜리 소니 제품과 함께 169달러짜리 최고급 아이와 제품이 같이 게시되었다고 해보자. 이때 당신은 구매할 것인가 아니면 결정을 또 미루겠는가? 첫 번째 상황에서는 응답자의 66%가 소니를 사겠다고 하였고 34%는 기다리겠다고 하였다. 두 번째 상황에서는 27%가 소니를 사겠다고 하였고, 27%는 아이와를 사겠다고 하였으며, 46%가 기다리겠다고 응답하였다. 첫 번째 상황에서 소비자는 선택에 대해서 큰 갈등은 없었다. 그러나 매력적인 선택이 두개가 되었을 때 사람들은 소니의 낮은 가격과 아이와 제품의 높은 기능성을 맞바꾸어야하는 갈등을 겪게 된다. 둘 중에 어느 한쪽을 선택해야 하는 강력한 이유가 없는 이상 소비자는 선택을 포기하거나 미룰 것이다.

조셉 등에 의하면 사람들은 자신의 자아상(self-image)을 훼손 받고 싶어 하지 않으며, 후회란 바로 자신의 자아상이 특정한 선택으로 인해 훼손되는 것이라 하였다(Josephs et al, 1992). 슈워츠(2004)가 말한 극대화자(maximizer)도 자신의 선택이 자신과 타인에게 최고의 만족과 성취감을 줄 수 있기를 바라며 여러 대안들을 검토하고 선택하는 것이라 하였다. 최종적 선택은 개인의 취향, 식견, 경험, 지적 능력을 반영하는 것이기 때문에 사람들은 자신이 부각하려는 이미지를 드러낼 수 있는 선택을 하려 애를 쓴다. 국회의원은 국회에서 던진 표를 통하여 자신의 정치적 성향을 보여주고 자신의 지지 세력을 더 얻을 수도 잃을 수도 있다. 제대로 된 연예인이라면 자신이 출현할 영화나 프로그램의 선정에 많은 신경을 쓴다. 물론 그 작품의 흥행성도 중요하지만 영화를 통해 드러날 자신의 역할이 얼마나 자신이 키우려는 이미지와 부합하는지도 중요하기 때문이다.

후회라는 감정이 자아상(self-image)을 위협하는 정도는 개인마다 차이가 있다. 예를 들면, 자존감(self-esteem)이 낮은 사람일수록 후회에 대해 더 취약하다. 선택하지 않은 대안에 대한 피드백을 받은 경우, 자존감이 높은 사람에 비해 더 위험 회피적이 되어 후회를 최소화하는 대안을 선택하고 피드백 자체를 피하려는 경향을 보인다(Josephs et al, 1992).

피드백과 후회

후회의 정도는 선택한 대안에 대한 피드백을 사람이 받을 수 있느냐 그렇지 못하느냐에 따라 달라질 수 있다. 후회의 정도가 선택하지 않은 대안의 결과와 관계가 있다면 피드백이 있는 경우가 그렇지 않은 경우보다 문제가 되거나 후회를 하게 될 가능성은 높아진다(Bell, 1985). 멜로드라마에서 흔히 보는 구도지만, 사랑했던 사람과 결국 결혼하지 못하고, 현재 불행하게 살아가는 남자나 여자에게서 이런 현상은 쉽게 발견할 수 있다. 이런 남녀의 후회의 정도는 자신과 헤어진 사람들이 현재 어떻게 살고 있는가에 따라 영향을 받게 된다. 헤어진 연인이 지금 불행하게 살고 있다면 그들은 과거에 결실을 맺지 못한 옛사랑에 대해 더 큰 후회를 할 것이다. 즉 옛 사랑에 대한 정보(피드백)는 그 사람이 느끼는 후회의 정도에 영향을 미치는 것이다.

그러나 많은 일상의 문제들에서 자신의 후회를 정량화할 수 있어서 자신의 결정이 후회가 많았는지 혹은 적었는지를 판단할 수 있는 경우가 많지 않다는 점에서 후회이론의 한계가 있다. 한 여자가 한 남자를 배우자로 선택한 후, 다른 남자를 선택하지 않은 후회정도를 산정해서 자신의 선택의 잘되었음을 확인하는 일은 거의 불가능하다. 기업이 여러 신제품 안 중에서 하나를 결정해서 시장에 소개한 후 다른 제품을 시장에 출시하지 않음으로 생긴 후회를 산정한다는 것은 시간이 필요할 뿐만 아니라 때로 불가능한 일이다. 결국 일상적인 결정에서 후회지수를 측정하는 방법은 어떤 대안을 선택해야 하고 그런 후 그 선택에 대한 피드백을 받으면 되겠지만 사실은 이 방법도 불완전하다. 왜냐하면 다른 대안을 선택했을 시 얻을 수 있는 이익에 대한 객관적인 정보가 거의 없고 대신 추론에만 의존하는 주관적 추정치만 있을 뿐이다. 이것은 가질 수 없었던 과거의 대안에 대한 미련에 지나지 않는다. '미련'의 사전적 의미는 "생각을 딱 끊을 수 없음"을 말한다. 즉 자기가 선택하지 않는 대안이 줄 수 있는 이익들을 상상하며 그것의 상실을 아쉬워하는 것이다. 예를 들면 일류 대학에 입학하지 못한 것을 평생 후회하며 사는 사람이 있다고 가정하자. 그는 자신이 일류 대학을 졸업하였을 때 얻었을 거라고 생각되는 많은 이점들을 상상할 것이다. 좀더 나은 직장, 좀더 멋진 배우자와의 결혼, 더욱 윤택한 경제 등. 그러나 이 모든 이익들은 사실 실현될 수 있었던 가능성에 지나지 않을 뿐 자신이 일류 대학을 졸업하였더라도 확실히 보장되는 것들은 아니지 않는가? 비록 가능성은 낮지만 일류 대학을 들어갔더라도 그의 인생이 잘못된 길로 갈 수 있는 개연성을 얼마든지 있을 것이다. 교통사고로 장애인이 될 수도, 학점에 대한 스트레스로 학업을 포기하였을 수도, 고급 공무원 자격시험을 준비하느라 고시 낭인이 되었을 수도 있을 것이다. 결국 실현되지 않았지만 가능할 수 있었던 이익들을 염두에 두고 자신이 내린 선택을 계속 후회한다는 것은 어리석은 미련일 뿐이다.

그렇더라도 자신의 선택에 대해서 피드백을 받고 그 선택의 잘잘못을 따져보는 일이 필요 없는 것은 아닐 것이다. 피드백은 잘된 선택에 대해서는 다음에 있을 올바른 선택을 더 강화시켜주는 역할을 해 줄 것이며, 잘못된 결정에 대해서는 향후 판단의 방법을 수정할 수 있는 가능성을 열어주기 때문이다. 일반적으로 인간은 결정을 내린 후 그 결과에 대해 만족하면 다른 선택의 가능한 결과를 알고 싶어 하지 않지만, 반면에 자신의 선택에 대해 불만족스러우면 다른 대안을 선택했더라면 어떻게 되었을 지에 대한 강한 호기심을 갖게 된다. 동일하거나 유사한 문제가 다시 발생하지 않는 그런 문제(결혼, 말기 암환자의 치료 방법의 선택 등)에 대해 어떤 선택에 대한 후회의 정도를 알고 싶어 하는 것은 소용이 없는 일이다. 다시 돌이킬 수 없는 일을 후회한다는 것은 시간 낭비일 뿐이기 때문이다. 그러나 일반적인 투자결정, 구매결정, 고용결정에 있어서는 잘못된 결정에 대한 후회를 철저하게 규명해 볼 가치는 있다. 나중에 유사한 문제가 발생하였을 때 후회를 최소화하는 선택을 쉽게 할 수 있기 때문이다. 틴데일은 사람들이 피드백을 기대하면 할수록 후회를 할 가능성이 높아질 뿐 아니라 사람들이 자신의 선택에 대해 가지는 확신도 떨어진다고 하였다(Tindale, 1989). 다시 말해서 피드백을 기대한다는 것은 자신의 결정에 만족을 못한다는 뜻이며, 이는 자신의 선택에 대한 확신(자신감)이 낮다는 것을 말한다. 즉 자신의 결정에 대해 만족도가 낮을수록 피드백을 통한 후회의 정도를 확인하고 싶어 하는 것이다.

성취감과 선택

사람들은 일반적으로 성취감을 극대화할 수 있는 행동을 선택하기도 한다(Atkinson, 1957, 1983). 성취감은 앞서 말한 속성별 점수, 후회의 정도, 만족도와는 다른, 선택의 또 다른 형태의 효용(utility)이라 할 수 있다. 사람들은 자신이 원하는 것을 선택한 그것만을 가지고도 성취감을 느낄 수도 있고 선택한 대안이 기대했던 긍정적인 결과를 가져왔을 때 얻게 되는 성취감도 있다. 그러나 여러 대안들의 속성에 객관적인 점수를 준 후 가장 높은 점수를 받은 대안을 선택하였을 때, 그 선택이 개인적으로 간절하게 원했던 것이 아닌 이상 그 선택이 주는 성취감이란 별로 없다. 즉 성취감이란 이루어졌으면 또는 성취되었으면 하고 바랐던 것을 얻은 데 대한 만족감이므로 개인의 주관적 욕망과 깊은 관계를 맺고 있다. 그래서 선택의 기준으로 성취감을 앞세우게 되면 선택의 객관성이 손실될 가능성이 높아진다. 때로 파워게임이 빈번하게 일어나는 관료사회나 기업조직에서 선택해야 할 대안들에 대한 객관적인 평가보다 특정 대안이 선택되는 것이 자신과 소속 부서의 파워와 위상에 미칠 영향만을 생각하여 특별한 대안이 선택되도록 서로 힘을 겨루는 경우가 많다. 이러한 과정에서 자신의 선택이 채택되었을 때 그것이 주는 성취감을 말로 할 수 없이 크겠지만 선택과정과 결과의 객관성은 심하게 훼손될 것이다.

갈등과 선택

호갈스(Hogarth, 1987)는 선택을 갈등의 해소과정으로 보았다. 일반적으로 사람들은 갈등을 야기하는 다수의 대안 중에 하나를 선택하기 위해 숙고(thinking)하는 과정을 거친다. 호갈스는 이 숙고가 주는 이익과 비용을 설명하였다. 먼저 숙고가 주는 이익(gain)은 다음과 같다.

> 첫째, 개인으로 하여금 행동에 대한 통제력을 갖도록 함으로써 환경을 통제할 수 있다는 생각을 갖게 한다.
>
> 둘째, 개인의 목표와 선호를 분명하게 한다.
>
> 셋째, 문제 상황을 다시 인식하면서 이전에 없었던 새로운 대안을 발견할 수 있다.
>
> 넷째, 갈등상황을 해결하는데 필요한 더 많은 정보를 얻을 수 있다.
>
> 다섯째, 생각하는 버릇을 갖게 함으로써 보다 효과적인 사고방식을 찾게 한다.
>
> 여섯째, 선택 후 심리적 후회를 최소화할 수 있다. 즉, 선택의 결과가 부정적이더라도 충분한 숙고를 하였다면 최선을 다했다는 점에서 후회를 줄여준다.

숙고가 주는 비용(cost)들은 다음과 같다.

첫째, 내재된 불확실성이 더욱 두드러진다. 결과에 대한 불확실성은 물론, 자신이 원하는 것이 진정으로 무엇인지 알지 못하는 불분명한 선호도 문제도 드러날 수 있다.

둘째, 선택에 내재되어 있는 갈등관계(trade-off)를 표면화시킨다.

셋째, 많은 정보를 처리하면서 정신적 노력을 요구한다.

숙고를 할 때 수반되는 비용을 최소화하고 순간적인 판단을 신속하게 내리기 위해서는 상위결정(meta-decision)을 내려두는 것이 좋다고 호갈스는 조언하고 있다. 예를 들면, 국가간의 외교 전략을 수립할 때 근간이 되는 외교 기조를 설정해 두는데 이러한 기조는 국가간에 갈등이 생길 때 마다 취할 수 있는 조치의 선택을 쉽게 해 준다. 김대중 정부가 들어서면서 '햇볕정책'이라는 대북 포용 정책을 펼치게 되는데 이는 이전의 대 북한 적대정책에서 180도로 전환된 것이다. 때로 이러한 큰 패러다임의 변화는 문제해결의 방향성(지향점)을 지시하기 때문에 이후에 발생하는 모든 부수적 결정이 쉽고 일사불란하게 진행될 수 있도록 하는 역할을 한다.

Chapter 12

그룹의 의사결정

조직의 의사결정 중 80%는 그룹에 의해 이루어진다. 기업을 예로 든다면, 비슷한 직위에 있는 사람들끼리 모여 의논을 한 후 결정을 하거나 직위가 다른 사람들이 모여 회의를 통하여 무언가를 결정을 내리기도 한다. 많은 경우에 특정 문제를 해결하기 위해 다수의 사람들이 관여하는 이유는 그 문제가 다면성을 가지고 있기 때문이다. 즉 한 가지 문제를 해결하는데 요구되는 정보와 지식은 한 사람이나 한 부서의 것으로 충분하지 않으며, 달성하려고 생각하는 목표와 목표에 도달하는 방법도 개인끼리 부서끼리 상충하는 경우가 많기 때문이다. 결국 개인들이 모인 집단은 정보를 공유하고, 목적과 수단의 협상과정을 거치면서 서로의 관점을 공유한 후, 결정을 내리며 그런 다음 구체적으로 행동에 착수하게 된다.

그룹 또는 집단을 정의하는 일은 쉽지 않다. 어떤 사람은 그룹의 영속성, 구조 그리고 구성원을 위한 심리적 의미를 가져야 하며, 그래서 소속감을 갖게 하는 것으로 말한다. 이와는 달리 좀더 유연한 정의로는 그룹을 단순히 개인들의 집합으로 보고, 어떤 형태의 의사소통과 서로 간에 미치는 사회적 영향력을 말하기도 한다. 예를 들면, 포사이스(Forsyth, 1983)는 그룹을 사회적 상호작용을 통해 서로에게 영향을 행사하는 2명 이상의 개인들로 정의하는데 후자의 정의에 속한다. 전자의 경우는 기업과 같은 조직 안에서 형성되는 상당한 연속성을 지닌 그룹들을 말하며, 후자의 경우 특정 목적을 위해 한시적으로 형성되는 그룹을 말하며 이는 스포츠 게임이나 이벤트의 청중, 군중의 행동 등이 이에 속한다.

그룹이 영속적이든 일시적이든 사람들은 혼자 보다는 그룹을 만들어 토론하고 결정하기를 숙명처럼 한다. 기업과 같은 반영속적인 조직에서 사람들은 협조를 구하기 위해 다른 부서의 사람들과 대화를 하거나 회의를 하며, 대기업의 횡포를 규탄하는 시민단체는 생각을 같이 하는 다수의 사람들과 함께 피켓을 들고 항의시위를 함으로써 규탄의 심각성을 알린다. 야구경기를 관전하는 사람들은 같은 팀을 응원한다는 동질감만으로 몇 시간 동안 응원 그룹에 기꺼이 참여하고 열광한다. 어느 경우에든 개인보다는 다수가 뭉쳐진 그룹은 훨씬 큰 힘을 발휘하는 것 같다.

그룹에 의존하는 심리

일상적인 생활 속에서 개인이 결정하고 행동할 때 그룹에 많이 의존하게 된 데는 그 연유가 있다. 사회적 학습 관점(social learning perspective)에서 보면 대부분 사람들은 가족이라는 환경에서 성장하며 도움을 받고, 정보를 얻으며, 사랑하고 즐기기 위해 다른 사람에게 의존하는 것을 배운다. 사회적 비교이론(social comparison theory)에 의하면 사람들은 자신의 환경과 능력에 대해 정확한 견해를 가져야 한다는 압력을 받는다고 한다. 자신의 견해를 증명하는 한 가지 방법은 자신의 의견이나 능력과 관계된 성과를 타인의 그것과 비교하는 것이다. 다시 말해서, 물리적 현실이 모호할 때 대신 우리는 사회적 현실을 만들어내는 것이다. 그래서 우리가 그룹으로 모이는 최소한의 이유 중에 하나는 자신을 부적절한 결정과 판단으로부터 보호하기 위해 비교할 수 있는 정보를 얻기 위해서라는 이론도 있다.

교환이론은 그룹형성에 대한 또 다른 사회심리학적 관점을 제공하고 있다. 최고의 이익을 제공해 주는 그룹이야 말로 구성원들이 가장 참여하고 싶은 그룹이라고 할 수 있는데, 그 그룹의 멤버가 된다는 것은 받을 보상(reward)이나 지불해야 하는 비용(cost)을 다른 멤버들과 교환해야 하는 특징이 있다. 보상이란 사회적 교환을 통해 얻게 될 긍정적인 요소들로 물질적 보상 그리고 사랑이나 용납과 같은 심리적 안정이 될 수도 있다. 구성원들은 그룹의 상호작용을 통해 타인들과 교감하면서 다양한 심리적 보상을 얻게 되는데, 예를 들면, 사회적 신분이 높은 사람들로부터 인정을 받는다는 것은 자신의 중요한 가치관이나 신념이 인정을 받는 것처럼 그룹의 상호작용을 통해 받을 수 있는 대단한 보상이라 할 수 있다. 그룹의 일원이 된다는 것은 그에 따른 비용도 있기 마련이다. 비용이란 우리가 그룹 활동을 위해 할당해야 하는 시간과 노력, 다른 유익한 활동을 할 수 없게 되는 기회비용 그리고 감정적 비용 등이 있을 것이다.

보상과 비용의 관점에서 그룹을 보게 되면 우리는 그룹의 일원이 됨으로서 얻게 되는 이익(이익= 보상 - 비용)의 개념을 떠올릴 수 있다. 즉 모든 물질적, 심리적 보상은 이익의 원천이므로 우정, 가족, 연인과 같은 다양한 그룹들을 교환적 관계로 파악할 수 있다. 서로를 사랑하는 가족과 연인과 같은 관계라 할지라도 서로가 자원을 교환해야 하는 관계로 이해할 수 있기 때문에, 관계의 질적 향상을 도모하려 노력하는 가족 및 결혼상담원에게 매우 유용한 이론이다.

이를 설명하기 위한 마지막 이론은 사회생물학적 관점이다. 이 이론은 찰스 다윈의 이론을 기반으로 하고 있는데, 인간이나 동물은 본성적으로 무리를 지어 적이나 약탈자로부터 자신이나 가족을 보호하고, 함께 경작하고, 아이를 양육하고, 사냥을 하고, 부상자나 병자를 보호해 왔다는 것이다. 실제로 인간들이 모이도록 하는 속성에 영향을 미치는 유전적 요소가 있다. 이 유전적 메커니즘의 하나는 지능이 높은 생물체일수록 군집(群集)을 통해 얻게 되는 이익을 더 많이 인식한다는 것이다. 바로 이 지능을 결정짓는 유전적 요소가 왜 '적자생존'이 대다수의 인간이 군집을 통해 생존하려하는 경향을 낳게 되는지를 설명해 준다. 또 다른 설명으로는 인간은 결합하려고 하는 유전적 본능이 있다는 것이다. 이 양자의 경우를 모두 보더라도 그룹의 일원이 됨으로서 얻게 되는 보상이야말로 인간이 서로 결합하려고 하는 가장 강력한 동기가 되는 것을 부인할 수 없는 것 같다.

그룹의 특성

그룹의 특성을 나열하자면 끝이 없다. 여기에서는 그룹의 특성을 결정짓는 요인들 즉 그룹의 규모, 그룹의 구조, 그룹 내 구성원들의 역할, 사회적 위치(지위), 그룹내 소그룹, 결집력, 의사소통 네트워크, 그룹의 규범을 설명하고자 한다.

그룹의 규모

그룹이 어느 정도의 규모를 갖느냐에 따라 그룹의 성격이 많이 달라진다. 그룹이 크다는 것은 다양한 기술과 능력을 가진 사람들이 많다는 것을 의미하기 때문에 노동의 특화(분업)가 발생할 소지가 높아진다. 그룹이 크다보면 서로 간에 할애할 수 있는 주의력이 분산되기 때문에 익명성이 더 증가되고 그로인해 개인이 분담하려는 책임감이 줄어들게 된다. 그래서 그룹의 규모가 커지게 되면 구성원들이 일에 대한 참여도가 느슨해지고 동기부여도 떨어지게 된다. 결국 그룹의 규모는 구성원들끼리의 결집력과 그룹에 대한 개인의 충성도에도 영향을 미친다.

그룹의 규모는 나중에 언급할 구성원들끼리의 의사소통패턴에도 큰 영향을 미친다. 특히 그룹의 규모가 커감에 따라 개인이 전체 토론과정에 참여하는 비율은 점차 줄어드는데, 그 이유로는 개인이 많은 사람이 모이는 토론과정에 참여하기를 두려워하기 때문이기도 하고 사람이 많다보면 참여할 수 있는 기회가 줄어들기 때문이기도 하다.

최근에 발전하고 있는 다양한 전자적 회의지원기술(electronic meeting-support systems)들은 그룹의 규모가 큼으로 인해 발생할 수 있는 회의의 비효율성을 줄여 토론과 결정과정의 신속성을 제고하기 위해 개발된 것들이 많이 있다. 이러한 도구들의 적절한 활용은 나중에 언급할 그룹의 문제점, 집단사고 'groupthink'를 상당부분 해소할 수 있다.

그룹의 구조

모든 그룹이 가시적인 구조를 갖는 것은 아니다. 가족, 업무집단, 사교클럽처럼 영구적인 또는 반영구적인 집단에서 이러한 구조가 눈에 더 잘 띈다. 이러한 그룹에는 구성원들 사이에 신분(지위)의 차이가 분명하고, 생각과 행동에 대한 규범이 어느 정도 자리 잡고 있으며, 리더와 추종자 그리고 다양한 분파나 소그룹들이 자리를 잡고 있기 때문이다. 이런 것들이 결국 그룹의 구조를 결정짓는 요소들인데, 구조란 결국 그룹이 조성되는 방법 그리고 그룹 내 다양한 구성원들이 연결되어 있는 방법을 말한다.

그룹의 구조는 그 안에 파벌과 소그룹이 어느 정도 있느냐에 따라 영향을 받는다. 그룹내 소그룹들은 연령, 거주지, 사회적 역할이나 기득권에 의해 형성된다. 동창회를 가면 비슷한 연령대의 사람들 끼리 또는 같은 직업에 종사하는 사람들 끼리 모이며 이러한 소그룹들이 그룹의 결정에 어떠한 태도를 취하는가에 따라 전체 그룹의 성과가 달라지기도 한다.

큰 조직을 이끌어가기 위해서는 역동적인 소그룹들을 의도적으로 키우는 경우가 많다. 이런 소그룹은 조직 전체의 여론을 주도하고 행동을 할 때 앞장서는 역할을 한다. 기업 내 소그룹들은 동일한 목적을 가지고 자원배분에 있어 경쟁을 하기도하며, 목표성취에 따라 평가를 받는 과업지향적 성격을 띠기도 한다.

구성원의 역할

멀리 내다 볼 때 그룹 내 모든 구성원들은 각자 상이한 사회적 역할을 수행한다. 이러한 사회적 역할은 그룹이 형성되면서 구성원들 각자가 타인으로부터 기대하는 행동이라고 볼 수 있는데 그 형태가 공식적일 수도 또는 비공식적일 수도 있다. 예를 들어 조폭 집단에서 조차도 클럽회장이나 전투(싸움) 카운슬러와 같은 공식적인 역할이 있는 한편 익살꾼이나 터프 가이와 같은 비공식적인 역할을 수행하는 사람이 있다. 베니와 쉬츠(Benne and Sheats, 1948)는 개인의 역할을 다음과 같이 i) 그룹과업역할, ii) 그룹개발 및 유지 역할, iii) 개인 역할로 나누어 설명하였다.

■ 그룹 과업 역할

역할 명칭	과 업
시작-기여자 initiator-contributor	새 아이디어 창출, 변화의 제안
정보추구자 information-seeker	정보의 사실여부와 적합성의 탐구 조사
의견추구자 opinion-seeker	집단직무에 관련된 가치관에 대한 관심제고
정보제공자 information giver	정통한 정보 및 경험을 바탕으로 한 사실의 제공
의견제공자 opinion giver	본인의 신념과 의견의 진술
보충설명자 elaborator	각 의견이 가지는 의미의 고양과 정당성의 제고
조정자 coordinator	다양한 의견사이의 관계설정 및 조정
방향설정자 orienter	진행되어온 바를 요약, 집단의 현위치 재정립
비평자 evaluator-critic	토론의 내용, 논리, 사실, 절차에 대한 의문제기
에너지 공급자 energizer	집단의 행동과 결정을 자극하고 고무
과정기술자 procedural technician	집단의 활동을 보조할 기자재 획득 및 운영
기록자 recorder	토론의 내용기록 보관

■ 그룹개발 및 유지 역할

역할 명칭	과 업
격려자 encourager	다른 구성원의 공헌도를 인정 및 찬양
조화자 harmonizer	구성원들간의 갈등해소와 의견불일치 중재
중재자 compromiser	집단의 조화를 위해 양보 및 타협
문지기 gate-keeper & expedite	다른 구성원의 참여 및 의사소통 경로의 활성화
목적설정자 standard setter or ego ideal	집단 성과의 평과 및 평가를 위한 기준제시
관찰자 group-observer & commentator	집단과정의 기록, 집단평가를 위해 기록제공
추종자 follower	집단의 결정을 수동적으로 수용

■ 개인 역할

역할 명칭	과 업
공격자 aggressor	다른 구성원의 가치관 불인정, 타인의 음해 시도
방해자 blocker	이유없이 반대하거나 부정적인 행위
공적추구자 recognition-seeker	자신의 성취와 공헌도의 과시
이상추구자 self-confessor	집단과 무관한 느낌, 통찰력, 이상향에 대한 고백
플레이보이 playboy	냉소주의, 냉담, 지나치게 야단법석을 부리는 일
지배자 dominator	특정 구성원의 권위 및 우수성 보각에 노력
동정유발자 helper-seeker	불안감과 개인적 착각을 노출하여 동정심 유발
특별이익대변자special interest pleader	특수 이익집단의 이익을 대변

구성원들이 이런 저런 복수의 역할을 수행할 때 개인 간에 역할 갈등이 발생할 수 있다. 같은 역할이라 할지라도 한 사람에게 요구되는 역할이 다른 사람의 역할과 다를 수 있기 때문이다. 이러한

역할 갈등은 때로 매우 극적인 사건이나 에피소드를 만들어낸다. 미국의 서부개척 역사에서 펫 가렛 보안관이 자신의 친구이자 악명 높은 범법자 빌리 더 키드를 쏘아 죽인 사건은 대표적인 예이다. 이 사건은 역할이 우리의 행동에 영향을 미칠 뿐만 아니라 자신의 사적인 감정이나 귀속된 이익에 반하는 행동을 하도록 한다는 것을 말해준다.

윌리엄스는 선택의 과정에서 발생하는 역동성이라는 결과를 얻기 위해 조직이나 개인이 활용하는 전략이나 패턴에 만연되어 있는 상호관계성에 초점을 두었다(Williams, 1996). 그룹이 선택을 할 때 생겨나는 불협화음(갈등)은 이 선택의 역동성의 일부이다. 불협화음은 무언가 잘못되어 가고 있고, 다양한 사람들이 똑 같은 문제를 어떻게 다르게 인식하는지를 말해주는 파편화과정이다. 역동적인 변화로 인해 조직이 흔들리기 시작하면 불협화음은 기하급수적으로 상승하며 사람들은 방어적이거나 파괴적인 전략에 더 치중하게 되어 특정한 역할만이 기승을 부리면서 조직을 와해시킨다.

선택의 일탈(tangents)[1)]이란 구획화 전략으로써 리더나 의사결정자로 하여금 탈선적(tangential) 관점에서 이슈에 대응하게 함으로써 원래 목적으로부터의 벗어나는 것을 말한다. 이 일탈적 과정에는 직선 이란 존재하지 않고 연결되지 않는 다양한 관점들만 늘 존재하기 마련이다. 조직에서 발생하는 수 많은 문제들을 어떤 패턴을 보지 않고 개별적으로 대응하고 얻은 정보만을 가지고 1대1 대응을 하는 것이 바로 일탈적 결정이다.

---

1) 본래의 목적(방침)에서 벗어난 것을 의미함.

선택사건(incident)이란 조직 안에서 이루어지는 패턴화된 행동들을 말하며 이는 문제 하나를 해결하기 위해 취해진 선택이 더 합리적인 결정을 필요로 하는 또 다른 선택사건을 야기한다는 것을 의미한다. 연결되지 않은 일탈적 선택과는 달리 선택사건은 잘 연결되어 있다는 것이 특징이다. 담당자, 부서, 위치, 기간이 다르다 할지라도 이들 모두가 선택사건이며 그들의 선택들이 문제 하나를 해결하기 위해 한 점으로 모아져야 하는 내적 일치성을 요구한다. 선택사건으로 인해 선택이 변질되는 데는 심사숙고, 통찰력, 대화, 감응, 시너지효과에 관한 이슈들이 역할을 한다. 이 사건은 조직이나 구성원의 정서적 강도에 영향을 받는다. 조직의 생명력에 긍정

사 례

조지라는 사람은 결정을 확실히 하지 않는 스타일의 생산담당 이사이다. 그래서 새로운 현실 정보가 나타나거나 날마다 부는 정치적 바람으로 인해 결정이 번복될 수 있는 여지를 늘 두고 있었는데, 불행하게도 사내 구성원들은 그의 이런 스타일을 잘 알지 못했다. 그러나 이 같은 그의 의사결정스타일로 인해 조직 구성원들의 선택의 역동성은 요동치기 시작하였다. 다양한 역할들로 구성되어 있는 조직일수록 주장자(protagonist)나 적대자(antagonist)적 전략에 더 치중하는 구성원들은 늘어나는 반면, 감시자(gatekeeper)나 조직 안의 모든 퍼즐조각들의 제 자리에 있는지 그리고 문제에 대한 모든 관점을 검토했는지 여부를 확인하는 구성원들의 역할은 사라지게 되었다. 그러다 보니 그 기업은 조직과 개인의 불협화음만 만들어내는 경쟁적이고 태업(sabotage)적인 행동들을 보여주게 되었다. 즉 조직과 스텝진은 파편(fragment)화 되었고 업무의 여러 구성요소들이 구획화(compartmentalization)되는 일이 일반화되어 버렸다. 이러한 파편화과 구획화는 직원의 태도와 업무를 둘러싼 인지적 불협화음을 만들게 되었다. 조지는 그의 의사결정스타일이 조직에 미치는 부정적인 영향을 모른 체 그 기업은 파괴되어 가고 있었다.

적인 선택과 행동이 취해질수록 정서적 강도는 높아지고 긍정적이며 협조적인 행동으로 초점을 맞추게 되는 반면, 조직의 생명력을 제한하고 역행하는 선택을 할수록 정서적 강도는 높다하더라고 경쟁적이며 태업(sabotage)적인 행위에 초점을 두게 되는 것이다(Williams 1996, 10).

밀그램(Milgram 1974)의 실험은 기본적으로 사람에게 공포감이 증가할 때 학습능력도 증가하는 지를 연구하는 것이었는데, 주어진 스트레스에 대해 어느 정도 자신에게 주어진 역할을 수행하는 지를 알아보는 실험이었다. 사례금을 받은 당신은 역시 사례금을 받고 실험에 참가한 P라는 사람과 벽 하나를 사이에 두고 앉아 실험 감독관이 시키는 대로 P에게 질문한다. P는 당신이 읽어준 단어를 기억해내야 하는데 P가 맞히지 못할 때마다 1-10단계 전기충격을 주게 되고 P는 고통스런 비명을 지른다. 물론 P의 비명은 연기일 뿐이지만 당신은 그 사실을 모르고 이 실험에 참여하고 있다. 이 전기충격의 강도는 P가 맞추지 못할 때마다 점점 올라가게 되는데, 마지막 문제마저 맞추지 못하자 감독관은 가장 높은 10단계의 전기충격을 주라고 명령한다. 10단계의 전기충격 라벨 아래에는 “WARNING - extremely dangerous: could result in death”라고 써있다. 주저하는 당신에게 감독관은 계속 재촉하면서 “설사 P가 잘못된다 하더라도 당신에게는 전혀 책임감이 없습니다. P는 이 실험을 위해 돈을 받았으며, 당신도 실험에 동참한 이상 이 일은 해야만 합니다”라고 압력을 가한다. 이렇게 스트레스가 강한 상황에서 실험참가자의 60% 이상은 최고 수준의 전기충격을 주었는데, 이는 강한 스트레스 상황에서도 자신에게 맡겨진 역할을 수행하며, 명령을 따라야 하는 부하의 입장에서 상부의 명령에 거부하기란 쉽지 않다는 것을 시사하는 실험이었다. 사람들이 권위적인 정권에 복종하는 정도나 비도덕적인 역할을 요구할 때 사람들은 그것에 어떻게 반응하는지에 관심이 있는 사람들에게 이 실험은 상당히 자극적이고 충격적이다. 어떤 역할 수행에 대한 압력이 있더라도 우리는 개인적으로 명예스럽게 행동하리라고 생각하지만 그 압력이 지나치게 높을 때 상당수의 사람들은 자신의 역할 수행이 타인에게 해롭고 비도덕적인 결과를 가져온다 하더라도 수행하는 것이다.

지위

사회적 역할이 다름은 흔히 그 사람의 사회적 지위나 신분이 다른 것과도 관계가 있다. 사회적 지위는 그 사람이 가지고 있는 외모의 매력도, 지적 능력, 유머 감각, 보유 기술에 따라 결정된다. 지위란 그룹의 성공이나 위상에 개인이 어느 정도 기여할 수 있느냐에 따라 결정되며 결과를 통제할 수 있는 파워가 어느 정도인가에 달려 있기도 하다. 따라서 많은 경우에 이 지위는 개인이 물리적으로 얼마나 주도적인 역할을 수행하는 지에 의해 결정된다. 흔히 지위와 파워는 함께 움직인다고 생각하지만 항상 그런 것은 아니다. 영국의 귀족은 예외적으로 매우 높은 지위를 가지고 있지만 가진 파워는 별로 없다.

때로 지위는 우리가 이상화하고 추구하는 특징을 구체화하는 정도에 기반을 두기 때문에 반드시 개인이 얻은 성취와 기여도에 근거하는 것만은 아니다. 그래서 때로 고등학교에서는 외모가 준수한 학생이 굉장히 높은 지위를 얻는 경우가 있다. 마찬가지로 많은 문화에서 인종이 이 지위를 결정하는 중요한 잣대가 되어 개인의 성취나 노력 그리고 기여정도를 가려버리는 경우도 있다.

지위의 차이는 그룹이 논의하고 결정하는 과정에 큰 영향을 미친다. 개인의 지위가 높을수록 그 사람의 의견에 부여되는 가치는 높아지며 그로 인해 그룹 내 다른 구성원들이 그 사람의 영향을 받게 되어 공정한 의사소통을 방해한다. 지위가 높을수록 자신의 행동에 대한 벌을 받을 가능성이 낮기 때문에 그 사람은 그룹의 규범이나 집단압력의 영향을 적게 받게 마련이다.

컴퓨터의 지원받은 전자회의시스템(전자회의지원시스템)을 이용하면 사람들은 익명으로 자신의 의견을 표현할 수 있어 지위가 달라 스스로를 억제하는 구성원들이 자유롭게 의견을 개진할 수 있다. 지위의 차이는 구성원들의 공정한 참여에 악영향을 줄 수 있기 때문에 이렇게 익명을 보장하는 회의방식은 때로 창의적이고 새로운 아이디어의 창출이 필요한 경우에 매우 유익하다.

결집력(cohesion)

그룹의 구조에 큰 영향을 미치는 다른 중요한 요인은 그룹의 결집력이다. 결집력은 그룹 안에서 구성원들 끼리 맺고 있는 긍정적인 관계들이 얼마나 강한지를 말해준다. 그룹은 여러 가지 이유로 결집하게 되는데, 그룹 구성원들 끼리 갖는 호감 때문이기도 하고, 그룹의 멤버가 된다는 것 자체가 중요한 목적을 이루는데 최고의 수단이거나 유일한 수단이기 때문이기도 하며, 그룹에 소속되는 일이 개인에게 어떤 지위나 소속감, 정체감을 제공하기 때문이기도 하다.

백(Back, 1951)은 그의 실험을 통해서 결집력은 그룹의 구성원들이 정서적으로 유대감이 형성될 때, 핵심적인 일에 탁월한 능력을 같이 가지고 있을 때, 그룹이 가치 있는 상을 수여하였을 때 모두들 집단의 규범에 순응하려는 경향을 보였다. 그게 우정 때문이든 지위 때문이든 목적을 위한 수단이든 높은 결집력은 그룹의 중요한 특성의 하나이다.

결집력은 그룹의 성과에 긍정적인 영향도 부정적인 영향도 미친다. 예를 들면, 결집력이 높은 집단일수록 신속한 결정을 내릴 수는 있지만 성급하게 문제를 종결하려는 경향이 있다. 결집력은 그룹을 향한 구성원의 충성, 몰입 그리고 희생을 가져와 그룹의 기능에 적지 않은 영향을 미친다. 역사상 가장 결집력이 높았던 그룹의 사건은 미국 캘리포니아 주를 중심으로 활동하던 좌익 과격파 조직 심바이어니즈 해방군(Symbionese Liberation Army) 사건일 것이다. SLA는 미국에 사회주의/공산주의 혁명을 선동하는 목적을 가진 10명의 남녀로 구성된 그룹이었다. 1974년 2월에 이들은 당시 사교계의 명사인 윌리엄 랜돌프 허스터(William Randolph Hearst)의 딸 패트리샤를 납치하였다. 몇 개월 후, 핵심 SLA그룹은 로스앤젤레스의 한 주택에서 헬리콥터와 중장비로 무장한 수백 명의 경찰들에 의해 포위당했다. 그 그룹은 죽을 때가지 항전한다는 독트린(규범)을 분명하게 선언하였다. 수적으로 열세였고 집에는 화염이 치솟는 가운데서 단 한명의 요원도 투항하지 않고 격렬한 총격전을 계속하였다. 이런 광경은 지역 방송국을 통해 미국 전역에 방송되었고 요원 모두는 사살되고 말았다. SLA 집행부가 처한 곤경을 알게 된 남아 있던 다른 SLA요원들도 포위된 집에 합류하여 쓰러져 가는 지도부와 함께 싸웠다. SLA의 목적은 비현실적이었지만 아마 역사상 가장 결집력이 높았던 그룹으로 기억될 것이다.

지나친 결집력으로 똘똘 뭉쳐진 그룹은 그 구성원들이 아무리 우수하다 하더라도 터무니 없는 잘못된 결정을 내리는 경우가 잦다. 그룹이 집단사고(groupthink)에 빠지는 조건 중에 하나가 바로 이 강한 결집력이다. 결집력이 지나치게 높을 경우, 구성원들은 집단이 설정한 목표에 반대하는 의견을 감히 내어놓지 못하고 모두가 예스맨이 되어버려 제안된 해결방안의 장단점을 신중하게 검토하지 못한다. 더구나 이런 그룹은 외부로부터 단절되어 외부사람의 중립적인 비판을 들을 기회가 없을 뿐만 아니라 그 사람들의 말에 귀를 기울이지도 않는 경향이 있다. 그 결과 치명적인 결함이 있는 선택을 하기도 한다.

의사소통 네트워크

그룹의 구조를 정의하는 마지막 요소는 그룹의 의사소통의 패턴이다. 소규모 그룹에서는 누구와 의사소통을 해야 하는지에 대한 제한이 별로 없다. 그러나 규모가 큰 그룹이나 조직에서는 구성원들끼리 할 수 있는 의사소통을 무제한으로 풀어놓을 경우에 더 비효율적이거나 통제 불가능 상태에 이를 수 있기 때문에 일정한 의사소통 네트워크가 구축될 필요가 있다. 레빗(Leavitt, 1951)은 <그림 9>처럼 다섯 종류의 의사소통 네트워크를 제안하였고, 스왑(Swap, 1984)은 네 종류의 의사소통 네트워크를 설명하였는데 일부

유형은 매우 유사하다. A형의 경우, 모든 메시지가 중앙에 있는 한 사람을 경유해서만 간다. 따라서 그룹 구성원들은 중앙에 있는 한 사람에게만 말을 하는 상황으로써 스왑이 말한 바퀴(wheel)형과 같다. B형에서 각 사람이 인근에 있는 두 사람에게만 메시지를 전하고, C형에서는 A형과 B형이 혼합되어 있는 상황을 말한다. B형은 수왑이 말한 체인(chain)형 또는 서클(circle)형과 유사하다고 할 수 있다. E형의 경우에는, 랭킹이 낮은 사람일수록 의사소통을 할 수 있는 옵션이 적어지는 특징을 가지고 있다. 여기에서 A, C, E형은 의사소통이 집중화되어 있는 편이고, B 또는 D형은 분권화되어 있다고 볼 수 있다.

연구에 의하면 중앙집중화된 의사소통 네트워크의 경우, 중앙의 위치에 있으면서 모든 메시지를 받는 사람들이 일반적으로 그 그룹의 리더라고 할 수 있다. 반면 중앙에 있지 않아 의사소통을 하는데 제한을 받는 사람들은 일반적으로 그룹 내에서 불만족을 느낄 가능성이 높아진다.

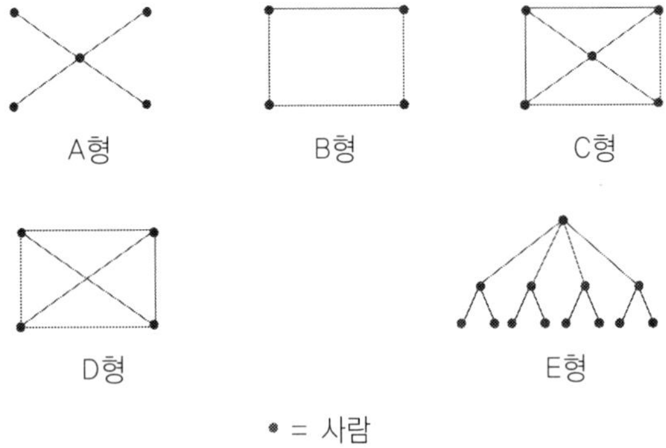

그림 9__의사소통 네트워크 유형

지금까지 얘기한 그룹 구조를 결정짓는 다양한 요인(역할, 소그룹, 결집력, 의사소통 네트워크)들은 그룹이 운영되는 방법에도 많은 영향을 미친다. 역할은 그룹 내에서 누가 어떤 일을 해야 하는지를 지정해줌으로 일을 분담하여 전문화할 수 있도록 해주고, 특정 과업을 어떻게 수행해야하는 지를 말해준다. 그래서 어떤 위기상황에 그룹이 단호하게 대응할 수 있도록 혼란과 논란의 여지를 최소화시켜준다. 지위에 차이를 두어 권한과 통제 질서를 확립하고 그룹에 이익을 주는 행동을 장려하고 보상하는 수단으로 삼기도 한다. 동일한 태도와 성향 그리고 기득권을 공유하는 소그룹이나 파벌이 만들어지면서 파워기반을 형성하기도 하고, 그래서 소수그룹의 입장도 조직 내에서 무시될 수 없도록 한다. 앞서 말했듯이 결집력은 구성원들의 충성도를 유발하는데 핵심적인 것으로 개인이 그룹을 위해 자신을 희생하도록 만들어준다. 마지막으로 그룹의 지위와 역할의 특성이 반영된 의사소통 네트워크는 리더가 과도한 정보와 구성원의 요청에 묻히지 않도록 보호해주며 그룹 전체에 뉴스, 목적, 정보와 지시를 신속하게 전달할 수 있도록 해준다.

그룹의 규범

사회의 규범, 그룹의 규범, 가족의 규범, 이 모든 것들은 사회와 조직 그리고 그룹 활동이 순조롭게 이어질 수 있도록 돕는 윤활유 역할을 한다. 규범의 상당 부분은 자연스럽게 우리에게 내면화 되어서 우리가 적절하고 바람직한 것으로 생각하는 행동에 대한 규범을 형성하게 한다. 그룹 활동을 한다는 것은 그 그룹이나 구성원들이 용인하거나 기대하는 행동, 태도, 인식을 포함하는 규범을 준수하는 것을 말하며, 이 규범은 구성원의 행동과 생각에 막대한 영향을 미친다.

그룹 내에서 규범이 생성되는 이유는 여러 가지가 있다. 때로 규범은 그룹이 죽고 사느냐의 생존 문제와 직결되기도 한다. 항상 갈등 상황에 처하며 때로 무력으로 저항을 해야 하는 심바이어니즈 해방군에게는 용감, 희생, 충성과 같은 규범들이 매우 필요로 했다. 또한 규범은 사람들이 예측가능하고 효율적 삶을 사는데 필요한 행동 코드를 제공하기도 한다. 운전을 할 때 사람들이 일반적으로 준수해야 하는 규범을 어긴다면 도로질서는 엉망이 될 것이 틀림없다. 우리는 또한 규범을 둠으로써 환경이 가져다주는 불확실성과 혼란을 현저하게 줄일 수 있다. 스트레스가 많은 시기에 우리는 특히 불확실한 것을 싫어한다. 그래서 무엇을 할지 어떻게 할지에 대해 리더의 의견을 중심으로 합의가 이루어질 때 구성원들은 안도하고 이해를 하게 된다.

규범이 서로 달라 생성되는 갈등도 개인적으로 국가적으로 적지 않다. 오늘날 이슬람문화권의 과격 테러그룹들은 서방의 기독교문화와 잦은 충돌을 하고 있다. 그룹들의 규범의 차이로 인해, 그룹과 개인이 갖는 규범의 차이로 인해 늘 갈등이 발생한다. 개인은 매력적인 그룹의 구성원으로 남기 위해서는 그룹의 규범에 자신을 맞추거나 그럴 수 없으면 그룹을 떠나야 한다. 특히 결집력(응집력)이 강한 그룹일수록 개인은 자신의 규범(또는 생각과 의견)을 포기하고 그룹의 규범을 쫓아가야 하는 상황이 발생하며 이는 때로 그룹결정의 큰 맹점으로 지적된다.

리더십

그룹이 안고 있는 문제를 관리해 가는 리더의 스타일 역시 그룹의 중요한 특징을 반영한다. 가장 클래식한 리더의 분류방식은 과업지향적 리더냐 아니면 관계지향적 리더냐이다. 전자는 그룹의 성과와 그룹의 경쟁력을 유지·발전시키는 일에 우선적으로 관심을 두며, 후자는 그룹 구성원의 기분과 필요 그리고 문제에 관심을 두는 스타일이다. 어느 리더십이 더 좋은지는 상황에 따라서 달라진다. 문제에 대한 파악이 불충분하고 시간제약을 받는 등 스트레스가 강한 환경에서는 비록 구성원의 사기에는 좋지 않지만 과업지향적 스타일이 더 나은 것으로 연구되었다(Fiedler, 1967; Fodor, 1978). 강하고 독선적인 과업지향적 리더는 혼돈에 질서를 세워주고, 문제의 우선순위를 명확하게 하며, 신속한 결정을 내리는데 적합하다. 경쟁이 치열한 운동경기가 막바지에 이르렀을 때 성공적인 코치는 개인 선수들의 기분과 의견을 일일이 생각하지 않고 결정을 내려야 한다. 그러나 이런 스타일이 늘 유효한 것은 아니다.

쉐드펠드와 랭크(Suedfeld and Rank, 1976)는 혁명의 시대에 성공한 정치적 리더들을 조사한 결과, 어떤 리더들은 상황에 따라 자신의 리더십 스타일을 바꾼다는 사실을 알게 되었다. 그렇지만 대부분 혁명 리더들은 혁명이 진행되는 위기 상황에서 경직된 독선적 리더십을 보였다. 그리고 정치적, 군사적 패배로 인해 자리를 떠난 리더(트롯스키, 체 게바라 등)들일수록 자발적 은퇴나 자연적으로 사망하기까지 권좌에 있었던 사람(모택동, 조지 워싱턴, 크롬웰 등)들 보다 혁명 후 더 독선적인 스타일을 이어 나갔다. 후자의 리더들은 혁명이 끝난 후 더 많은 융통성을 보이며 독선을 줄여나갔다.

기업조직을 경영하는데 있어서는 과업지향과 관계지향이 적절하게 혼합되어야 성공적인 리더가 될 수 있다. 기업은 군대조직과 같이 지휘관의 명령 하나로 부하들이 일사불란하게 움직이는 조직이라기보다 대화, 설득, 협상을 통해 최적의 방안을 도출해 가야 하는 합의 조직이라 할 수 있다. 따라서 구성원의 사기를 진작하며 동기를 부여하는 등의 관계지향적 노력이 목표달성과 문제해결을 위한 구체적 행동과 동반되어야 한다.

그룹의 형성단계

그룹이 현재 어느 단계까지 진화해 와 있느냐에 따라 그룹의 특성이 결정되기도 한다. 일반적으로 시간이 지나면서 그룹은 다양한 단계를 거치며 진화하는데, 턱만과 젠슨(Tuckman and Jensen, 1977)은 그룹이 i) 형성기(forming), ii) 갈등기(storming), iii) 규범형성기(norming), iv) 성취기(performing), v) 조정 · 해체기(adjourning)이라는 다섯 단계를 거치면서 발전해 간다고 하였다. 네피어와 걸쎈휄드(Napier and Gershenfeld, 1981)는 이와 유사하게 i) 시작(the beginning), ii) 대결(movement toward confrontation), iii) 타협과 조화(compromise and harmony), iv) 재평가(reassessment: union of emotional and task components), v) 해결과 순환(resolution and recycling)을 그룹의 형성단계로 나누었다.

형성기(forming)에는 구성원들은 다른 구성원들로부터 인정받는 일과 그룹에 대해서 그리고 그룹이 처해있는 상황을 학습하는데 관심이 높다. 그래서 구성원들은 서로 간에 예의를 차리며 절제된 대화를 하며 정보를 구하는 일에 매우 열중한다. 그룹이 더욱 성숙되어가고 구성원들도 안정감을 가짐에 따라 구성원들은 돌출되기 시작하는 다양한 차이점으로 인해 갈등을 겪는 갈등기(storming)에 진입하게 된다. 만일 그룹이 이 갈등기를 성공적으로 극복하게 되면 구성원들이 자신의 역할이나 지위 그리고 절차에 대해 상호간에 합의를 보는 규범형성기(norming)에 이르게 된다. 규범형성기에는 구성원들끼리 갈등하는 부분에 대해 협상과 타협을 하기 때문에 반목과 갈등이 감소되고 그룹의 결집력이 생성된다. 이 규범형성기를 거치고 나면 그룹은 다양한 목적들을 설정하고 이것들을 효과적으로 성취하기 위해 협력하는 성취기(performing)에 이르게 된다. 이 성취기에는 전 단계에 비해서 구성원들이 일을 하면서 표출하는 갈등과 감정이 훨씬 적다. 마지막으로 그룹은 조정·해체기(adjourning)를 맞게 되는데, 이 단계에는 그룹의 목적이 달성되거나 아니면 포기하면서 그룹의 활동이 급격하게 떨어지며 구성원들은 해체로 야기되는 감정을 겪게 된다.

그룹은 목적과 성격에 따라서 이 형성 과정을 다양한 모습으로 겪게 된다. 사교 모임인 동창회의 경우에는 구성원들이 이미 정서적인 유대감이 형성되어 있기 때문에 형성기와 갈등기를 건너 뛸 수도 있을 것이다. 동창회의 규모가 큰 경우, 그 안에서 또 만들어지는 소규모 그룹들은 각기 다른 단계를 거치게 될 것이다. 강제성이 없는 모임이므로 각 단계에서 적응하지 못하는 사람들은 동창회 모임에 발걸음을 끊게 될 것이다. 특히 갈등기와 규범형성기에 이르러 적응하지 못하는 구성원들은 탈락할 확률이 높아진다. 탈락하지 않고 꾸준히 활동하는 사람들은 그 그룹의 목적과 운영방식에 대해 동의하고 형성된 규범을 준수하고 존중하는 핵심 구성원이 되어간다. 반대로 서로에 대해서 잘 모르는 사람들로 구성된 과업중심의 프로젝트팀이 회사 내에서 만들어 졌을 때는 형성기와 갈등기를 포함하여 위의 다섯 단계 모두를 거치게 될 것이다. 그룹의 목적이 분명하고, 소속이 반강제적이며, 성과에 대해서 평가가 이루어지며, 구성원들의 지위가 각기 다르기 때문에 갈등기와 규범형성기 때 다소 어려움이 있다하더라도 개인은 자신의 태도를 조율할 것이며 구성원들은 협상을 통하여 규범을 형성하고 성취기로 나가려 노력할 것이다.

개인과 그룹 : 어느 쪽이 더 효율적일까?

어떤 문제를 해결하거나 결정을 내려야 할 때, 그룹과 개인 중에 어느 편이 나은지는 오랫동안 학자들의 관심사였다. '백짓장도 맞들면 낫다'라는 속담이 있다. 여럿 사람이 모여 토론을 하고 결정하는 일이 혼자서 결정하는 것보다 나은 결과를 가져다준다는 점을 시사한다. 집단결정의 우월성을 수년에 걸친 연구를 통해 입증한 경우가 있다(Surowieski, 2001). 학생들로 하여금 아카데미상 수상자를 예측해 달라고 했을 때 집단 예측이 어떤 개인의 예측보다 더 정확했다. 예를 들어, 1998년에 집단예측은 12명의 수상자들 중에서 11명을 맞춘 반면, 개인예측은 평균 5명이었으며, 가장 많이 맞춘 개인도 9명에 불과하였다. 쇼우(Shaw, 1981)가 수행한 일련의 연구를 봐도 문제해결, 생산, 학습, 기억력 게임 등에서 그룹이 개인보다 우월하였다. 비록 큰 차이는 없었지만 그룹이 개인보다는 더 빨리 학습하였고 생산량도 더 많았다. 단 일인당 생산성을 말할 때만 그룹이 개인보다 열등한 경우가 있다. 예를 들면, 문제 하나를 해결하는데 걸리는 시간을 단순히 개인과 그룹을 비교하기보다 각 사람이 소요하는 시간을 계산하면 그룹이 문제를 해결하는데 시간이 더 드는 경우가 많다. 집단 결정이 항상 우월한 것은 아니라는 사실은 '사공이 많으면 배가 산으로 올라간다'는 속담이 잘 표현하고 있다. 의사결정과정에 많은 사람이 참여하다 보면 그룹이 성취해야 하는 본연의 목적은 상실되고 구성원 모두가 동의하는 어정쩡한 대안에 합의가 되는 경우를 꼬집어서 말하는 것이다.

결론적으로 그룹의 성과는 과업의 성격, 구성원의 능력 그리고 그룹 프로세스와 같은 다양한 요인들에 의해 영향을 받는다. 만일 구성원들의 노력들을 모아 이뤄야 하는 과업(예: 줄다리기)의 경우에는 그룹이 개인보다 나을 것이며, 조율된 매우 정교한 행동을 필요로 하는 과업(예: 보석세공, 자동차운전)의 경우에는 개인이 그룹보다 나을 것이다. 잘 훈련된 개인은 그룹보다 더 효율적으로 자신의 행동을 통제하고 조율할 수 있어 다수의 구성원들을 동원하여 일을 처리하는 것보다 더 효율적이기 때문이다.

스타이너 모형

어떤 과업을 개인에게 맡길 것인가 아니면 그룹에게 맡길 것인가를 결정할 때 활용할 수 있는 도구로 스타이너 모형(Steiner's model)을 들 수 있다. 스타이너 모형에 의하면 그룹의 능력과 생산성은 '구성원이 보유하고 있는 자원'(member resources)과 '과업의 요구'(task demands)의 영향을 받는다(Steiner, 1972, 7). 먼저 '구성원의 보유 자원'이란 과업을 수행하는데 활용할 수 있는 것으로 개인이 보유하고 있는 지식, 능력, 기술과 도구를 포함한다. 어떤 과업을 위해 어떤 자원이 필요한지는 과업의 성격에 달려있다. 줄다리기에서는 개인이 보유하고 있는 육체적인 힘이 될 것이고 단어 퍼즐을 할 때는 개인이 보유하고 있는 단어실력이 될 것이다. '과업의 요구'는 다양한 과업적 특성이 포함되는데, 그 중에서 성과를 측정할 수 있는 기준들을 들 수 있을 것이다. 예를 들면, 그룹에게 내용을 이해하는 일에는 신경을 쓰지 않고 가능하면 많은 페이지를 읽도록 하는 것과 내용을 충분히 이해하면서 읽도록 하는 것과는 완전히 다른 과업이라 할 수 있다. 스타이너는 그룹이 보유하고 있는 자원과 과업이 요구하는 것을 알면 그룹의 잠재적 생산성을 측정할 수 있다고 하였다. 예를 들면, 줄다리기를 할 때 팀원 5명 각각의 당기는 힘을 측정할 수 있다면 5명의 힘을 합하면 그 팀의 잠재력이 될 것이다. 그 능력을 100% 활용할 수 없는 기계처럼 그룹도 개인이 지닌 능력들의 합을 100% 활용할 수 없는 경우가 많다. 스타이너는 이를 과정 손실(process loss)이라 불렀다. 과정 손실이 발생하는 원천은 2가지가 있다. 조율 손실(coordination loss)은 구성원들이 자신들의 노력들을 최적으로 조직하지 못하였을 때 발생하는 것이다. 줄다리기를 할 때 멤버들이 동시에 줄을 당기지 않아 힘이 모아지지 않는 경우를 말한다. 둘째 동기 손실(motivation loss)이란 구성원 모두가 똑같이 최적으로 동기부여가 되지 않았을 때 발생하는 손실이다. 줄다리기를 할 때 참여하는 멤버들이 이겨야겠다는 동기부여가 각기 달라 힘을 모아 당기지 못하게 되면 동기손실이 발생하는 것이다. 이 과정손실에 대해서는 그룹이 갖는 부정적인 측면을 다룰 때 다시 이야기 할 것이다.

스타이너는 또한 어떤 그룹은 더 나은 성과를 내고 어떤 그룹은 그렇지 못한 이유를 설명하기 위해 과업을 분류하였다. 과업을 분류하는데 사용되는 3가지 특성은 다음과 같다. 첫째는 과업의 세분화가능성이다. 과업이 더 작은 과업들로 나뉠 수가 있다면 개인들이 작은 과업들을 나누어 수행할 수 있을 것이다. 둘째는 성공과 성취의 기준이 최대화(maximizing)인지 아니면 최적화(optimizing) 과업인지로 나눌 수 있다. 줄다리기를 할 때는 승리를 위해서 우리가 가진 모든 힘을 최대화해야 하지만, 제한된 재원으로 다수의 방식에 투자해야 한다면 최적의 투자 포트폴리오를 짜야할 것이다. 마지막으로 이 과업은 개인이 가진 자원이나 역량이 얼마나 그룹의 성과(생산성)와 관계되는지 또는 영향을 미치는가에 따라 다양한 성격을 띤다. 분리적(disjunctive) 과업인 경우에는 개인이 수행하는 일의 질이 상호간에 미치는 영향이 거의 없다. 따라서 각 과업에 최고의 전문가나 능력 있는 사람을 배정하면 최고의 성과를 거둘 수 있는 과업이다. 결합적(conjunctive) 과업인 경우에는 개인이 수행하는 일의 질과 효율성이 상호간에 영향을 미친다. 예를 들면, 다양한 체력을 가진 사람들로 구성된 그룹이 산을 오르는 일이다. 산 정상에 오르는데 걸리는 시간으로 팀의 성과를 평가한다면 가장 느리게 산을 타는 사람이 팀 전체성과에 영향을 미친다. 부가적(additive) 과업은 그룹 구성원 각자가 보탠 기여도의 합으로 결정된다. 줄다리기나 문서 타이핑은 부가적 과업의 전형적인 예라고 할 수 있다. 마지막으로 자유 재량적(discretionary) 과업은 그룹의 구성원들이 가진 자원은 자신들이 정한 방법으로 결합할 수 있는 일을 말한다. 예를 들면, 록 밴드는 악기를 연주하는 각 멤버들이 자신들이 정한 방법과 분위기에 따라 하나의 음악을 완성해 간다.

과업의 분류방법은 각기 상이한 역량을 보유하고 있는 3개의 400미터 육상 팀을 상정하면 더 쉽게 이해할 수 있다. A팀 육상선수들의 기록은 46, 47, 47, 49초이고; B팀 선수들의 기록은 44, 45, 49, 53초이고; C팀 선수들의 기록은 45, 45, 46, 51초이다. 이 때 팀의 성과를 어떻게 정의하는가에 따라서 우승 팀이 달라진다. 경쟁을 분리적(disjunctive) 과업으로 보면 팀의 어느 누구라도 제일 먼저 결승선을 통과하면 그 한 사람이 소속된 팀이 우승할 것이다. 즉 B팀이 우승할 것이다. 만일 결합적(conjunctive) 과업으로 본다면 팀원 모두가 먼저 결승선을 통과하는 A팀이 우승할 것이다. 만일 팀원의 모든 성적을 합산하여 가장 빠른 팀을 선정한다면 C팀이 우승할 것이다.

그룹의 한계

혼자가 아닌 다수가 일을 해야 할 때 발생하는 비효율성과 손실은 분명히 존재한다. 특히 다수가 결정에 참여할 때 의견을 교환하고 토론해야 하는 과정이 필요한데 이 과정에는 필연적으로 비효율성이 발생할 수 있다.

과정 손실(Process Loss)

그룹이 과업을 수행할 때 발생하는 문제는 앞에서 말한 과정손실을 빼고 생각할 수 없다. 많은 연구들도 그룹의 성과는 그 그룹이 보유하고 있는 잠재력에 미치지 못하는 경우가 많은데, 특히 결정을 내리거나 문제해결에 도달하는데 걸리는 시간이 개인에 비해 더디다는 것이 일반적인 발견이다(Davis and Restle, 1963; Davis, 1969). 이러한 과정손실의 이유는 두 명 이상이 모이게 되면 문제해결이라는 과업을 수행하기 전에 필요한 사회적 교제의 시간이 필요하고, 타인이 자신을 어떻게 생각할 지를 의식하면서 의견을 말하는데 지나치게 겸손해지거나 주저하면서 생겨나는 손실이라 할 수 있다. 그래서 문제해결에 이르는 속도나 결정의 신속성은 그룹의 구성원수에 반비례한다.

그러나 과업의 질이나 효과성 측면을 본다면 그룹이 개인보다 못할 리는 없을 것이다. 단어 퍼즐을 생각해 보자. 한 사람이 상식적으로 알고 있는 단어 수 보다는 다수로 구성된 그룹이 더 많은 단어를 알 수 있으므로 그룹이 개인보다 더 정확한 답을 내어놓을 것이다.

메이어와 솔렘(Maier and Solem, 1952)은 다음과 같은 말(horse) 거래 문제를 제시하고 그룹으로 하여금 풀도록 하였다. '어떤 사람이 60불을 주고 말을 산 다음 70불에 되팔았고 다시 그 말을 80불에 산 다음 90불에 되팔았다면 그 사람을 얼마를 남겼겠는가?' 한 명이라도 이 문제를 푸는 사람이 소속되어 있는 그룹은 20불이라는 정답을 쉽게 제시할 것이다. 그러나 놀랍게도 문제를 바르게 푼 사람이 최소 한명이라도 있는 그룹이 이 문제를 푼 경우는 80% 이하에 불과하였고 반대로 개인적으로는 모두 이 문제를 풀었다.

이런 차이가 발생하는 이유가 무엇일까? 그룹 내 문제를 푼 사람은 자신이 도출한 해답을 그룹의 나머지 구성원들과 공유하고 그들로부터 동의를 얻어야 할 것이다. 그런데 이 과정에서 문제를 푼 사람이 그룹 내에서 지위가 낮다면 자신의 해답을 제시하는 일을 주저할 뿐만 아니라, 지위가 높은 다른 구성원들이 지위가 낮은 사람이 제시한 해답을 저평가할 수도 있을 것이다. 그래서 그룹의 구성원의 지위가 다를 때 과정 손실은 발생한다.

문제를 해결한 사람의 태도에 영향을 미치는 또 다른 요인은 자신이 도출한 답에 대해 갖는 자신감이다. 답에 대한 자신감이 적으면 적을수록 그룹에게 답을 제시하고 설득하려는 노력을 하지 않으려 할 것이다. 똑같은 말 거래 문제를 학생들에게 개인적으로 풀도록 하였고 또 자신이 도출한 해답에 대한 자신감을 표시하도록 하였다. 그런 다음 문제를 푼 학생 한 명과 풀지 못한 학생 한 명으로 구성된 2인 그룹으로 하여금 동일한 문제를 풀도록 하였는데, 72%만이 정답을 제시하였다. 이 실험이 시사하는 바는 무엇일까? 2명이 각기 해답에 대해 가지고 있는 상대적인 자신감의 차이가 문제해결능력에 영향을 미친다는 것을 의미한다. 두 명 중 문제를 푼 사람이 풀지 못한 사람보다 더 높은 자신감을 보였을 때, 그룹의 94%가 문제를 풀었으나, 문제를 풀지 못한 사람이 푼 사람보다 더 높은 자신감을 보였을 때는 단지 그룹의 24%만이 정확한 답을 제시하였다(Hinsz, 1990).

그룹이 상호 작용을 하는 과정에서 구성원을 제한하는 조건이나 상황 또는 구성원의 정신을 산만하게 만드는 일이 발생할 때 과정 손실은 자연히 생겨난다. 브레인스토밍을 하는 그룹을 상정해 보자. 브레인스토밍은 그룹의 창조적인 사고를 촉진하기 위해 만들어진 기법이다. 가능한 많은 아이디어를 창출하고 다른 사람의 아이디어에 자신의 생각을 덧붙일 뿐 비판하지 않는 것을 원칙으로 한다. 오스본(Osborn, 1957)은 사람이 혼자서 아이디어를 생성하는 것 보다 다수가 모여 브레인스토밍을 할 때 창조적인 아이디어가 더 많이 나올 것이라고 제안하였는데, 실제 그 후의 연구에 의하면 그렇지 않았다. 이러한 과정 손실을 설명하는 여러 가지 요인들 중에 가장 눈에 띄는 것은 어떤 시점에서 아이디어를 말할 수 있는 사람을 한 사람으로 제한하는 상황에서 발생하는 '아이디어 생성 장애'(production blocking)였다. 예를 들면, 4명이 독립된 공간에서 한 번에 한 사람씩 의견을 말하도록 했을 때가 4명이 상호작용을 하면서 아이디어를 생성하도록 했을 때 보다 생성된 아이디어의 수가 적었다(Diehl and Stroebe, 1987). 이러한 아이디어 생성 장애를 극복하기 위한 방편으로 근래에 컴퓨터와 네트워크로 구성된 전자회의시스템(Electronic Meeting System) 또는 집단의사결정지원시스템(Group Decision Support System)이 있다. 전자회의시스템의 지원을 받아 전자적 브레인스토밍을 하게 되면 참가자는 자신의 발언 순서를 기다릴 필요도 없이 키보드를 이용하여 아이디어를 입력하기 때문에 전통적인 방법보다 5-8배 이상 더 많은 아이디어를 생성할 수 있는 것이다. 더구나 익명으로 의견을 개진할 수 있기 때문에 상사나 연장자의 눈치를 보지 않고 구성원들이 창의적인 아이디어를 좀더 자유롭게 내어 놓을 수 있는 장점이 있다(Gallupe and Cooper, 1993).

일반적으로 그룹이 커진다는 것은 구성원들끼리 책임을 분배하고 각자 해낸 일들을 종합하기도 해야 하고 각자의 노력들을 조정해야 하기 때문에 더 많은 과정 손실이 생길 것으로 추측된다. 줄다리기 경기만 하더라도 구성원들이 짝을 지어 동시에 같은 방향으로 줄을 당기기 위해서는 행동을 조율을 해야 하는데 이러한 노력은 그룹의 크기가 증가하면 할수록 늘어나기 마련이다. 특히 조정이 많이 요구되는 과업일수록 그룹의 규모가 커감에 따라 얻을 수 있는 생산성보다 조정으로 인한 손실이 더 커지는 경우가 많다. 스타이너(Steiner, 1972)는 또한 그룹의 규모가 커지면 동기 손실(motivation loss)도 증가할 것이라고 생각하였다. 그룹이 성공적으로 과업을 완수함으로 받게 되는 보상은 동일한데 그룹의 규모가 커진다는 것은 구성원 각자가 받을 수 있는 파이의 크기가 줄어들기 때문이다. 구성원들의 동기부여가 떨어지면 사회적 편승이나 무임승차와 같은 그룹의 성과를 떨어뜨리는 부정적인 현상이 생겨난다.

사회적 편승(Social Loafing)

그룹의 크기가 증가하면, 즉 구성원의 수가 증가하면 할수록 각 구성원들은 목적을 성취하기 위해 내놓는 노력의 양을 줄여간다는 것이 '사회적 편승'의 핵심이다. 이는 여러 연구가 반복적으로 실험을 하면서 확인된 결론이다. 그렇다면 이러한 사회적 편승 현상은 왜 일어나는 것일까? 다수가 참여하는 줄다리기나 응원전에서 사람들은 자신이 많은 사람들 속에서 개별적으로 식별이 덜 된다고 느끼는데 기인한다. 줄다리기와 응원은 개인이 기여하는 정도가 합해져서 최종의 결과를 내는 부가적 과업(additive task)이다. 이처럼 어느 한 개인이 기여한 정도를 구분해 내기 힘든 과업을 수행할 때, 특히 그러한 노력에 대한 차별화된 보상도 없는 경우, 구성원들은 자신의 노력의 양을 줄이는 것이다. 익명성이 전제되는 사회적 편승은 그룹의 크기가 증가됨에 따라 동시에 상승한다. 그룹의 규모가 커감에 따라 집단적 노력의 규모는 더 증가하게 되지만, 그로 인해 특정 구성원이 그룹의 과정손실에 기여하는 정도를 구별해 내기는 더 힘들어진다. 익명성의 차이가 가장 두드러지게 나타나는 경우는 혼자서 일할 때(개인적 식별이 확실한 경우)와 두 명이 일할 때(개인적 식별이 불확실한 경우)에 생겨난다. 한 명이었을 때 보다 두 명이 될 때 사회적 편승이 가장 현저하게 나타난다.

사회적 편승은 그룹의 모든 과업에서 일어나는 현상이라기보다 그룹 구성원의 개별적 과업성취도를 구분하기 어려운 과업에만 발생하는 현상이다. 그런데 자세히 보면 개인의 기여정도를 식별할 수 있는지 여부가 반드시 사회적 편승의 원인이라기보다, 그룹 내 구성원들 개개인의 기여정도가 구체적으로 측정되고 평가되고 있는지가 더 중요한 요인이다. 개인의 기여정도를 식별할 수 있는 상황이라 하더라도 그것이 구체적으로 측정되거나 평가되고 있지 않다면 사회적 편승은 여전히 존재할 것이다. 특히 하킨스와 잭슨(Harkins and Jackson, 1985)은 사회적 편승을 줄이는 것은 구성원에게 동기를 부여하고 관심을 가진 그룹 외부의 누군가가 평가한다는 사실이 아니라 다른 그룹 멤버나 아니면 자기 스스로를 평가할 가능성에 있다고 하였다. 따라서 실제 사회적 편승이라는 부작용이 발생할 수 있는 그룹의 과업은 매우 제한된다고 할 수 있다.

언 듯 보기에 사회적 편승(social loafing)과 사회적 촉진(social facilitation)은 그룹상황에서 발생하는 두 가지 모순되는 현상이라 할 수 있다. 앞의 것은 사람이 모여 일하게 되면 개인의 노력을 줄이는 경향 때문에 그룹의 총 작업량은 줄어드는 현상이고, 뒤에 것은 다수가 일하면 그 성과가 개인이 할 때 보다 더 증가하는 현상이다. 이런 모순된 상황이 공존하는 원인은 실험상황에서 주어진 과업의 성격이 다르기 때문이다. 줄다리기처럼 다수가 협력해야 하는 상황에서 개인은 사회적 편승을 하는 경향을 보이지만, 사회적 촉진이 있는 상황에서 구성원은 자발적으로 일을 하기도 하는 것이다. 즉 과업이 구성원들에게 요구하는 수준이 다르다는 것이 이 두 가지의 모순되는 현상을 설명하는 것이다. 사회적 촉진현상을 설명하는 코트렐의 학습유발이론(Cottrell's learned drive theory)에 의하면 2인 이상의 그룹이 과업을 수행할 때 적어도 타인이 있는 것만으로도 이미 평가(evaluation)가 내재되어 있어 사회적 촉진을 유발하는 것이다. 우연이도 그룹의 성과에 큰 영향을 줄 수 있는 요인으로 평가라는 변수 외에 달리 제기된 다른 변수는 없는 것 같다. 한편 평가 그 자체도 사회적 편승 현상과 무관한 것은 아니다. 단지 두 상황은 타인이 평가를 할 가능성이 있는지 없는지에 따라 달라질 뿐이다. 사회적 촉진이 있는 상황에서는 한 사람의 성과가 다른 사람의 그것과 비교되기 때문에 타인이 있는 것만으로도 평가의 가능성이 높아지지만, 사회적 편승이 있는 상황에서는 누가 평가하는지를 모르기 때문에 함께 일하는 파트너가 있더라도 평가의 가능성은 줄어드는 것이다. 요컨대 혼자서 일을 하나 여럿이 일을 하나 그 자체가 성과에 영향을 미칠 것이라는 정해진 규칙이 있는 것이 아니라 과업이 요구하는 것에 따라 사회적 편승현상이 나타나기도 사회적 촉진현상이 나타나기도 하는 것이다.

만일 하킨의 이러한 주장이 맞고, 사회적 편승이 평가와 연계해서 단순한 과정을 거치는 사회적 촉진의 역(逆) 현상이라면 그룹

(다수)이라는 조건이 두 상황에서 정반대의 효과를 유발할 것이다. 그렇다면 단순한 과업에서 이러한 현상이 사실이라면 보다 복잡한 과업을 수행할 때도 그대로 적용될 것인가? 잭슨과 윌리엄(Jackson and William, 1985)은 실험참가자들에게 복잡한 컴퓨터 미로게임을 하도록 하였고, 각자가 얻은 점수는 파트너의 그것과 합산이 되는 실험을 수행하였다. 물론 실험참가자는 다른 파트너의 점수를 알 수 없도록 하였다. 이 상황에는 사회적 편승이 발생할 수 있는데도 불구하고(왜냐하면 각자의 기여도를 정확하게 알 수 없으므로) 두 사람이 함께 게임에 참여한 그룹보다 점수가 높았다. 즉 사회적 편승이 일어날 수 있는 상황임에도 불구하고 그룹의 성과에 미치는 영향이 늘 부정적인 것만은 아니었다.

무임승차(free riding)

그룹이 함께 작업을 할 때 성공과 실패라는 과실은 구성원들이 똑같이 공유하는 것이 원칙이다. 그룹이 도움이 필요로 하는 비상 상황을 맞았을 때 도와야겠다는 책임은 그룹의 구성원들에게 분산되어 버린다. 그래서 그룹의 규모가 크면 클수록 도움을 주려는 사람의 숫자는 비례적으로 줄어든다(Latané and Nida, 1981).

그룹 과업 중에는 그룹이 성공하기 위해서 몇몇 사람들이 필요한 모든 일을 다 해야 하는 경우가 있다. 아파트를 공유한다고 하자. 누군가가 아파트 청소를 잘 해 준다면 우리는 깨끗한 아파트를 즐길 수 있을 것이다. 그러나 자기 자신이 그 아파트를 청소해야 하는 사람이라고는 생각하지 않는다. 즉 그룹에서 누군가 한 사람이라도 성공을 하면 나머지 사람은 손발하나 까딱하지 않고 그 그룹의 성공의 과실을 나눌 수 있는 상황이 자주 발생한다. 그룹 내 최고의 전문가나 능력 있는 사람을 배정하면 최고의 성과를 거둘 수 있는 분리적(disjunctive) 과업인 경우에 이런 무임승차는 기승을 부린다.

다른 구성원들이 일궈낸 과실을 공짜로 먹으려는 무임승차자(free rider)가 많으면 사람들은 노력을 하지 않으려 하고 그래서 그룹 전체의 성과는 급격하게 추락한다. 케르와 브룬(Kerr and Bruun, 1983)은 그룹 구성원들은 자신이 들인 노력이 그룹의 성과에 기여하는지에 민감하다고 말하였다. 그룹의 성공이 자신의 노력 여부와 별 상관이 없다고 생각해서 자신의 기여가 그룹의 성공에 별 필요가 없다고 생각하거나 아니면 들여야 할 노력의 대가가 너무 큰 경우 사람들은 그룹의 이익을 위하여 노력하지 않으려 한다. 케르(Kerr, 1983)의 실험에서 이런 무임승차 현상을 잘 보여주고 있다. 실험참가자들은 펌프를 이용하여 바람을 주입하는 일을 하였는데 한 그룹은 독자적으로 하고 다른 그룹은 2명이 한 조를 이루어 하도록 하였다. 독자적으로 하는 사람에게는 한 번 주입할 때마다 $0.25를 지불하였으며 최대 9번을 하면 $2.25을 지불하였다. 2명이 한 조로 하는 일은 분리적인 과업으로 만들었다. 즉 두 사람 중에 한 사람이라도 성공하면 두 사람 모두에게 $0.25을 주는 것으로 하였다. 조건에 상관없이 실험참가자에게는 각자가 한 일에 대한 정확한 피드백을 제공하였다. 그러나 2명이 한조를 이룬 그룹에게는 부정확한 정보를 줘서 무임승차가 일어나도록 조작하였다. 계속 파트너가 성공하면서 자신도 배상을 받는다는 것을 알게 된 실험참가자는 파트너의 노력에 무임승차하려는 행동을 보이는 것이

명백하게 드러났다. 결국은 2명의 그룹이 이뤄낸 성과는 개인이 각자 일궈낸 성과보다 현저히 낮았다.

이런 동기부여의 손실(motivation loss)은 앞서 말한 사회적 편승(social loafing)과는 조금 다르다. 사회적 편승의 경우, 사람들은 자신의 역할과 노력이 타인의 그것과 구별되지 않아 평가를 받은 가능성이 낮기 때문에 동기 손실이 일어나지만, 무임승차인 경우, 사람들의 개별적인 행동과 이뤄낸 성과가 개별적으로 관찰되고 있음에도 일어나는 현상이다. 노력을 하지 않고 무언가를 챙기려는 행동, 즉 무임승차는 분명 군중 속에서 숨어 이익에 편승하려는 행동과는 다소 다른 것 같다.

사회적 편승이나 사회적 촉진과 마찬가지로 과업의 특성이 무임승차의 정도에 많은 영향을 주는 것 같다. 예를 들면, 탁월한 어느 한 사람의 기여로 그룹의 성공이 결정되는 분리적(disjunctive) 과업보다 그룹 구성원 모두의 노력의 합으로 승패가 갈리는 부가적(additive) 과업의 경우에 무임승차의 가능성은 낮아진다. 중요한 것은 개인이 들인 노력이나 역할이 그룹 성과에 어느 정도 기여했는지를 개인이 느끼는 정도인데, 이러한 판단에는 과업의 요구사항, 그룹의 구조, 구성원이 보유한 자원이나 기술지원이 많은 영향을 미친다. 자신이 하는 일이 다른 사람의 성과나 그룹의 결과와 크게 관계가 없는 분리적(disjunctive) 과업을 수행할 때, 우리는 내가 그룹을 위해 할 수 있는 것이 별로 없다고 생각하고는 자신의 노력을 대수롭지 않게 여기고 나보다 나은 누군가가 문제를 해결할 것이라고 생각한다. 만일 과업이 결합적(conjunctive)인 경우에는 정반대 관계가 일어난다. 구성원 중에 능력이 있는 사람도 자신이 많이 노력한들 그룹의 성과는 결국 구성원 중에 능력이 뒤쳐지는 사람에 의해 영향을 받는다고 생각하므로 최선을 다하지 않는 것이다.

인지적 무력감(perceived dispensability)에 영향을 미치는 또 다른 요인은 그룹의 규모이다. 일반적으로 그룹의 규모가 크면 클수록 그룹을 위한 자신의 기여도는 줄어든다고 생각한다(Kerr, 1983). 이러한 관계 역시 과업의 성격에 영향을 받는다. 모든 조건이 동일하다면 그룹이 크면 클수록 당신보다 유능하거나 무능한 사람들이 있을 확률은 높아진다. 그래서 분리적(disjunctive)과업이든 결합적(conjunctive)과업이든 자신의 노력을 줄이려하고 무임승차는 늘어나기 마련이다. 그렇지만 부가적(additive)과업일 때는 그룹의 규모와는 상관없이 늘 자신이 일한 분량이 그룹의 성과에 영향을 미치므로 그룹의 크기가 무임승차에는 영향을 미치지 않는다.

과업의 특성, 특히 개인의 기여도가 구분되어 평가되는지 여부가 사회적 편승에 영향을 미쳤듯이 무임승차에도 영향을 미치는 것 같다. 하킨스와 패티(Harkins and Petty, 1982)는 경계 업무(컴퓨터 스크린에 깜박거리는 점(dot)을 주시하는 일)를 실험참가자들에게 조건을 달리해서 맡겼다. 한 조건에서는 스크린을 균등하게 나눈 부분들을 참가자 전원에게 할당해 주고 각 부분에서 깜박거리는 점을 지키도록 책임을 분담시켰으며, 다른 조건에서는 참가자 전원이 스크린 전체를 공동으로 지켜보게 하고 책임도 공유하도록 하였다. 앞의 조건은 부가적(additive) 과업으로 참가자들은 무임승차를 할 수 없는 반면, 뒤 조건에서는 그룹 중에 누구 한 명이라도 점을 발견하면 그룹이 점수를 얻는 분리적(disjunctive) 과업이어서 무임승차가 일어날 수 있는 조건이었다. 흥미롭게도 참가자들은 자신의 노력이 구분되어 드러나지 않는다고 생각할 때 무임승차하였다. 그 이유는 무임승차 행위 자체가 우리에게 익숙한 사회적 규범들을 많이 위반하기 때문인데, 사람들은 무임승차를 하면서 최선을 다하지 않음으로 자신의 노력을 절약하고 그룹의 성공을 저해하지 않는다고 생각하지만 실제로 우리는 합의된 어떤 사회적 규칙이나 규범을 어겼을 뿐만 아니라 어떤 제재를 당할 수 있는 위험도 감수한 것이다. 특히 그룹 구성원들의 익명성이 보장될 때, 구성원 중에 누가 그 규범을 어겼는지를 아무도 알 수 없기 때문에 규범을 위반한 구성원에 대한 어떠한 제재도 가할 수 없어 결국은 모두가 무임승차하게 되는 것이다.

그렇다면 구성원들이 무임승차를 하면서 어떤 규범들을 어기게 되는 것일까? 첫째, 그룹이 일을 할 때 모든 구성원은 그룹에게 이익이 되도록 행동해야 하는 규범이 있는데 바로 이것을 위반한 것이다. 둘째, 다른 사람이 열심히 일을 한 덕에 당신이 혜택을 받았고 대신 당신은 열심히 일을 하지 않았다면 당신이 받은 만큼 갚아야 하는 '상호호혜(相互互惠)'라는 규범을 어긴 것이다(Tajfel, 1970; Gouldner, 1960). 마지막으로 무임승차하면서 그룹이 거둔 열매를 똑같이 나누어 가진다면 공평의 원칙을 어긴 것이다. '공평'이라는 규범은 결과에 대한 투입(노력)의 비율이 그룹 구성원들 사이가 균등해야 함을 의미한다(Adams, 1965). 따라서 이 공평의 규범이 지켜지지 않았을 때 발생하는 동기부여 손실을 언급할 필요가 있다.

불공평에 근거한 동기부여의 손실

내 파트너가 무임승차를 하면서 노력을 적게 들이고는 똑 같은 보상을 받을 때, 공평이론에 근거한 나의 행동은 자신의 노력도 함께 줄이는 것이다. 아파트를 같이 사용하는 룸메이트가 청소를 게을리 하면서 무임승차를 하려한다면 나 자신도 청소를 하지 않는다면 공평해질 수 있다. 실험참가자들이 펌프를 이용하여 바람을 주입하는 또 다른 실험(Kerr, 1983)에서 처음에는 실험참가자들로 하여금 이 일을 성공적으로 해낼 수 있을 것이라는 자신감을 갖게 하고, 그런 다음 각 실험참가자에게 자기 파트너가 이뤄내는 성과에 대해 잘못된 정보를 제공함으로써 자신이 파트너의 무임승차의 피해를 입는 것을 느끼도록 만들었다. 그리고 이러한 분리적 과업에서 실험참가자는 성공할 때마다 자기 노력에 대한 대가로 $0.25를 받았다. 공평이론에 근거하면 실험참가자는 파트너의 무임승차를 용인하기보다 자신의 노력을 줄일 것이다. 컬(Kerr, 1983)은 이렇게 무임승차를 하려는 구성원이 있을 때 무임승차자로부터 이용당하기보다 자신의 노력을 줄이려는 행동을 서클 효과(sucker effect)라 불렀다.

또한 사람들은 그룹의 구성원들 각자가 투입한 노력이 공평한지를 계산할 때 수단의 규칙(means rule)을 적용한다(Brown, 1987). 사람들은 그룹의 구성원들이 모두 내어 놓은 노력들이 공평한지를 평가할 때 파트너의 객관적인 성과를 고려할 뿐만 아니라 파트너가 지닌 생산능력과 기술적 숙련도까지 고려한다. 컬의 다른 연구에서 파트너가 계속 실패를 하면서 낮은 성취도를 보일 때 실험참가자는 더 많이 노력하여 파트너가 해내지 못하는 부문까지 안고 가려 하는 행동을 보였다. 즉 성공적으로 과업을 수행할 수 없는 파트너를 보듬고 갈 때 이 서클 효과는 생기지 않았다.

이 서클 효과는 '공평'이라는 규범을 기반으로 하는 그룹 동기 손실 효과의 하나라 할 수 있다. 그룹구성원들 사이에 불공평한 요소가 있고, 개인이 자신의 노력을 줄여 이 불공평한 것을 쉽게 해소할 수 있다면 사람들은 자신의 기여 수준을 낮춰버린다. 예를 들어, 당신이 파트너에 비해 더 능력이 있다고 생각하지만 똑 같은 보상을 받고 있다면 당신은 불공평하게 대우받고 있다고 느낄 것이고, 이러한 상황에서 사람들은 자신의 노력을 줄임으로서 자신의 기여도(자격이나 노력을 모두 포함)를 파트너의 그것과 엇비슷하게 맞춘다고 생각하는 것이다. 이런 현상이 분명하게 드러나는 사례는 같은 일을 하는 노동자가 다른 수준의 임금을 받는 경우이다. 미국에서 1977년 이후 많은 기업들과 노조들은 이중임금계획(two-tiered wage plan)이라는 새로운 노동계약을 도입하였다. 이 노동계약에 의하면 신규로 고용된 사람들은 과거에 고용된 기존 직원보다 동일한 작업을 함에도 급여를 적게 받는다. 이직율과 고용성장률이 높고 현 임금수준이 전체 노동시장에 비해서 상대적으로 높을 때 이러한 이중임금체계는 노동비용을 낮추었을 뿐만 아니라 기업의 경쟁력을 향상시켜 준 것으로 나타났다(Cappelli and Sherer, 1990). 이런 임금체계는 현 노동자들로부터 자신에게는 영향을 미치지 않지만 미래의 노동자들에게는 영향을 미칠 수 있는 급여와 직업안정성 그리고 작업규율에 대한 양보를 받아낼 수 있다.

이런 이중임금구조는 기업의 운영비용을 낮출 수 있어 경제적인 측면에서 이해가 되지만 불공평으로 야기되는 동기손실이 있음을 유념해야 한다. 두 노동자가 동일한 일을 하고 있음에도 한 사람은 최근에 고용되었다는 이유로 급여를 적게 받는다면 그 노동자는 열심히 일할 동기를 상실하게 될 것이다. 이런 이중적 임금구조는 우리나라에서는 정규직과 비정규직이라는 이름으로 현재 만연되어 있다. 동일한 일을 하지만 비정규직으로 채용된 사람은 정규직에 비해 60~70% 수준의 임금을 받는 현실에서 비정규직원의 사기와 만족도는 상대적으로 떨어질 수밖에 없으며 이는 경제적 양극화를 심화시키는 원인이 될 뿐 아니라 서클효과를 야기할 것이다.

한편 이러한 이중임금구조가 신규 직원의 사기를 해치지 않는다는 연구도 제시된바 있는데, 신규 직원이라도 기존 직원에 못지않게 급여에 대한 만족도도 높고 기업에 대한 몰입과 직업안정성에 대해 높은 자신감을 갖게 하는 환경이 조성될 수 있다는 것이다(Cappelli and Sherer, 1990). 아마 신규 직원이 급여에 대한 기대치를 낮게 갖고 있거나 같이 일하는 대부분 동료들이 똑같이 급여가 낮거나 아니면 급여의 이중구조가 궁극적으로 합쳐질 때 이런 일이 있을 수 있다.

집단사고(Groupthink)

그룹이 결정을 내릴 때나 문제를 해결할 때 직면할 수 있는 문제들을 모으면 Groupthink(집단사고)라는 단어로 압축할 수 있다. 가장 우수한 사람들로 구성된 그룹도 때로 어처구니 없는 결정으로 조직을 어려움에 빠트리게 하는데 이는 그룹이 집단사고라는 함정에 빠졌기 때문이다.

집단사고(Groupthink)는 미국의 어빙 제니스가 1961년 4월 쿠바를 침공한 케네디 정부의 의사결정과정을 분석한 논문에서 처음으로 사용한 단어이다. 1961년 4월 17일 새벽, 8대의 상륙용 함정이 쿠바 남쪽 해안에 있는 피그만의 지론 해변을 향해 발진했다. 그 배에는 미국 CIA가 모집하여 훈련시킨 1400여명의 쿠바인이 타고 있었다. 이들은 쿠바의 통치자 카스트로에 의해 추방된 반 카스트로 집단이었다. 그들은 비록 소수였지만 미 공군의 지원을 받아 무장 폭동을 일으켜 피그만에 괴뢰정부를 수립한 후 이를 교두보로 독재정권이 카스트로와 싸운다는 계획을 세웠다.

문제는 이 작전이 제대로 계획되지 못했다는 점이다. 우선 해안에 접근하면서 함정이 암초에 걸려 좌초하는 불운을 겪었다. 침공군이 지론 해변에 도착했을 때 해변 마을에는 전화조차 없다는 CIA의 첩보와는 달리 고도의 통신장비가 설치되어 있었다. 망명군대의 상륙은 즉각 카스트로 정부의 상부층에 보고되었고, 미 공군의 지원도 날이 밝는 바람에 취소되었다. 결국이 해가 뜰 무렵에는 쿠바 공군이 상륙선과 보급선을 공격하기 시작했다. 비록 미공군의 막판 지원이 시작되었으나 미국의 낡은 B-26 비행기는 쿠바의 최신예 제트기를 따라 잡을 수 없었다. 카스트로는 탱크와 로켓미사일로 무장한 정예를 부대를 다시 급파했다. 침공군은 배가 격침되어 후퇴할 길도 차단되었고 주변 늪지대로 도주하였으나 결국 1,200여명의 침투군은 쿠바의 포로가 되고 말았다.

쿠바는 침공군에 대한 재판을 시작하였고 미국을 조롱하는 이 뉴스는 전 세계에 퍼져나갔다, 미국 정부는 식량과 의료지원비 명목으로 5천만 달러 이상을 쿠바정부에 배상하고 겨우 포로들을 넘겨받았다. 결국 무장봉기를 통하여 카스트로 독재정권을 전복하려 한 미국의 계획은 창피만 당한고 실패로 끝나고 말았다.

사건이 끝난 후, 케네디 대통령은 "우리가 어쩌면 그렇게도 어리석었단 말인가"라면 자조하였다고 한다. 사실 안보특별자문위원회는 피그만 침공이 갖는 부정적인 효과에 관한 정보를 계속 입수하였다. 성공가능성이 낮으며, 만일 실패할 경우 다른 국가와의 관계에 악영향을 미칠 거라는 정보도 계속 들었다. 그리고 침공 결정을 내린 주요 결정자들은 하나 같이 당시 미국에서 최고의 엘리트로 불리던 집단이었다.

집단사고는 그룹이 결정이 내릴 때 흔히 생겨나는 일종의 병리학이라 할 수 있다. 이런 병은 특히 국익에 큰 손실을 가져왔던 미국의 피그만 침공 사건이나 베트남 전쟁, 아르헨티나가 포크랜드섬에서 전쟁을 시작하기로 한 결정에 영향을 미쳤다. 제니스는 이 집단사고야 말로 리더십 스타일, 그룹 결집과 같은 그룹 요인들이 그룹 내에 있을 수 있는 의견불일치를 억누르고 심각하게 검토되지 않은 어떤 정책(규범)을 지지하도록 만드는 독특한 상황을 조성한다고 말하였다. 특히 집단사고는 그룹의 결집도가 매우 높고 굉장한 신뢰를 받고 있는 사람(예를 들면, 존 F. 케네디 대통령)이 리더로 있을 때, 그래서 어느 누구도 반대의 깃발을 감히 들어 구성원의 마음에 상처를 주거나 그룹의 사기를 떨어뜨리고 싶어 하지 않을 때 발생하는 그룹의 병이다. 카리스마가 강한 리더가 어떤 행동을 주도해 나가면 이것이 그룹의 규범으로 자리를 잡게 되어 구성원들은 자신을 검열하고 반대의견을 감히 제기하지 못하는 것이다.

극도의 스트레스가 팽배한 위기상황에서 케네디 대통령을 보좌하던 핵심 그룹은 해결방안에 대한 급속한 의견일치를 이끌어 내려하였으며, 내부적으로 이견이 노출되는 것을 원치 않았다. 예를 들면, 당시 법무장관을 지내던 밥 케네디(존 F. 케네디의 친동생이기도 함)는 대통령의 전폭적인 지원이 필요하다는 이유로 반대의견을 낸 한 국무위원에게 반대의견을 철회하도록 압력을 넣기도 하였다. 결과적으로 의사결정에 참여한 구성원 모두 개인적으로는 그룹의 판단과 결정의 효과성에 대해 의심을 하면서도 전원 합의에 이르렀다는 환상을 갖게 된다. 사람들은 결정에 참여한 그룹의 멤버들이 막강한 권한도 있고 영리한 사람들이라고 생각했기 때문에 굳이 반대할 명분도 없었다. 그룹이 합의에 이르는데 방해를 하지 않았던 사람들은 두 가지를 통해 자신을 위로한다. 첫째, 동조함으로써 자신은 위협적이며 굉장한 노력이 요구되는 그룹의 문제해결에 도움을 주었다고 스스로를 위로할 수 있고, 결정으로 야기되는 스트레스와 불확실성을 줄일 수 있었으며, 동시에 자신은 여전히 그룹의 충성스런 멋진 멤버로 남아 있을 수 있다(Callaway et al, 1985). 이러한 집단사고는 1960년대 후반, 존슨 대통령과 그의 보좌관들에게도 있었다. 당시 결속력이 강했던 존슨 행정부는 베트남 전쟁을 반대하는 사람들을 극소수의 특이한 사람들과 정치적 극단주의자들의 목소리로 몰아부치고, 결국 자신의 재임에 걸림돌이 될 정도로 확산되던 당시의 반전 목소리를 제대로 듣지 못하였다.

국내에서도 집단사고의 증후로 보이는 일이 김대중 정부시절 대북지원사업에서 발생하였다. 2003년 초, 김대중 대통령의 임기를 한달 정도 남겨진 시점에서 정부, 특히 청와대 비서실과 국정원의 주도 하에 현대그룹의 계열사의 하나인 현대상선이 비정상적인 방법으로 2235억을 북한에 지원한 사실이 감사원에 의해서 적발되었다. 강한 카리스마를 지닌 대통령의 지원이 있었으며, 조국통일,

한반도 영구평화정착, 민족적 화합이라는 명분으로 북한과의 지속적인 교류가 필요하여 청와대와 국정원은 야당과 국민의 동의 없이 거액의 현금을 비밀리에 북한에 전달하였다. 당시 사업의 주도자들은 자신들의 대북지원사업이 초법적인 통치적 차원에서 이루어진 일이기 때문에 사법적 심사대상이 될 수 없다며 검찰 조사의 부당성을 주장하였다. 야당과 보수 언론들은 민주 국가에서 초법적인 통치행위란 있을 수 없으며 행정부의 모든 활동은 법의 테두리 안에서 이루어져야 하며, 더구나 국민의 혈세로 조달된 엄청나게 많은 지원금을 국민적 동의도 없이 북한에게 전달한 것은 명백하게 적절치 못하며 검찰의 조사대상임을 주장하였다.

여기서 우리는 분단된 조국의 통일이라는 국가적 과제를 해결하기 위해 접근하는 방법과 사고방식이 극단적으로 대립하는 양상을 보았다. 대통령을 중심으로 한 정부와 여당은 한반도의 평화와 통일로 가는 초석을 다지기 위한 정책들을 일일이 국민적 합의 과정을 거친 후 집행하기는 어렵기 때문에 때로는 초법적으로 진행할 수 있다고 생각하였으나, 야당과 다수의 국민들은 아무리 정책의 집행이 긴급하고 사안이 비밀스런 것이라 하더라도 법치국가에서는 법이 정한 테두리에서 국민(국회)의 동의를 받아 북한에 대한 지원이 이루어져야 한다고 생각하였다. 분명한 것은 민족사적 숭고한 목적을 가지고 시작된 햇볕 정책을 투명하게 진행하지 않음으로써 대북한 햇볕 정책과 정부의 신뢰성이 크게 훼손되었다는 점이다. 민족적 화해와 공조 그리고 통일이 긴급하고 숭고한 목표이기 때문에 절차와 과정은 그다지 중요하지 않다고 생각한 핵심 인사들의 사고방식은 구성원의 합의과정을 무시한 후진적 정책집행이라 할 수 있다.

정당한 합의과정이 생략된 무리한 대북지원정책은 강한 카리스마를 지닌 김대중 대통령과 같은 리더를 중심으로 강하게 결집된 핵심 그룹이 빠질 수 있는 집단사고(groupthink)의 산물이라는 측면이 있다. 강한 리더는 타인의 의견을 듣고 자신의 생각을 잘 수정하지 않으려 한다. 카리스마적 리더가 숭고한 비전이나 목표를 제시할 때는 더더욱 이를 반대하는 목소리는 기어들어가게 되고 법과 절차는 거추장스런 존재가 된다. 이런 리더는 보좌관들이 자신이 설정한 기본 철학과 방향에 철저하게 충성해 줄 것을 요구하며, 리더의 생각에 반하는 의견을 내는 사람들의 설자리는 상대적으로 좁아진다. 결정을 내리는 핵심 그룹은 리더가 설정한 목표에 매몰되어 외부에서 보내오는 경고 신호와 부정적 정보들을 차단하며 스스로를 고립시켜 버린다. 김경일(1999)은 우리나라의 법치가 권력집단의 선호에 따라 엿가락처럼 늘었다 줄었다 한다면서 다음과 같이 말했다.

> "어느 나라나 법은 다 있다. 조선시대에도 위대한 법전 경국대전이 있었다. 그러나 그 법은 엿이었다. 늘이면 늘어났고 자르면 잘라졌다. 엿장수 마음대로 할 수 있었다. 법은 있었지만 'rule'이 없었던 거다. 어느 누구에게도 법이 똑 같이 적용되는 규칙, 그 규칙이 조선에는 없었고 한국사회에도 없는 것이다."

호리바 마사오는 그의 강연 후 경험을 이야기하고 일본과 미국의 문화를 비교하였다. 미국에서 강연을 한 후에는 청중이 웅성거리기 시작한다. "귀중한 시간을 쓰면서 여기까지 왔으니 조금이라도 본전을 건져야지"하는 기분으로 질문이 다양하고 많다. 미국인들은 지식을 확실히 자기 것으로 만들어가지고 돌아간다. 반면 일본에서 강연한 후에는 거의 질문이 없다. 있다고 하더라도 주최 측이 각본을 짜 의도적으로 하는 질문들이 대부분이다. 그가 운영하는 중소기업에서도 회의를 할 때도 마찬가지임을 지적한다. 사장 자신이 이야기를 끝낸 후에 질문을 해오는 사원은 거의 없다. 질문을 받겠다고 닦달을 해도 오는 질문이 없다. 즉 강연회에서의 침묵과 회의에서의 침묵의 공통점은 속된 말로 "조용히 있으면 중간이라도 된다"는 자기 검열적 행동이다. "이런 의견을 말하면 모두가 날 업신여길지도 몰라." "이런 질문을 해서 웃음거리가 되면 어떻게 하지."가 침묵하는 다수들의 공통적인 속마음인 것이다. 일본의 이런 문화가 우리나라 사람에게도 그대로 적용되는 것 같다. 이런 현상 역시 집단사고의 일부이다. 즉 주위를 의식하며 자신이 평가되는 것이 두려워 자신의 의견을 분명하게 드러내지 못하는 성향을 말한다. 특히 그룹 내에 연장자나 상사가 있을 때 이러한 현상은 더욱 심해진다.

집단사고(groupthink)가 있는 없는지에 대한 실험실 연구 결과는 다소 파상적이다. 제니스는 집단사고가 있게 되면 구성원들끼리 벌이는 토론의 질이 떨어진다고 예측하였는데, 친구를 실험에 참여시켜 결집력을 높인 그룹을 대상으로 실험을 하였으나 이러한 경향은 보이지 않았다(Leana, 1985). 일련의 실험실 연구에서는 제니스가 주장했듯이 정책을 결정하는 과정에서 소수의 그룹 내에서 발생하는 극도의 결집현상은 나타나지 않았다. 반대로 주도적 리더십의 경우, 오히려 그룹의 문제해결의 질적 수준이 떨어졌다. 국제적 문제에 관한 결정들에 대한 문헌들의 내용을 분석해 보면 집단사고 증상의 횟수가 많을수록 결정의 결과가 더 부정적이어서 집단사고 증상의 횟수와 결정의 질과는 일정한 상관관계가 있었다(Herek et al., 1987). 제니스가 언급한 집단사고를 구성하는 두 가지 요소는 '집단적 순응'과 '주도적 리더십'으로 요약된다(McCauley, 1989). 리더가 강하게 그룹을 주도해 나갈 때 구성원들은 그룹이 내린 결정에 대해 이견을 제기하기를 어려워하고 결국 그룹이 내린 결정에 순응하게 되는 것이다. 그리고 구성원들이 동질성을 띄면 띌수록 그리고 외부의 영향으로부터 차단되어 있으면 있을수록 집단사고는 쉽게 발생하는 그룹 병이라 할 수 있다.

집단사고를 줄이기 위한 방법은 다음과 같다.

(1) 모든 대안을 드러내놓고 공개적으로 토론한다.
(2) 최악의 시나리오를 항상 염두에 두고 이에 대비한 비상 계획을 수립해 둔다.
(3) 토론할 때 어떠한 계획이라도 리더가 초기에 앞서가지 않도록 주의한다.
(4) 그룹이 낸 아이디어를 외부 사람이나 비평가들로부터 반드시 검토를 받도록 한다(Janis 1972; McCauley 1989).

집단사고를 줄이기 위해 컴퓨터의 지원을 받아 회의를 하는 전자적 방법도 있다. 회의장에서 지급되는 컴퓨터를 이용하여 자신의 의견을 입력하기 때문에 익명성이 보장되고 그에 따라 상사와 연장자의 눈치를 덜 보게 되어 자신을 검열하지 않게 되어 소수의 참여가 늘어난다. 동시에 다수가 의견을 개진할 수 있기 때문에 아이디어를 많이 생성해야 하는 브레인스토밍 세션에 전자회의를 도입하면 회의의 생산성이 급증할 수 있다. 우리나라의 기업에는 그룹웨어와 같은 이메일, 게시판, 전자결제는 많이 도입되었지만 회의문화가 서구와 달라 서구에서 많이 발전된 전자회의 지원시스템(예: GroupSystems)의 도입은 매우 적다.

그룹 양극화와 정보 샘플링

집단사고와는 달리 그룹 양극화는 그룹의 토론이 지나치게 달아올라 토론이 있기 전 보다 더 극단적인 결정을 내려버리는 현상을 말한다. 일반적으로 그룹이 토론과정을 거치다 보면, 극단주의자와 온건주의자들의 의견들이 통합되면서 혼자서 결정을 내릴 때보다 더 온건한 결정을 내릴 것으로 기대되는데, 이와 정 반대 되는 현상이 그룹 내에서 빈번하게 일어난다는 사실이 흥미롭다. 스토너(Stoner, 1961)는 그룹이 모이면 개인보다 더 위험한 결정을 내린다는 것을 발견하였고, 마이어즈와 비숍(Myers and Bishop, 1970)도 그룹이 토론을 하다보면 인종차별에 대한 자유주의자와 보수주의자 사이의 태도가 더 벌어진다는 것을 알게 되었다.

그룹의 양극화가 일어나기 위해서는 몇 가지 요건이 충족되어야 하는데, 그 중에 하나는 문제의 여러 측면들 중에서 중요하다고 생각하는 것들에 대해 구성원들 모두가 기본적으로 합의를 한다는 점이다. 예를 들면, 다수의 구성원들이 어떤 상황에서 위험부담이 피할 수 없는 민감한 문제라고 판단을 하면 그룹은 더 위험한 선택을 하는 경향이 있다. 어떻게 보면 그룹 양극화란 결정이 있기 이전에 이미 구성원들이 선호했던 것이 더 강화된 형태로 나타나는 것이다. 이러한 현상을 우리는 규범적 영향과 정보적 영향으로 그 원인을 찾아 볼 수 있다. 만일 그룹 구성원들이 위험부담을 하겠다는데 합의가 되어 있는 상태라면, 이는 구성원들을 압박하는 규범적 요인이 되고 따라서 이 규범적 영향력은 구성원들로 하여금 그 규범에서 벗어나지 못하도록 하는 결과를 가져오는 것이다. 한편 구성원들이 토론을 하는 과정에서 다른 구성원들이 내세우는 주장과 이유들을 듣다보면 자신들의 생각이 영향을 받게 된다. 온건한 생각을 가졌던 사람도 위험부담을 안을 필요가 있다고 역설하는 다른 사람들의 의견을 자꾸 듣다보면 자신의 처음 판단이 잘못되었다고 생각하면서 위험부담이 높은 선택을 하는 것이다.

규범적 영향력과 정보적 영향력 중에서 설득을 목적으로 하는 주장, 즉 정보적 영향력이 양극화에 미치는 영향이 더 컸다 (Isenberg 1986). 사실 두 형태의 영향력이 그룹의 양극화에 미치는 영향의 정도는 상황에 따라서 매우 다양하고 많은 요인들이 또 영향을 미친다. 사실을 다루는 문제가 아닌 가치관, 기호, 선호도에 관한 문제일수록 규범적 영향력이 더 컸으며, 정서적 유대감이 높은 그룹(친구관계로 묶여진 그룹)보다는 과업중심의 그룹에게 정보적 영향력이 더 작용하였으며(Laughlin and Ellis 1982; Kaplan and Miller 1987), 이기심이 관여되는 과업일수록 토론의 주제가 모호하면 할수록 규범적 영향이 더 많이 작용하였다.

설득을 목적으로 하는 주장의 영향력에 힘을 더 하는 요인으로는 그 주장의 질(quality)과 참신성(novelty)을 들 수 있다(Burnstein and Vinokur 1977). 즉 토론과정에서 구성원들이 제기하는 주장들이 심금을 울리고 논리적이고 참신한 의견일수록 그룹의 의견을 극단적으로 몰아가는 경향이 있다. 그래서 구성원들이 판단하는 근거가 천편일률적으로 똑 같을 때, 이 양극화는 거의 일어나지 않는데 그 이유는 제기된 주장들이 구성원들에게 새로울 것이 전혀 없기 때문이다. 이와 관련해서 정보샘플링 이론(Stasser and Titus 1987)에 의하면 흔히 토론과정에서 이런 참신한 정보가 영향력이 있음에도 구성원들 사이에서는 잘 나오지 않는다. 그룹 구성원들은 서로가 잘 알고 공유하고 있는 정보를 토론하려하지 소수만이 알고 있는 특별한 정보들은 내어놓으려 하지 않는 경향이 있기 때문이다. 특히 그 정보가 그룹의 멤버들이 공통으로 선호하는 주장을 뒷받침하는 경우에 이런 현상은 더 심해진다.

예를 들어 5명으로 구성된 어느 모임에서 회장을 뽑는다고 하자. 5명의 회원은 2명의 후보(P씨와 L씨) 중에 한 명을 선택해야 한다. 그리고 이 5명의 회원은 P씨에 대해 2개의 긍정적인 정보(젊고 호감을 주는 외모)를 공통으로 알고 있는 한편, L씨에 대해서는 당원 개개인이 서로 다른 긍정적인 면을 한 가지씩(똑똑하다, 열심히 일 한다 등)을 알고 있다. 그럴 경우 L씨에 비해 P씨에 대해 당원들이 알고 있는 긍정적인 정보가 2배로 많기 때문에 당연히 P씨를 선호할 것이라고 생각하지만 결과가 항상 그런 것은 아니다. 만일 5명의 회원이 모여 두 후보에 대한 장점을 토론을 하다 보면 P씨에 대한 장점은 2개에 머물지만 L씨에 대한 장점은 5개가 되어서 L씨를 더 선호하게 되는 결과를 낳는 것이다. 스테서(Stasser 1988)

가 말한 '감춰진 프로파일'(hidden profile)은 구성원들이 공유하고 있는 정보 때문에 공유하지 않는 정보로 인해 구성원의 선택이 뒤집히는 상황을 말한다.

만일 그룹이 자신들이 가지고 있는 후보에 대한 프로파일을 모두 공개적으로 토론한다면 어떤 일이 일어날까? 만일 합리적으로 모든 정보를 꺼내놓고 공평하게 토론을 벌인다면 긍정적인 정보가 더 많은 L씨를 당연히 선호하게 될 것이다. 그러나 불행하게도 그룹은 공유되지 않은 정보를 효율적으로 모으지도 못할 뿐만 아니라 오히려 알고 있는 정보에만 의존하려 한다. 결국 감춰진 프로파일로 말미암아 사람들은 왜곡된 정보를 얻게 되고 결국은 적절하지 못한 판단을 하게 된다.

감춰진 프로파일로 인해 사람들이 정보를 채택할 때 왜 선택적 오류를 범하는 것일까? 한 가지 분명한 이유는 사람들이 그룹이 공유하고 있는 신념에 반하거나 독특하고 다른 의견을 내놓는 일을 주저하는 규범적 영향력 때문이다. 만일 그렇다면 그룹 내 규범적 영향력이 서로 교환해야 하는 정보를 미리 규정지음으로써 구성원들의 정보적 영향과정을 왜곡하는 것으로 볼 수 있다. 이런 정보의 선택적 오류를 줄이기 위해서는 회의에 앞서 참가자들에게 자신의 의견(선호하는 안)을 말하기 전에 모든 정보를 충분히 검토해 볼 것을 권유해야 할 것이다.

오늘날 기업들은 조직구성원들이 가진 암묵적 지식(경험, 아이디어)을 내어놓고 공유함으로써 조직의 시너지를 높이려는 '지식경영' 노력을 하고 있다. 이러한 노력들은 기업이 합리적인 의사결정을 내리는데 보다 긍정적인 역할을 할 것이다.

소수와 다수의 영향력

많은 연구들이 개인들이 다수의 사람들에 의해 영향을 받는 현상을 연구해 왔지만 소수가 다수에게 미치는 영향에 대한 연구는 비교적 적었다. 모스코비치(Moscovici et al, 1969)는 처음으로 2명으로 구성된 소수가 색상에 대한 특이한 판정을 내릴 때 다수가 판정을 내릴 때 보다 나머지 구성원들의 신념에 더 많은 영향을 미친다는 것을 알아냈다. 확실히 공개적인 자리에서 개인은 소수보다 다수에 동조하는 경향이 높지만, 사적인 공간에서는 자신의 신념이 소수에 의해 더 많은 영향을 받는 것 같다(Moscovici, 1980). 메스와 클라크(Maass and Clark et al, 1983)가 수행한 동성연애자 인권에 대한 연구의 결과도 비슷했다. 실험참가자들에게 동성연애자의 인권에 대한 소수와 다수의 입장이 적힌 글을 읽도록 한 다음, 한 번은 익명으로 이 문제에 대한 자신의 느낌을 말하도록 하였고 다른 한 번은 공개적인 상황에서 느낌을 말하도록 하였다. 그 결과 개인은 자신의 의견이 공개되지 않는 은밀한 상황에서는 소수의 의견에 동의하는 반면 공개적인 상황에서는 정반대의 모습을 보였다.

다수가 소수의 의견에 동조하는 과정을 사람의 내면화 과정으로 설명할 수 있다. 유행을 타는 패션의류나 명품과 같이 차별화 마케팅의 대상이 되는 상품들을 보면 그것을 초기에 사용하는 소수의 사람들이 나머지 다수에게 미치는 영향이 지대하다는 것을 목격할 수 있다. 사람들은 공개적으로는 유행을 지나치게 좇아 튀는 의상이나 물건을 몸에 두르는 사람들을 독특하다고 몰거나 심하게는 경멸하는 경우가 있지만 각자의 내면을 들여다보면 그것들을 좇아가고 싶은 마음들을 가지고 있다.

Chapter 13

탐색적 프로세스의 마술

갈빈과 로베르또(Garvin and Roberto, 2001)는 비즈니스 업계의 많은 리더들이 잘못된 의사결정을 하는 경우가 많은데 그 이유를 의사결정을 불연속적인 선택, 즉 사건(event)들로 보기 때문이라고 하였다. 이런 고전적 생각은 리더가 가진 지적 능력, 경험, 배짱, 탐구력이 모든 의사결정을 결정짓는다는 가정에 근거한다. 제품의 판매가 부진할 때 이벤트형 CEO는 혼자 생각하고, 자문을 구하고, 보고서를 읽은 후 좀더 생각해본 다음 "그래 이 전략이야"라며 결정을 한 다음 조직이 집행하도록 지시를 내린다. 그러나 이런 방식의 의사결정은 궁극적으로 성공적인 의사결정을 결정짓는 사회적인, 조직적인 배경을 간과하고 있다.

의사결정이란 한 순간에 이루어지는 사건(event)라기 보다 작게는 몇 주 길게는 몇 년에 걸쳐 펼쳐지는 프로세스(과정)이다. 때로 파워게임이나 정치도 개입되고, 개인적인 분위기와 조직의 역사가 배이기도 하고, 토론과 격론을 통하여 성숙되어가며, 실행을 해야 할 때는 조직의 전 계층의 전폭적인 지원이 필요한 것이 의사결정이다. 결정을 잘 하는 리더와 그렇지 못한 리더 간의 차이는 매우 크다. 결정을 잘하는 리더는 모든 결정을 과정으로 파악하고 그 과정을 명료하게 설계하고 관리하는 반면, 그렇지 못한 리더는 의사결정을 자신이 홀로 통제할 수 있는 이벤트라는 환상에 빠져있다.

프로세스로 바라본 의사결정

다양한 아이디어를 찾는다는 점에서 모든 의사결정과정이 똑같이 효과적인 것은 아니다. 집단의사결정과정은 크게 두 가지 접근방법으로 이해할 수 있다. 첫째는 탐색적(inquiry) 접근방법이다. 이는 다양한 대안을 생성하고, 아이디어를 활발하게 교환하고, 잘 검증된 해결책을 제시하도록 설계된 개방형 프로세스로써 우리가 더 선호하는 방법이다. 그러나 불행하게도 이 접근방법은 현실에서 쉽게 일어나지 않는다. 대신 결정을 앞둔 집단은 경쟁적 접근방법(advocacy approach)을 따르는 경우가 많다. 이 두 방법은 토론과 논쟁 가운데 가장 적절한 증거에 근거해서 행동을 하려는 것으로 표면적으로는 상당히 유사하게 보인다. 그럼에도 두 가지 접근방법은 매우 다른 결과를 가져다준다.

경쟁적 접근방법을 따를 경우, 구성원들은 드러내 놓고 공개적으로 경쟁하는 모습은 보이지 않을지라도 마치 경연대회에 참가한

듯이 의사결정에 임한다. 예를 들어 예산을 더 따야하는 경쟁적 관계에 있는 이해집단들은 자신의 특별한 입장만을 주장하려한다. 참가자들은 자신이 선호하는 해결책에 특별한 열정을 보이며, 합의가 도출되지 않을 때 결코 뒤로 물러서려 하지 않는다. 지나친 열정과 몰입은 사람들로 하여금 객관성을 잃게 하고, 반대편의 주장에 귀를 막게 만든다. 자기주장을 관철시키려는 사람들(advocate)들은 흔히 정보를 선별해서 제시하며, 자신의 생각에 반하는 적절한 정보를 감추면서 자신의 의견을 초지일관 고집한다. 결국 이런 사람들의 목적은 공평하고 균형 잡힌 의견을 전달하는데 두기보다 자신들의 목적을 관철했다는 또 다른 성취의 기록을 만드는데 있다. 예를 들어 공장개선계획을 각기 추진 중인 두 공장장은 솔직하게 접근했다가는 논쟁에서 이길 수도 없고 필요한 자원을 얻지 못할 거라는 두려움 때문에 검토해야 하는 잠재적 문제점들을 보고하지 않고 넘겨버릴 수도 있다. 기업을 위해 짚고 넘어가야 할 문제점들을 합리적으로 검토하기보다 경쟁에서 이겨야 한다는 강박관념으로 판단과 결정의 과정이 왜곡되어 버리는 것이다.

의견불일치는 흔히 파당적이거나 적대적으로 보여 볼썽사나운 모습을 연출하기도 한다. 개인의 각진 성격과 이기주의가 개입되고, 양측의 의지가 충돌하고 보이지 않는 곳에서 조작을 통해 양측이 지닌 차이점을 해소하려 한다. 즉 훌륭한 해결방안은 경쟁적 관계에 있는 사람들끼리 대결해서 이길 경우에 나온다는 전제가 여기에 깔려있는 것이다. 그러나 사실 이러한 접근방법은 혁신을 억압하고 더 많은 갈등을 피하기 위해 주류 의견을 그냥 좇아가도록 만들기도 한다.

반대로 탐색적(inquiry) 방법으로 접근하는 그룹은 다양한 옵션들을 조심스럽게 고려하고 최적의 해결책을 발견하기 위해 협력한다. 사람들이 자신의 이익을 좇는 것이 자연스러운 일이지만, 토론의 목적은 그룹이 정한 견해를 구성원들이 받아드리도록 설득하는 것이 아닌 가장 적절한 행동에 대해 합의하는데 있다. 가급적이면 변색되지 않은 정보를 두루 나눔으로써 구성원들이 자연스럽게 결론을 이끌어내도록 하는 것이다. 탐색적 방법은 의견이 다를 경우 압박하기보다는 더 심도 있게 생각하도록 유도하며, 제안사항이나 그 제안의 근거가 되는 가설에 대해 심각한 질문을 던진다. 그래서 갈등은 더 심해질 수도 있지만 결코 개인적 감정이 있어서 그러는 것은 아니라는 것을 서로 잘 안다. 사실 의견불일치란 무시할 수 없는 직위(직급)의 차이 때문이라기보다 아이디어와 그것의 해석을 둘러싸고 나타난다. 그래서 갈등은 일반적으로 건강한 징후라 할 수 있고, 팀 구성원들은 이성적으로 견해의 차이를 좁혀가려고 노력한다. 여기에 최고의 해결책이란 대결구도의 직급 싸움이 아닌 다양한 아이디어들이 경쟁하고 검증되어 나온다는 전제가 깔려 있다. GE(General Electrics)사가 잭 웰치의 후계자를 선정할 때 이사들이 열린 마음으로 접근했던 일이 이에 해당된다. 모든 이사들은 후계자를 사전에 점을 찍지도 않았고, 때로 잭 웰치 회장이 없는 가운데서 후보자들과 여러 번 만났으며 주기적으로 후보자들의 강점과 약점을 검토하였던 것이다.

이 탐색적 프로세스는 기업의 목적 달성을 앞당길 뿐만 아니라, 결정이 적절한 시기에 내려지고 효과적으로 집행되어 수준 높은 결정을 내리도록 돕는다. 따라서 조직의 의사결정능력을 높이고 싶다면 하루빨리 경쟁적 (advocacy) 접근방법에서 탐색적(inquiry) 접근방법으로 옮겨가야 한다. 탐색적 접근방법을 건설적 갈등(conflict), 배려(consideration), 마무리(closure)라는 3C 측면에서 살펴보자.

건설적 갈등

숙고와 치열한 논쟁은 어쩔 수 없이 갈등을 불러온다. 갈등은 문제점을 전면에 부각시켜 리더가 더 많은 정보를 가지고 적절한 선택을 하도록 돕는 긍정적인 측면도 있지만, 지나친 갈등으로 그룹의 의사결정과정 전체가 탈선해버리는 면도 있다.

실제로 갈등은 2가지 형태로 다가 온다. 하나는 인지적(cognitive)인 것이요 다른 하나는 감정적(affective)인 것이다. 인지적 갈등이란 일(직무)과 관련된 것으로, 아이디어나 가정(assumption) 그리고 일을 진행하는 방법에 대한 의견불일치를 포함한다. 이러한 갈등은 건전한 것이며 앞에서 말한 탐색적 접근방법이 효과가 있으려면 필요한 갈등이다. 사람들은 의견이 서로 다름을 솔직히 표현하고 어떤 주장의 전제가 되는 가정에 의문을 던짐으로써 의견의 취약점을 알아내고 새로운 아이디어를 제안하기도 한다. 한편 감정적 또는 상호관계적(interpersonal) 갈등은 정서적인 것으로써 개인적 갈등, 경쟁의식, 성격 차이로 인한 충돌을 말한다. 이런 갈등은 결정된 사항을 집행할 때 구성원들의 협동심을 떨어뜨리며 의사결정과정을 비효율적으로 만든다. 이는 물론 경쟁적 과정(advocacy process)의 특징이기도 하다.

이 두 가지 갈등은 쉽게 구분할 수 있다. 예를 들면, 3개의 인수(M&A)대상 기업들이 갖는 전략적, 재정적, 운영적 장점을 강도 높게 토의를 할 때는 일반적으로 인지적 갈등이 나타난다. 그렇지만 특정인을 인식 공격하는 격렬한 주장은 감정적 갈등으로 볼 수밖에 없다. 그렇지만 실제로 이 두 가지 갈등을 구별하기는 매우 어렵다. 사람들은 개인적으로 어떠한 비판이든 받아드린다고 말하지만 실제로 비판을 받으면 비판을 한 사람을 향해 마음의 문을 닫아 버린다. 그래서 결국 분위기는 급랭하며, 비록 좋은 결정이 내려졌더라도 구성원들이 받은 정서적 상처로 인해 결정된 사항을 나중에 집행할 때 협조를 얻어내기가 어려워진다.

리더의 역할은 이 감정적 갈등을 최소화 하면서 인지적 갈등을 높여가는 일이다. 한 가지 방법은 격렬한 논쟁을 벌이는 일을 예외적인 것으로 하지 말고 늘 하는 관행으로 만들어두는 것이다. 27년간 이멀썬 전기의 CEO를 역임한 나이트는 기획안을 검토할 때 제안자에게 매우 어렵고 도전적인 질문을 던지고, 잘 준비된 논리적인 대답을 기대하면서 이러한 리더의 역할을 훌륭하게 수행하였다. 이러한 과정을 그는 "비논리의 논리(logic of illogic)"라고 이름을 붙였는데, 비록 잘 준비된 기획안이지만 예기치 않은, 때로는 구름잡는 듯한 반론을 제기하면 그것의 타당성을 더 면밀하게 검증할 수 있기 때문이다. 이러한 이유 때문에 그의 재임기간 동안에는 늘 현명한 투자결정을 내렸으며 분기별 이익도 증가하였다.

80년대에 모토롤라의 CEO를 지낸 봅 갤빈은 조금 다른 접근방법을 택하였는데, 그는 늘 창조적 사고를 자극하는 예기치 않는 가설성(hypothetical) 질문("만일 이렇게 되면 어떻게 되는 거죠?")을 습관적으로 던졌다. 말콤 브리지 미국 품질 프로그램을 관장하는 위원회의 의장으로서 그는 관계자로부터 시상기준을 넓혀달라는 압력이 있었음에도 대신 기준을 좁힐 것을 제안함으로 동료들을 놀라게 한 적이 있다. 결국 위원회가 그 기준을 넓혔지만 예상 밖의 그의 제안은 창조적이며 매우 생산적인 논쟁을 이끌어냈던 것이다.

또 다른 기법으로는 대화와 그 과정을 구조화함으로써 논쟁을 활성화시키는 방법이다. 이는 구성원들을 경쟁적 책임이 다른 몇몇 그룹으로 나누어서 하는 방법이다. 예를 들면, 한 그룹에게는 제안서를 개발하는 일을 맡기고, 다른 그룹에게는 대안적 추천 안을 만들도록 하는 것이다. 그런 다음에 그룹들이 모여 제안사항을 교환하고 다양한 옵션을 토의하도록 하는 것이다. 이 같은 기법은 인지적 갈등을 높일 수 있는 방법이다.

인지적 갈등을 조장하면서 논의 과정을 구조화한다 하더라도 이슈가 개인화될 수 있는 위험은 언제나 있다. 이 때 '타임아웃'을 이용하여 논쟁이 가열되는 것을 다소 막을 수는 있지만 유능한 리더는 감정적 갈등을 최소화하며 인지적 토론의 열기를 높이기 위해 다양한 기법을 활용할 줄 알아야 한다.

첫째, 지혜로운 리더는 문제의 프레임이 어떻게 잡혀가는지와 토론 중에 나오는 언어에 주의를 기울인다. 리더는 모순이 되는 말을 지적하고 인신공격이 아닌 질문을 던진다(예를 들면, "당신의 주장은 상당히 타당한 것 같다. 그렇지만 잠시 악역의 입장에서 질문을 해 보겠다."). 또한 공격적 언사는 결코 사용하지 않는다는 내부 규칙을 정하는 것도 도움이 된다. 예를 들면, 미군 부대에서 임무를 수행한 후 범한 실수를 찾아 다음에 꼭 시정하기 위해 만들어진 '행동 후 검토(after-action review)'를 보면 회의진행자는 'b'로 시작하는 단어와 'f'로 시작하는 단어는 절대 쓰지 말도록 강조한다. 즉 절대로 타인을 원망(blame)하지 않고 타인의 결점(fault)을 들추지 않는다.

둘째로, 리더는 자연스럽게 형성된 유대 집단(소그룹)을 창조적으로 해체하고, 이미 형성된 충성심으로는 해결할 수 없는 과업을 줌으로써 구성원들이 뿌리를 내려버린 기존 입장에서 한 걸음 뒤로 물러서서 문제를 바라보게 할 필요가 있다. 한 항공기 제작회사의 사업부 사장은 전략적 제휴에 관한 매우 중대한 결정을 앞두고 조직 내에 형성되어 있던 2개의 강한 소그룹을 다루어야 했다. 사장은 두 그룹으로 하여금 각기 전략적 파트너를 선택하도록 하였는데, 이때 각 소그룹의 멤버들이 다른 그룹에 섞이도록 해서 이해관계가 다른 사람들끼리 일을 하도록 만들었다. 그런 다음 사장은 두 그룹으로 하여금 다양한 기준(예: 기술적 역량, 제조적 능력, 프로젝트 관리 기술)으로 다양한 옵션을 평가하도록 하였다. 그런 다음 두 그룹은 각기 평가한 내용을 공유하고 가장 적합한 전략적 파트너를 선택하기 위해 같이 일했다. 아무도 완벽한 정보가 없었기 때문에 구성원들은 서로에게 귀를 기울일 수 있었던 것이다. 이러한 구성원들의 제휴(coalition)는 개인적 인지적 한계와 정보의 부족이라는 한계를 뛰어넘을 수 있도록 해준다. 즉 백지장도 맞들면 나은 것이다.

셋째, 리더는 구성원들로 하여금 자신의 기득권이 가장 많이 걸려있는 판에 박힌 패턴에서 빠져나오도록 해야 한다. 예를 들면, 토론을 시작할 때 자기가 지금까지 찬성한 적이 없는 입장을 찾아보고 토론하도록 부탁하는 일이다. 마찬가지로 팀 구성원들로 하여금 다른 기능적 또는 관리적 역할을 한 번 해 보도록 하는 것이다. 예를 들면 생산담당 중역에게 마케팅담당 중역의 역할을 하도록 하고, 평사원에게 CEO의 전략적 관점을 가져보도록 하는 것이다. 예를 들면, 정보담당중역(CIO)이 조직의 성공적인 정보시스템을 구축하기 위해서는 다른 부서의 책임자들과 많은 대화를 나누고 그들의 관점에서 문제를 바라보고 그 문제를 해결할 수 있는 정보서비스를 설계해야 하는 것이다.

끝으로 리더는 자칫 논쟁으로 교착상태에 빠진 구성원들에게 핵심적인 사실과 전제를 계속 상기시키고, 더 많은 정보를 얻도록 해야 한다. 때로 사람들은 상반되는 의견 대립에 집중하다보면 미궁에서 빠져나오지 못하고 감정적 갈등만 끓어오르게 된다. 가끔 사람들에게 깔려있는 가정을 상기시키고 긴장을 완화시키면서 팀이 제 궤도로 돌아올 수 있도록 해야 한다. 예를 들면, 엘론사에서는 직원들이 자신의 거래기술을 새로운 상품이나 시장에 적용할지에 대해 이견이 많을 경우, 중역은 산업구조의 특징과 시장규모 그리고 고객의 선호와 관련된 가정들에 관심을 갖도록 유도한다. 그러면 직원들은 지금까지 합의된 사항을 재빨리 알아차리고, 합의가 되지 않은 이유를 이해한 다음, 구체적인 이슈에 대해 토론을 집중하기 시작하는 것이다.

배려

일단 결정이 내려져 선택받지 못한 대안들이 버려지고 나면, 어떤 사람은 자신이 원했던 해결방안을 포기해야 할 것이다. 때로 자신의 생각이 채택되지 않았을 때 결정을 거부하는 경우도 있으며, 불만스럽더라도 결정을 받아드리기도 한다. 이 때 중요한 것은 결정 과정이 공정했다고 구성원들이 얼마나 동의하는데 있다. 즉 절차적 정의(procedural justice)를 말하는 것이다. 비록 리더가 최종 결정을 내렸지만 결정과정에서 구성원들의 의견이 어느 정도 반영되고, 최종 결정에 영향을 미칠 수 있는 실질적인 기회가 있었다는 믿음을 갖게 하는 일이 중요하다. 참가자가 토의과정이 공정했다고 믿으면 토론결과에 자신의 의견이 많이 반영되지 않았다 하더라도 적극 동참하려 하기 때문이다.

회의에서 공정성이란 구성원들이 모두 자신의 목소리를 낼 수 있는 기회를 주는 것이다. 즉 시간이 걸리더라도 토론에 참여한 모든 참가자의 의견을 가급적 듣는 것이다. 그렇지만 단순히 구성원들로 하여금 의견을 말하게 하는 것 보다 리더가 토론 내내 구성원의 의견을 경청하고 최종 결정을 하기 전에 그들의 견해를 깊이 생각했다고 믿게 만드는 것이 더 중요하다. 인텔 회장 엔디 그로브가 99년에 쓴 책 "Only the Paranoid Survive"에서 이 차이점을 다음과 같이 설명했다. "저는 여러분들이 제시한 모든 기준들은 듣고 이해하였습니다... 모든 측면이 토론에서 다루어질 수는 없지만, 여러분들이 제시한 모든 의견은 우리가 필요로 하는 답을 얻는데 나름대로 가치가 있다고 생각합니다."

사실 배려가 없는 공정한 참여란 때로 수용보다는 분노와 좌절을 낳는다. 결정사항을 집행할 때 모든 토론 과정이 리더가 원하는 해결책을 정당화하기 위해 짜여진 것이라고 믿는 사람은 끌려가는 느낌을 받게 된다. 다임러-크라이슬러 두 자동차회사가 합병할 때 특히 이러한 상황이 발생하였다. 다임러(벤츠 자동차)의 CEO, 주르겐 슈렘프는 합작 후보업체를 찾기 위한 광범위한 분석 작업을 지시하였지만 그는 이미 오래 전부터 크라이슬러사를 염두에 두고 있었다. 실제로 컨설턴트가 슈렘프의 선택이 주주들의 가치를 창출하지 않을 것 같다고 권고했지만 그는 분석자료를 무시하고 그의 당초 안으로 갔던 것이다. 슈렘프는 많은 관계자로부터 의견을 구했지만 그 의견을 결코 배려하지는 않았다.

리더는 의사결정과정에서 자신이 배려하고 있다는 점을 보여주어야 한다. 리더는 늘 새로운 아이디어에 대해 마음이 열려있어야 하고 자신과 다른 의견도 수용하겠다는 의지를 보여야 한다. 특히 자신은 이미 결심을 굳혔다는 말은 절대 삼가야 한다. 리더는 결정과정에서 자신의 선호를 공공연히 드러내서는 안 되며, 처음 가졌던 생각도 바뀔 수 있다는 점을 분명히 말해야 한다. 그렇게 하지 않으면 구성원을 위한 배려를 초반부터 잃게 될 것이다. 특히 강한 카리스마를 지닌 리더가 토론의 초기에 자신의 견해를 강하게 어필할 경우, 구성원들은 스스로 자기검열에 빠지게 되어 리더의 생각에 반하는 의견이나 정보를 제시하는 일을 주저하게 만들어 결국 그룹 전체가 집단사고(groupthink)라는 병에 빠지게 만든다.

토론이 진행되는 동안에 리더는 자신이 경청하고 있다는 점을 분명하게 보여주어야 한다. 참가자가 발표를 하면 질문을 던지기도 하고, 더 구체적인 설명을 요청하거나, 코멘트를 하거나, 눈을 마주치거나, 인내를 보여줌으로써 자신이 경청하고 있음을 보여줄 수 있다. 특히 받아 적는 행위는 리더가 발표자의 생각을 포착하고 이해하고 평가하기 위해 진짜 노력하고 있다는 것을 보여주는 강력한 신호이다.

최종결정을 내린 후 리더는 자신의 논리를 설명할 수 있어야 한다. 결정을 하는데 이용된 기준까지 포함하여 결정에 대한 정당성을 상세히 설명하여야 한다. 더 중요한 것은 각 참가자의 의견이 최종결정에 어떻게 영향을 미쳤으며, 선택된 안이 참가자의 견해와 왜 다른지를 소상하게 설명해야 한다.

마무리

언제 논란(숙고)을 마무리 할지 결정하는 일은 매우 어렵다. 흔히 그룹은 결정을 너무 쫓기듯이 내리거나 너무 늦게 내리기도 한다. 너무 빠른 결정이나 느린 결정이나 모두 좋지 않은데, 이 문제는 통제되지 못한 주장(advocacy) 때문에 야기된다.

서둘러 내리는 결정의 문제

그룹의 일원으로 용납되고 싶어 하는 사람의 욕망이 치밀한 사고와 사려 깊은 분석을 하려는 의욕을 능가해 버릴 때 그룹은 첫 번째 가능한 선택을 쉽게 받아들이려 하는 경향을 보인다. 일반적으로 groupthink(집단사고)로 알려져 있는 이 집단사고의 오류는 그룹 구성원들이 그룹의 규칙을 익히고 있고 반대를 꺼려하는 상황에서 주장을 강하게 하는 사람이 있을 때 일어나는 현상이다.

집단사고의 위험은 다양한 대안(의견)의 출현을 억압할 뿐만 아니라, 조율된 협력적 팀워크를 필요로 하는 실행 단계에서 무언의 반감으로 표면화되어 아이디어의 집행을 어렵게 만들기도 한다. 고속성장을 하고 있는 한 유통업체의 사업부 책임자는 매우 어렵게 이 교훈을 배운 적이 있었다. 사업부 책임자는 작은 규모의 상급 팀을 구성하여 다양한 아이디어들을 생성하고, 그 대안들을 평가한 후 구체적인 행동계획을 수립한 다음, 그것을 전체 팀 회의 때 합의를 구하기 위해 내어놓았다. 그런데 문제는 상급 팀에 참가했던 부장들은 결의된 사항을 잘 알기 때문에 전체 팀 회의에서는 관심을 보이지 않았다. 한 부장은 이런 상황을 "전부가 모이는 회의는 노골적으로 반대하기 어려운 자리였다. 모두 같은 배를 탄 사람인데 제시된 안이 마음에 들지 않는다고 자리를 박차고 나갈 수는 없지 않은가?"라고 말하였다. 결국에는 실행단계에 이르러 다시 논란이 시작되었고 프로젝트를 시작하는 데는 몇 개월이 더 걸려야 했다.

집단사고를 막기 위해 리더는 구성원들의 몸짓(body language)(날이 선 눈썹, 팔짱을 낀 모습, 불쾌한 항의)까지를 주의해서 보면서 잠재적으로 불만을 가진 구성원을 찾을 필요가 있다. 불만을 가진 구성원을 토론으로 돌아오도록 하기 위해서는 정회를 선언한 후, 한 사람 한 사람을 만나 토론에 참여하도록 독려해야 한다. GM의 전임 회장 알프레드 슬로언은 다음과 같은 말을 하면서 이 방법을 잘 구사하였다. "일단 이 시점에서 우리 모두 의견에 합의한 것으로 합시다. 그런 다음 구성원들 가운데 동의하지 않는 사람들의 의견을 더 듣기로 하고, 최종적인 결정을 어떻게 내려야 하는 지를 좀더 이해할 수 있는 다음 회의까지 최종 결정을 좀 미루도록 합시다.”

결정을 서둘러 내리는 일을 방지하기 위한 다른 방법은 규범이나 분명한 규칙을 세워 소수자가 의견을 내도록 독려하는 일이다. 소수자의 의견은 토론의 범위를 넓혀주고 그 내용을 더 심도 있게 만들어 준다. 그들의 의견이 잘 받아들여지진 않지만 적어도 그룹의 시야를 넓혀주는 것은 분명하다. 인텔 창업자, 엔디 그로브는 제안된 새로운 정책의 위험성에 대하여 고언을 해 줄 수 있고 다른 관점에서 말해줄 수 있는 외부조언자에게 귀를 기울이곤 했다.

늦게 내리는 결정의 문제

절제 없이 주장만 난무하는 일은 문제가 아닐 수 없다. 때로 그룹은 성과도 없이 분열하고, 자신의 입장을 이랬단 저랬다 바꾸는 등 교착상태에 빠지기도 한다. 이 교착상태를 허무는 메커니즘이 없다면 토론이란 다람쥐 쳇바퀴 돌듯 겉 돌뿐이다. 또 어떤 때는 공평한 참여를 유도한다면서 반대되는 행동을 취하기도 한다. 공정해야 한다며 팀 구성원들 모두의 의견을 들어야 하며, 결론에 도달하기 전에 모든 의문점이 해소되어야 한다고 주장한다. 즉 완벽한 정보를 가지고 논박할 수 없는 주장을 내 놓아야 하는 등, 확실한 것만 추구하려는 이런 모든 요구는 경쟁적 주장(advocacy)의 특이한 형태이다. 그러나 이것 역시 동일한 대안에서 벗어나지 못하며, 반대만 있고 정보만 더 요구하는 등의 소모적 연결고리에서 벗어나지 못한다. 그룹의 모든 구성원이 의문만을 제기하며 토론을 궤도에서 벗어나게 만들기도 한다. 한편 경쟁적 압력은 즉각적인 반응을 요구하거나 똑 같은 주장이 지루하게 반복되다 보니 일부 구성원들의 마음은 회의 주제에서 떠나 버리기도 한다.

이 시점에서 의문을 제기하는 것이 리더의 역할이다. 코닝사에서 오랫동안 CEO를 역임하였던 제이미 휴톤은 이러한 역할을 설명하는 적절한 비유를 말하였다. 부서장으로 구성된 상급자 팀에서 회의를 할 때는 2개의 모자를 써야 하는 데, 먼저 동등한 직급의 부서장들과 토론을 할 때는 카우보이모자를 써야 하고, 의문을 제기하고 결정을 발표할 때는 경마용 모자를 써야 한다고 하였다. 카우보이모자는 회의 참가자들에게 도전하며 토론을 독려하는 의미를 지니며, 경마용 모자는 토론의 끝을 알리는 신호이다. 이것이 전달하려는 메시지는 팀원이나 리더 모두 모호한 상황을 잘 견뎌내야 하고 완벽하고 일관성 있는 정보가 없는 가운데서도 신속하게 결정해야 한다는 것을 말한다. 하버드 경영대학의 스탠리 틸리 학장은 학생들에게 "경영이라는 기술은 부적절한 사실을 일반화해서 의미를 갖도록 만드는 예술"이라고 말하였다.

의사결정과정의 점검

앞서 얘기하였듯이 불행하게도 의사결정이 잘 됐는지를 즉시 평가하는 일은 쉽지 않다. 적절한 시기에 내려진 결정이 얼마나 효과적으로 집행되었는지는 구체적인 성공이 드러난 후에야 평가가 가능할 뿐이다. 그렇지만 결과가 나와 버린 후에 결정을 번복하기란 쉽지 않기 때문에 결정이 옳았다는 것을 미리 알 수 있다면 좋을 것이다.

한 가지 방법은 의사결정과정을 주기적으로 점검하는 일이다. 오늘날 성공적인 결정과 연관성이 높은 의사결정과정의 특성은 많이 연구되었다. 이러한 요인들이 성공적인 결정을 항상 보장하는 것은 아니지만, 적어도 결정과정이 잘못된 길로 가지 않도록 하는 효과는 있을 것이다.

다양한 대안들

그룹이 많은 대안들을 고려하면 할수록 더 깊이 있는 분석을 하게 되고 쉽고 뻔한 해결책에 그냥 안주하지 않는다. 그룹이 많은 아이디어를 내놓도록 하는 일은 성공적인 결정과 매우 연관성이 높다. 통상 고려한 옵션의 수를 헤아려보면 충분한 대안들이 나왔는지를 판가름할 수 있다. 그렇지만 Go 또는 no-Go와 같은 양자택일의 상황을 2가지 옵션(아이디어)으로 봐서는 안 된다.

개인적 측면에서 대안(선택)이 너무 많을 때 때로 의사결정의 비효율성을 초래한다는 것을 앞서 설명한 바 있다. 특히 소비자 행동 영역이라 할 수 있는 개인이 제품을 선택해야 할 때 그렇다는 것은 많은 예를 들어 설명하였다. 그러나 그룹이 결정을 내릴 때 대안의 적절한 수를 말하기는 쉽지 않다. 객관적인 평가기준에 근거하여 계량적으로 점수를 부과한 후 종합점수에 근거하여 여러 대안 중에 하나를 결정하는 문제이며, 적절한 계산지원도구가 허용된다면 대안이 많다는 것이 결코 문제가 될 수 없을 것이다. 그러나 많은 문제가 다양한 가치관에 근거한 전략적 판단이 작용하는 문제의 경우 지나치게 많은 대안은 때로 재앙이 될 수도 있다. 따라서 리더는 해당 과업에 따라 적절한 대안의 수를 판단하여 적절한 시점에 문제해결방안 또는 대안 창출 과정을 마무리 지어야 하는 책임도 있다.

전제의 검토

'사실(fact)'은 2가지 형태로 제시된다. 첫째는 면밀하게 검증된 것들이고, 둘째는 단순히 주장되거나 가정된 것을 말한다. 효과적인 의사결정 그룹은 이 2가지를 결코 혼돈하지 않는다. 한 걸음 물러서서 주기적으로 자신들이 전제했던 가정들이 옳은 지를 확인한다. 만일 그 가정을 검증하기가 어렵다면 논의를 진행하되 적어도 자신들이 불확실한 위험한 영역으로 진입하고 있음을 확인할 수 있다. 또한 성공적인 의사결정 그룹은 확인되지 않은 가정을 면밀히 검토하고 그리고 바로 그 자리에서 문제를 제기할 수 있는 현명한 모니터링 그룹을 지정하여 임무를 주기도 한다.

그룹이 모여 다수가 정보를 공유함으로써 '카더라'는 불확실한 정보들을 '사실'로 확인할 수 있을 것이다. 데이터웨어하우스 및 데이터마이닝과 같은 고차원 분석기술을 이용하여 무질서한 데이터로부터 추출된 고급정보는 그룹이 보다 객관적인 사실에 근거하여 토론을 진행할 수 있는 정보자원을 제공할 수 있다. 적어도 객관적 자료가 뒷받침하지 않는 부적할 전제들을 명료하게 짚고 넘어갈 수 있는 것이다.

잘 정의된 기준

분명한 목적 없이는 사과를 오렌지에 비교하는 우를 범하기 쉽다. 상반되는 주장들은 이를 제기하는 사람들이 자신의 주장을 뒷받침하는 다양한 객관적 수치(순수입, 자본수익율, 지갑점유율 등)를 같이 제시하기 때문에 판단하기가 쉽지 않다. 다만 생각을 더 어렵게 만들거나 결정을 지연시킬 뿐이다.

이러한 문제를 해결하기 위해서는 구체적인 목적을 전면에 내세운 후, 이를 의사결정과정 중에 반복적으로 상기시킬 필요가 있다. 목적은 복잡하고 다차원적이며 정량적이거나 정성적일수도 있지만 항상 전면에 내세워 모두가 쉽게 볼 수 있도록 해야 한다. 기업합병 사례들을 보면, 흔히 마지막 단계에 이르러 의사결정자들은 마감일에 쫓겨 서둘러 결정을 내리려 하는 경향이 높아진다. 결국 여러 합병 대안의 적합성을 평가하기 위해 만든 원래의 기준들을 수정하고 적당한 선에서 타협하는 경우가 많았다.

반대한 후 토론한다

철학자 흄은 "진리는 동료들과 논쟁을 통하여 나온다"로 토론의 장점을 말하였다. 토론의 건강도를 측정하는 2가지 기준은 질문의 종류와 경청하는 정도이다. 토론을 확산하는 질문도 있으며 범위를 좁히거나 더 생각하도록 만드는 질문도 있다. 역설적이며 가정에 근거한 질문은 바람직한 토론을 더욱 자극할 수 있다. 아메리칸 익스프레스(종합금융기업)의 CEO인 하비 고럽은 신용카드의 년 회비를 내려야 한다고 한창 논의 중일 때 갑자기 년 회비를 올리는 안을 제안하였다. 그의 제안은 실제로 년 회비를 내려야 함을 의도하기보다 년 회비 문제를 다른 각도에서 생각하라는 의미를 담고 있었다.

타인의 말을 경청하는 수준은 건전한 의사결정과정의 중요한 지표이다. 경청하지 않으면 허점이 많은 분석을 낳게 되고 개인적인 갈등을 야기 시킬 뿐이다. 참가자가 빈번하게 다른 사람의 말을 가로막고, 앞서 말한 내용을 충분히 이해하지도 않고 토를 달면 감정적 갈등이 야기된다. 타인의 말을 경청하지 않으면 조직의 조화가 깨져버리기 때문에 품격 높은 토론은 기대할 수 없게 된다.

인지된 공정성

참가자가 토의과정이 얼마나 공정했다고 생각하는 지를 토론이 어느 정도 진행된 시점에서 실시간으로 측정할 필요가 있다. 토론을 포기하는 자가 생겨난다는 것은 토론과정에 대해 불만을 가지고 있는 구성원들이 있다는 것을 뜻하며, 이는 결정이 난 후에 집행하는 과정에서 생겨날 수 있는 문제를 미리 예고하는 것이다.

사실 결정과정 내내 구성원들이 참여토록 하는 것이야 말로 의사결정에 있어 가장 중요한 일이며, 리더십의 핵심이며 리더의 수많은 자질을 하나로 묶는 역량이라 할 수 있다. 이는 모호함을 감수하면서 적당한 갈등을 조장하는 용기, 대화를 끝내야 하는 시점을 아는 지혜, 어떤 선택을 하게 된 이유를 이해할 때까지 기다려주는 인내, 토론 초기에 접하는 다양성과 결정의 효과적인 집행에 필요한 일치성간의 탁월한 균형감각을 요구한다. 페르시아왕국의 시조이자 뛰어난 장군인 사이러스 대제는 B.C. 16세기의 리더십을 "다양한 조언(토론), 명령(집행)의 일치성"으로 이해하였다.

사 례

아마도 경쟁적 그리고 탐색적 의사결정의 대표적인 사례가 미국 케네디 행정부 시절에 있었다. 케네디 대통령이 재임했던 2년 동안 가장 중요한 대외정책 결정은 피그만 침공과 쿠바 미사일 위기였다. 두 정책 모두 장관급의 국무위원들에게 배정되었던 일이었고 당시 국익에 큰 영향을 미쳤던 결정이었다. 그런데 이 두 결정의 결과는 엄청나게 달랐는데 그 이유는 문제해결을 위해 구성된 팀들이 운영되는 방식이 달랐기 때문이었다.

쿠바 망명자들로 구성된 소규모 미군특수부대를 쿠바의 피그만에 침투시킬지 여부를 결정하는 팀은 경쟁적 방식으로 운영되었으며, 결과적으로 과정의 여러 부분에서 하자가 있었던 의사결정으로 기록되었다. 케네디 대통령은 취임 직후 전임자인 아이젠하워 대통령 시절 CIA가 수립하였던 쿠바침공 계획에 대해서 알게 되었다. CIA는 자신의 입지를 강화하기 위해 대통령에게 정보를 선별 보고하였으며, 침공의 타당성과 위험이 적다는 점을 계속 주장하였다. 이때 CIA는 이러한 계획에 반대할 것이 뻔한 국무부의 라틴아메리카 전문가들을 의도적으로 논의과정에서 배제하였다.

당시 케네디 대통령의 일부 스텝들은 이 침공계획에 대해 반대를 했었지만 워낙 강경한 CIA 앞에서 약하다는 모습을 보여주기 싫어 큰 목소리를 내지 못하였다. 결과적으로 충분한 논의가 이루어지지 않았고 그 작전의 성공에 전제가 되는 중요한 가정들을 충분히 검토하지 않았다. 예를 들면, 침공 직후 급격하게 내부동요가 일어나 반 카스트로 운동으로 이어질 것이라는 가정에 의문을 갖지 않았으며, 침투지점에서 80마일 떨어져 있는 산으로 몰래 숨어들어갈 침투요원들이 격렬한 저항을 받을 것이라는 점을 알지 못했다. 결과적으로 피그만 침공은 당시 냉전이 최저점에 이르렀을 때 실행되었고, 100여명의 요원이 생명을 잃었으며 나머지는 인질로 붙잡히는 등 대실패하고 끝나고 말았다.

이 사건 후 케네디 행정부는 대외정책결정과정을 재검토하여 5가지의 조치를 취하였다. 즉 경쟁적 의사결정과정을 탐색적 과정으로 변화시킨 것이다. 첫째, 모든 참가자들은 자기 부서를 대변하는 사람이 아닌 비판적 사고자로써 토론에 참여토록 하였다. 둘째, 로버트 케네디와 시어도 소랜슨과 같은 사람들을 지능적 감시자로 지정하여 분쟁의 소지가 있는 점을 찾도록 하거나 취약점이나 검증되지 않은 가설들을 찾도록 하였다. 셋째, 모든 태스크포스팀은 규격에 짜 맞춘 회의방식이나 상사의 눈치를 보는 기존 관행과 규칙에 얽매이지 않도록 하였다. 넷째, 모든 참가자들은 때때로 소그룹으로 나뉘어 모든 가능한 대안들을 생각하도록 하였다. 마지막으로 대통령 자신은 팀원에게 영향을 미쳐 토론 분위기를 죽이지 않기 위해 초기 모임에 참석하지 않았다.

1962년 가을, 케네디 대통령은 소련대사가 극구 부인은 하지만 소련이 쿠바에 미사일기지를 설치하려 한다는 정보를 입수하였을 때 탐색적 접근방법으로 위기에 접근하였다. 대통령은 비밀리에 지난 피그미 침공 때 참여하였던 인사들로 구성된 태스크포스팀에게 대응방안은 찾도록 명령하였다. 그룹은 2주 동안 주야로 만났으며 시야를 넓히기 위해 외부인사를 초청하기도 하였으며, 때로 의견교환이 활발하게 이루어질 수 있도록 대통령이 없는 자리에서도 만났다. 로버트 케네디는 제안된 옵션들을 강하게 비판하기도 하며 새로운 안을 내도록 독려하면서 지능적 감시자 역할을 톡톡히 하였다. 그는 특히 군사공격에서 공격을 감행할지 또는 않을지에 대한 결정을 넘어 더 이상의 것들을 주문하였다.

결국 소그룹들은 해상봉쇄냐 아니면 공중 타격이냐 2가지 안에 봉착하였다. 그룹들은 광범위한 정보를 모았고, 위성사진을 면밀히 분석하고, 밑에 숨겨진 여러 가정들, 예를 들면 공중타격을 감행할 경우 소련이 설치한 모든 미사일을 정확하게 타격할 수 있을지 등을 모두 찾아 검토하였다. 그룹들은 각자의 입장이 담긴 보고서를 교환해서 읽고 비판하였으며, 함께 대안들을 토론하였다. 최종적으로 그룹들은 대통령에게 두 안을 제시하고 선택하도록 하였다. 결과적으로 잘 짜여진 대응방안은 성공적인 해상봉쇄로 이어졌고 위기를 평화로 마무리 지울 수 있었다.

얼마 전에 영화로 상영된 '실미도' 사건은 독재정권시절에 북파공작원의 모집과 훈련 그리고 해체에 관한 의사결정이 얼마나 밀실에서 독단적으로 급조되었는지를 여실히 보여주는 사건이었다. 1968년 중앙정보부는 북한의 김일성을 살해하기 위해 특수공작단을 급조하여 실미도에서 특수훈련을 시켜왔으나, 남북관계의 변화로 특수부대의 필요성이 점점 없어지게 되었다. 공작원들은 3년 4개월간 무인도인 실미도에 강제로 격리된 구금상태에서 혹독한 훈련을 받았으며, 훈련과정에서 5명이 살해되었고 대원을 모집할 때 약속했던 급여와 처우도 차츰 열악해져 갔다. 비인간적인 대우와 형편없는 급식, 서신교환, 외출·외박 등이 철저히 차단되는 등 기본권이 박탈되면서 절망감을 느끼기 시작한 공작원들은 급기야 청와대 등 상급기관에 자신들의 억울한 사정을 호소하기 위해 부대를 탈출하였다. 공작원들이 전원 사살되거나 자폭하면서 최고의사결정자의 목적(사건 전모의 은폐)을 달성하였지만 인권에 대한 의식이 무감각했던 최고결정자와 핵심요원들이 최소한의 토론이나 논의 과정 없이 밀실에서 내려진 가장 원시적이고 잔인한 선택이었다는 점에서 두고두고 역사에 회자될 사건이라 할 수 있다.

Chapter 14

공정한 과정의 힘

결과만 좋다면 모든 과정이 독재적이든 민주적이든 합리화될 수 있을까? 결정을 내리는 집단이 어떤 문제를 두고 최종 결론을 내릴 때까지 거친 과정이 어떠했느냐에 따라 그 결정이 구성원을 향해 갖는 구속력과 집행력은 매우 큰 영향을 받는다.

런던의 한 경찰은 불법적 유턴을 한 여인에게 교통위반티켓을 발부하였다. 그 여자는 즉시 유턴을 금지하는 안내판이 없었다고 항의를 하였고, 경찰은 도로에서 보기조차 힘든 찌그러진 안내판을 가르쳤다. 분노한 여자는 법정에서 시비를 가리겠다고 벌렸고, 마침내 재판일이 되었다. 그 날, 마침내 그녀는 일어서서 자신이 부당하게 티켓을 받았다는 것을 항변하려하는데 재판관은 그녀의 말문을 막고선 그녀가 옳다고 판결을 해 버렸다. 그 다음 그 여자의 반응은 어떠했겠는가? 그녀는 재판에서 이겨 행복해 하기 보다는 오히려 분노하고 불쾌해 했다. 왜일까? 그녀는 재판 때 자신이 부당하게 취급당했음을 설명하고 싶었는데 재판관이 그 기회를 박탈했기 때문이었다. 즉 판결(결과)은 좋았지만 판결에 이르게 된 과정이 심히 불만스러웠던 것이다.[1)]

이론적으로 경제학자들은 사람이 냉철한 이성적 계산에 근거하여 효용을 극대화하는 동물이라고 전제하고 있다. 즉 사람은 과정이 아닌 결과만 중시한다고 가정한 것이다. 이러한 가정은 오늘날 많은 경영이론과 실제에 알게 모르게 스며있다. 예를 들어 상사들은 자신의 부하직원을 전통적인 인센티브 시스템과 조직관리방식에 근거하여 일을 시키고 통제할 수 있다고 믿는다. 그러나 그러한 가정이 실제 생활에 늘 적용되는 것은 아니다. 사람들이 결과를 중시하는 것은 물론이다. 그렇지만 그에 못지않게 교통위반티켓을 받은 여인처럼 비록 받아들여지지 않더라도 자신의 견해를 말하고 싶어 하는 욕구가 있다. 즉 과정도 결과에 못지않게 중요하다는 것이다.

공정한 과정(fair process)이 요즘만큼 중요해진 때가 이전에 없었다. 산업(생산)기반 경제에서 사람의 아이디어와 혁신으로 가치창조가 이루어지는 지식기반 경제로 이전하기를 원하는 모든 기업들에게 공정한 과정은 매우 중요한 경영적 도구가 되고 있다. 공정한 과정은 신뢰를 구축하고 사람들의 생각을 자유롭게 풀어주기 때문에 높은 성취를 이루려는 태도와 행동에 긍정적으로 작용한다. 공정한 과정을 추구하는 관리자는 부하직원의 자발적인 협조를 얻을 수 있어 가장 어렵고 힘든 목적조차 성취해 낼 수 있다. 공정한 과

---

1) Kim, C. and Mauborgne, R., "Fair Process : Managing in the Knowledge Economy," *Harvard Business Review*, July-Aug 1997, pp.65.

정을 거치지 않은 결과는 비록 직원들이 좋아하기는 하지만 그것을 실천하는데 큰 어려움을 겪을 수 있다.

엘리베이터 제조업체 K사의 사례를 들어보자.[2] 1980년대 미국의 몇몇 도시에는 오피스건물이 너무 많이 건축되어 공실율이 20%에 이르렀다. 국내 수요가 줄어든 K사는 경영혁신을 단행할 수밖에 없었고, 그래서 기존의 배치기반 제조시스템에서 소그룹이 생산을 책임지는 셀제조시스템(cellular manufacturing system)[3]으로 바꾸기로 결정하였다. 상황이 매우 좋지 않다고 판단한 경영진은 이 전환을 짧은 시간 내에 끝내야 함을 느꼈다. 셀제조시스템에 대한 전문지식이 없었던 K사는 한 컨설팅회사에게 전환에 필요한 마스터플랜의 개발을 맡기면서 직원들을 방해하는 일은 최소화하면서 최대한 일을 빨리 끝내줄 것을 부탁하였다. 새로운 셀시스템은 1983년에 직원들이 노조결성조차 거부할 정도로 노사관계가 좋은 체스터 공장에 먼저 설치한 후, 바로 이어 노조가 상대적으로 강한 하이파크 공장에 설치하기로 하였다.

많은 존경을 받고 있던 공장장의 리더십으로 체스터 공장은 잘 돌아가는 성공적인 모델이었다. 공장을 방문한 고객들은 직원들이 보유한 지식과 열정에 감명을 받았고, 마케팅 담당 부사장은 체스터 공장을 K사의 최고 공장으로 생각하였다.

그러던 어느 날, 체스터 공장의 직원들은 검은 양복에 하얀 와이셔츠와 넥타이를 맨 고객도 아닌 낯선 사람들이 공장에서 서성되

---

2) Ibid., 66.

3) 이종(異種)의 제조설비들을 근접 배치하여 특정 제품(부품)그룹(product group)의 생산을 전담하게 함으로써 생산성을 획기적으로 높이기 위한 생산혁신기법으로 집단관리기법(Group Technology)을 근거로 하고 있다.

는 것을 발견하였다. 그들은 매일 현장에 나타나서 직원들과는 대화를 하지 않고 자기들끼리만 낮은 목소리로 얘기를 주고받았으며, 작업하는 직원 뒤에서 무언가를 메모하거나 멋진 다이어그램을 그리곤 했다. 오후에 직원이 퇴근하면 이들은 공장에 다시 모여 컴퓨터를 앞에 두고 회의나 토론을 한다는 소문이 나돌았다.

이 기간동안 공장장은 직원들을 방해하지 않기 위해 의도적으로 공장에서 먼 본사에서 컨설턴트와 만나기 위해 자주 자리를 비웠다. 그런데 이런 공장장의 공석은 더 많은 부정적인 분위기를 자아냈다. 직원들은 공장장이 자기들을 버릴지 모른다며 걱정했고, 컨설턴트가 결국은 공장의 규모를 축소하고 자신들은 직장을 잃게 될지도 모른다는 불안감을 느꼈다. 공장장이 설명도 없이 자리를 자주 비운 것은 자신들을 피한다고 생각하게 만들었고, 결국은 경영진이 자신들에게 무언가를 하고 있다고 믿게 되면서 체스터 공장에서의 신뢰와 충성심은 급격하게 약화되기 시작하였다. 직원들은 컨설턴트의 도움을 받다가 공장 문을 닫은 다른 회사의 사례를 담은 신문기사를 가져오기 시작하였고, 자신들도 머지않아 그러한 사태의 희생자가 될 것이라고 생각하고 분개하였다.

사실 경영진은 공장 문을 닫을 의도는 전혀 없었다. 단지 경영여건이 어려워 낭비를 줄이고 경쟁적 국제 시장에 내놓을 품질 높은 신제품을 생산하기 위해 경영혁신을 단행하려했을 뿐인데 직원들은 그 사실을 전혀 모르고 있었다.

3개월 지나 드디어 컨설팅회사의 마스터플랜이 나왔다. 경영진은 체스터공장의 모든 직원들을 불러 모았고 처음으로 마스터플랜을 정식으로 소개하였다. 30분 동안 직원들은 현재의 작업방식이 사라지고 듣도 보도 못한 셀제조시스템이 이를 대체할 것이라는 설명을 들었다. 이러한 변화가 왜 필요한지 이러한 변화가 직원들에게 새롭게 요구되는 것이 무엇인지 설명하는 사람은 아무도 없었다. 경영진은 이 사실을 몰라서가 아니라 단지 자세하게 설명해야 할 시간적 여유가 없었던 것이다.

직원들은 쥐 죽은 듯이 앉아 있었는데, 경영진은 직원들이 새로운 셀제조시스템의 도입과 도입에 따른 변화에 직원들이 적응하는데 얼마나 오랜 시간이 걸릴지를 잊어버린 체 직원들이 이 아이디어를 그냥 수용하는 것으로 생각하였다. 회의가 끝난 후 경영자들은 직원들이 모두 이해한 것으로 믿고 기분이 좋았다. 그리고 새로운 시스템의 도입도 잘 진척될 것이라고 믿었다.

마스터플랜에 따라 회사는 공장 설비를 신속하게 재배치하였다. 직원들이 새로운 설비배치가 의도하는 것인 무엇인지 물었을 때 그냥 '효율성의 향상'이라는 답이 갔을 뿐이었다. 경영자들은 왜 효율성이 향상되어야 하는지를 설명할 시간도 없었고, 그 문제를 직원이 걱정하는 것도 원치 않았다. 실제로 공장에 어떤 일이 일어나고 있는지를 이해하지 못한 일부 직원들은 작업을 하다 아픔을 호소하기도 하였다.

관리자들은 생산직원들에게 작업성과를 더 이상 개인적으로 측정하지 않고 셀(그룹)을 중심으로 측정하였으며, 따라서 효율적으로 일하는 사람은 좀 느리고 경험이 부족한 직원이 하지 못하는 몫을 맡아 해야 한다고 알려 주었다. 그냥 대충 설명하였을 뿐, 새로운 시스템이 어떻게 작동할 지를 분명하게 말하지 않았다.

사실 새로운 셀 시스템은 직원들이 휴가스케줄을 더 쉽게 잡을 수 있고, 작업기술이 다양하여 다양한 과업을 수행할 수 있는 등 장점이 많은 설비(장비)배치 방식이었다. 그럼에도 변화과정에 대한 신뢰를 잃은 직원들은 부정적인 면만 보았고, 공공연히 서로 간에 두려움과 분노를 드러내기 시작했다. 주어진 시간 안에 작업을 끝내지 못하는 소위 '게으른'자를 돕지 않으려했고, 작업을 끝내지 못한 사람을 도우려 하면 자신의 일을 간섭한다며 도움을 거부하는 일들이 생산현장에서 일어나기 시작하였다. 체스터의 모범적인 공장 모델은 붕괴하고 있었다. 공장장으로서는 처음으로 생산직원이 해고를 하더라도 못하겠다며 요구 사항을 거절하는 일을 당하였다. 직원들은 더 이상 공장장을 신뢰하지 못하겠다며 그를 따돌리고 불평불만을 본사의 경영진에 고발하기도 하였다.

공장장은 이어서 새로운 셀 방식하에서는 생산 직원들이 독자적으로 활동하므로 감독관의 역할은 없어질 것이라고 발표하였다. 그는 이제 모든 직원들이 자발적 혁신자로 위임을 받아 미래 공장의 전형으로서의 체스터 공장의 비전에 적극 동의해 줄 것으로 기대했다. 그러나 직원들은 냉담했고, 한 마디로 새로운 환경에서 생존할 수 있는 방법을 알 수 없었다. 감독관 없이 자재가 떨어지거나 기계가 고장이 날 때 어떻게 대처한다는 건지, 위임을 한다는 것이 팀이 스스로 오버타임을 정하고 불량품에 대한 재작업이나 기계 공구를 구매하는 것도 위임한다는 것인지 알 수가 없었다. 새로운 환경에 성공적으로 적응하는 방법이 불분명하니 직원들은 실패할 것이라는 생각밖에 들지 않았다.

1991년 여름에 이르러 비용과 품질이 끝없이 추락했고, 노조를 다시 결성해야 한다는 직원들의 얘기가 들려오기 시작하였다. 이때 공장장은 K사의 산업심리 컨설턴트에게 전화를 걸어 도움을 요청하였다. 컨설턴트는 무엇이 잘못되었는지를 진단하기 위해 직원의 의견을 조사하였다. 직원들은 "경영진이 도시 우리의 생각이나 의견에 귀를 기울이지 않는다. 회사는 마치 회사의 여건을 우리들은 알 필요가 없다는 식으로 행동하며, 우리가 어디로 가고 있으며 여러 조치들이 우리에게 어떠한 의미를 갖는지를 설명해 주지 않는다. 그래서 우리는 회사가 새로운 셀 방식 하에서 우리에게 뭘 기대하는지를 알 수가 없어 혼돈스럽고 불만스럽다"는 의견을 말하였다.

공정한 과정이란 무엇인가?

수세기에 걸쳐 작가나 철학자들은 '정의'라는 주제를 써 왔지만 '공정한 과정'에 대한 체계적인 연구는 존 티바우트(John W. Thibaut)와 로렌스 워크(Laurens Walker)라는 두 사회과학자가 과정(process)에 대한 연구와 정의(justice)에 관한 심리학을 통합 연구하면서 70년대 중반부터 시작되었다. 이들은 법적인 상황에서 사람들이 법 시스템을 신뢰하고 그래서 강제 없이 법을 준수하게 만드는 요인에 대해 의문을 가졌다. 이들은 사람들이 결과 자체를 중히 여기는 만큼 그 결과가 나오게 된 과정의 공정성도 중요하게 생각한다는 것을 발견했다. 이어 톰 타일러(Tom R. Tyler)와 린드(E. Allen Lind)와 같은 연구자들은 다양한 문화와 사회적 상황에서 공정한 과정의 힘이 대단하다는 것을 알게 되었다. 최근 우리나라에서도 각 당이 대통령후보를 선출하기 위해 경선 제도를 도입하고 있다. 이때 경선과정의 공정성은 늘 도마에 올랐고, 경선주자들이 경선을 포기하거나 탈당을 하는 빌미를 제공하여 왔다. 공정성 시비는 결국 경선 결과가 끝난 후에도 끈적끈적한 정치적 이슈가 되어 선출된 후보의 정당성과 도덕성에 흠집을 내기도 하였다.

다국적 기업의 의사결정과정을 연구하면 이러한 공정한 과정이 경영분야에도 적용될 수 있음을 알 수 있다. 다국적 기업의 최고경영자들은 타 국가의 계열사의 현지 경영자들이 보여 온 이해되지 않는 행동 때문에 자주 당혹스러워 했고 좌절감을 느낀다. 현지 경영자들은 왜 자신들과 정보나 아이디어를 나누려하지 않는지, 스스로 동의했던 안을 집행하는 일을 지연시키는지가 이해되지 않을 때가 많았다. 19개 기업들을 대상으로 연구한 결과, 과정과 태도 그리고 행동이 직접적으로 관계가 있다는 것을 알게 되었다(Kim and Mauborgne, 1997). 회사의 과정이 공정하다고 믿는 경영자들은 높은 신뢰와 충성도를 보이며 협력적이었던 반면, 공정한 과정이 결여되었다고 믿는 경영자들은 자신의 생각을 숨기고 질질 발을 끄는 느릿한 행동을 보였다. 이어 경영 혁신이 진행되고 있는 기업, 제품혁신을 추구하고 있는 팀, 기업과 협력업체간의 파트너십과 같은 다양한 경영활동에서도 이 공정한 과정이 적용되는지를 알아 본 결과, 똑 같이 적용된다는 것을 알 수 있었다. 조직충성도가 높은 경영자와 직원들의 에너지와 창의성을 이끌어내는 데는 이 공정한 과정이 핵심이었다. 즉 새로운 시스템으로 인한 자신의 유·불리를 떠나, 공정한 과정이 진행된 곳에서는 직원들이 그 조직을 신뢰하고 새로운 시스템(변화와 혁신)에 적극 협조하는 행동을 보였다.

어떻게 보면 공정한 과정이 사람들의 기본적인 욕구에 적극 부응하는 건지 모른다. 회사에서 어떤 역할을 하고 있든, 우리 모두 단순히 작은 부품에 지나지 않는 직원이나 인적자원으로 인식되기 보다는 한 인간으로서 그 가치를 인정받기 원하며, 지적인 존재로 최소한의 존중을 기대한다. 우리는 자신의 생각과 의견이 심각하게 받아드려지고 어떤 결정의 바탕에 깔린 정당성과 이유를 알고 싶어 한다. 사람들은 기업의 의사결정과정에서 발산되는 신호에 매우 민감하다. 그 과정이 회사가 직원들을 신뢰하고 아이디어를 찾고자 한다는 신호를 보낼 수도 있고 또 그 반대의 신호를 보낼 수도 있기 때문이다.

공정한 과정의 3가지 원칙[4)]

그렇다면 공정한 과정을 특징짓는 핵심적인 사항들은 무엇일까? 우리가 관리자의 직위에 있든 생산현장에서 감독자의 역할을 하고 있든 다음 3가지 원칙이 반복적으로 발견된다. 이 3가지 원칙은 참여(engagement), 설명(explanation), 분명한 기대치(expectation clarity)이다.

참여란 의사결정을 내릴 때 영향을 받는 개인(직원)에게 자신의 생각을 말하고 다른 사람들의 의견과 가정들의 장·단점을 비판할 수 있는 기회를 제공하는 것을 말한다. 참여를 통하여 직원을 향한 경영진의 존중감을 전할 수 있고 개인의 생각을 구할 수 있다. 비판을 허용하다보면 사람들의 생각이 더 다듬어지고 보다 나은 집단적인 지혜(collective intelligence)를 구할 수 있다. 모두가 참여한 결

4) Ibid., 69.

정은 그것을 실행할 때 참여한 사람들로부터 전폭적인 지지를 받아 더 순조롭게 집행될 수 있다.

설명이란 참여한 모든 사람들이 왜 이렇게 결정을 내렸는지를 이해시키는 일이다. 설명과정은 의사결정 참여자로 하여금 그들의 의견이 반영되었고 회사의 전체 이익을 위해서 결정이 공정하게 이루어졌다는 것을 확인시켜준다. 설명을 하게 되면 개인의 의견이 받아들여지지 않더라도 경영자의 의도를 신뢰하게 되고, 이 모든 것이 학습효과를 가져다주는 강력한 피드백 과정이 될 수 있다. 이는 개인이 결정을 내릴 때도 적용된다. 자신의 선택과 판단이 얼마나 타인들에게 설명력(accountability)을 갖느냐가 개인의 선택에도 영향을 미친다.

인단 결정이 내려진 다음, 경영자가 새롭게 시작될 게임의 법칙을 설명해주는 것이 회사가 기대하는 것이 무엇인지를 직원들에게 분명하게 밝히는 방법이다. 비록 기대치가 높다고 하더라도 자신들이 어떠한 기준으로 평가를 받고, 기준을 도달하지 못했을 때 어떠한 벌칙이 있는지를 직원들이 알고 있어야 한다. 즉, 새로운 최종 목표와 중간목표는 무엇인지, 실패하면 누가 어떤 것을 책임질 것인지 등등. 공정한 과정을 위해서는 새로운 규칙과 정책이 무엇인지 보다는 그것들을 구성원들이 분명하게 이해하고 있는 지가 더 중요하다. 사람들이 기대치를 분명하게 알면 비열한 정치적 술책이나 편견 그리고 암투는 사라지고 현업에 더 충실하게 된다.

'공정한 과정'은 '합의(consensus)에 의한 의사결정'과 같은 말은 아니다. 개인의 의견, 요구사항, 이익들을 조정하는 타협을 통하여 구성원의 지지를 얻고 조화를 이루는 것이 아니라, 모든 이에게 생각을 말할 기회를 주고 각 아이디어의 장점들을 검토한 후 결정을 내리자는 것이 공정한 과정이다. 공정한 과정이 작업장에서의 민주화를 의미하는 것도 아니다. 공정한 과정을 거친다고 해서 경영자가 결정을 내리고 정책과 절차를 세우는 고유권한을 포기하라는 말은 또한 아니다. 채택되든 그렇지 못하든 최고의 아이디어를 추구하는 과정이야 말로 공정한 과정이라 할 수 있다.

K사의 체스터공장은 이 3가지 원칙을 모두 어긴 경우라 할 수 있다. 설비 재배치의 결정으로 인해 직접적으로 영향을 받는 직원들이 의사결정과정에 참여하지 못하였다. 경영진은 직원들에게 왜 이런 결정이 이런 방식으로 이루어졌는지를 설명하지 않았으며, 이 결정으로 인해 직원들의 경력관리와 작업방식에 미치게 될 영향도 설명하지 않았다. 셀제조방식을 통해 기업이 직원들에게 기대하는 바도 분명하게 전하지 못하였다. 공정한 과정이 결여된 상황에서 결국 생산직원들은 새로운 경영혁신방안을 거부한 것이다.

컨설턴트의 조사가 있은 일주일 후, 경영진은 20명 단위로 직원들을 면담하였다. 직원들은 이런 조사도 없었고, 불평하면서 성의를 보이지 않는 자신들을 비난할 것으로 추측하였다. 그러나 놀랍게도 경영진은 조사 자료를 있는 그래도 보여주면서 자신들이 적절한 과정을 거치지 못해서 모든 것이 엉망이 되었다고 인정하였다. 직원들은 뒤에서 자신들의 귀를 믿지 못하겠다며 수군거렸다. 그렇지만 이어진 몇 주간의 회의에서도 경영진은 반복적으로 자신들의 실수를 시인하였다.

한 회의에서 경영진은 회사의 전망이 밝지 못하다는 사실과 선택할 수 있는 옵션이 별로 없다는 것을 직원들과 공감하였다. 비용절감을 못한다면 가격을 올려야하고 결국은 판매량이 줄 것이라는 것이 문제의 핵심이었다. 그렇게 되면 생산량을 줄여야 하거나 생산기지를 해외로 이전할 수밖에 없을 것이다. 회사가 처한 상황을 알게 된 직원들은 그제야 고개를 끄떡였고, 회사가 처한 위기가 경영진의 것이 아닌 자신의 것으로 인식하기 시작하였다.

그래도 직원들에게는 만일 자신들이 비용을 절감하고, 더 효율적으로 제품을 생산한다고 하더라도 자신들의 직장을 보존할 수 있을지는 여전히 의문으로 남았다. 이에 경영진은 해외시장에서 매출을 올린다면 생산시설을 줄이지 않을 수 있으며, 직원들의 노력으로 개선이 된다할지라도 결코 해고는 없다는 것을 선언하였다. 대신 직원들은 셀방식의 제조환경에서 필요로 하는 다양한 기술을 재교육 받기 위해 자신의 자유시간을 쓰거나, 품질문제에 자문을 해주는 컨설턴트 역할을 수행하기로 하였다. 아울러 사업 환경이 개선될 때까지 기존 직원을 대체하기 위한 신규고용을 하지 않겠다고 약속을 하는 한편, 만일 사업조건이 악화될 경우 해고할 권한이 경영진에 있음을 분명히 하였다.

직원들은 경영진이 한 이야기를 좋든 싫든 일단 이해를 하였고, 회사의 성공적 회생을 위해 경영진과 책임을 분담할 자세를 갖게 되었다. 만일 직원들이 품질과 생산성을 향상시킨다면 시장으로부터 더 많은 가치를 회수할 수 있게 되고 매출하락을 막을 수 있을 것이다. 경영진은 직원들이 올바른 방향감각을 갖고 회사에 대한 신뢰와 충성심을 회복하기 위해 판매, 비용, 시장추세에 대한 정보를 공유하였다.

K사는 과거의 실수를 원상회복할 수는 없었지만 미래의 결정에

직원들을 참여시켰다. 경영진은 생산직원들에게 왜 셀제조방식이 잘 돌아가지 않았으며, 어떻게 고쳐야할지를 물었다. 직원들은 원자재나 기계의 위치와 작업을 수행하는 방식에 변화를 주어야 한다고 제안하기도 하였다. 직원들은 옛날에 그랬듯이 자신의 지식을 공유하기 시작하였고 제조셀도 다시 설계되면서 성과는 경영 컨설턴트가 예견했던 것 이상으로 뛰어 올랐다. 회사를 향한 신뢰와 충성심이 회복되면서 노조를 결성하자는 이야기도 들어가 버렸다.

이제 또 다른 공장에 새로운 제조방식을 도입해야 했다. 체스터 공장과는 달리 하이파크 공장은 과거에 변화에 대해 저항을 한 적이 있어서 경영진은 매우 조심스러웠다. 노동조합도 강성이어서 25년의 경력을 가진 직원들도 있었다. 게다가 갓 들어온 공장장은 공장을 관리해 본 경험도 없어 앞날이 순탄치만 않을 것 같았다. 변화를 위한 시도가 체스터 공장에 가져왔던 적대감을 감안한다면 하이파크 공장은 더 심할 수도 있다.

그러나 그러한 두려움은 현실화되지도 않았다. 컨설턴트가 공장을 방문했을 때 공장장은 그들을 모두 직원들에게 소개하고, 여러 번의 회의에서 경영진은 회사가 처한 상황과 하락하는 매출과 이윤을 공개적으로 논의하였다. 그들은 또한 제조셀 방식을 도입한 후 생산성이 향상된 다른 기업들의 사례도 소개하였으며, 직원들이 두려워하는 고용감축을 하지 않겠다는 약속도 하였다. 경영자들은 직원들에게 컨설턴트가 새로운 제조셀을 설계할 때 도와줄 것을 요청하였고 또 문제가 있으면 적극적으로 토론하도록 유도하였다. 그런 다음 경영진은 과거의 개인 중심의 성과측정 방식은 모두 폐기하고 새로운 그룹 성과 측정방식을 만들고 셀팀의 책임과

의무를 새롭게 정하기 위해 직원들과 협의하였다.

하아파크 공장의 매니저는 매일 격렬한 논쟁이 발생하지 않을까 하고 걱정했는데 그런 일은 일어나지 않았다. 물론 약간의 진통은 있었다. 직원들은 내려진 결정을 좋아한 것은 아니지만 자신들이 공정하게 대우받고 있다고 생각하였고, 공장의 성과가 나아지도록 적극적으로 참여하였다.

3년 후, 체스터와 하이파크 공장의 직원들은 모두 셀제조방식이 훨씬 작업하기에 좋다고 믿게 되었다. 하이파크 노동자들은 공장 장을 좋게 말하였을 뿐만 아니라, 오히려 셀제조방식으로 옮기려다 낭패를 당한 엘코 공장의 경영자들을 동정할 정도가 되였다. 결론적으로 그러한 변화는 필요한 것이었으며, 가치 있고 긍정적인 체험이었다. 그렇지만 체스터 공장의 직원들은 경영자들이 자신들을 다룬 방식에 대해 화를 내고 불쾌해 하였다. 이들에게는 불공평하게 교통위반티켓을 받았던 런던의 여인이 그랬던 것처럼 공정한 과정 역시 결과만큼 중요했던 것이다.

지식경영과 공정한 과정

공정한 과정이 쉬운 일로 들릴지 모르겠지만, 사실 공정한 과정의 가치를 이해하는 것이야 말로 지식기반경제의 요구에 기업들이 적응하는데 매우 중요하다. 토지, 노동, 자본처럼 전통적인 생산요소와는 달리 지식은 사람의 마음에 묶여 있는 자원이다. 지식을 만들고 공유하는 일은 사람들을 감독하고 강제하므로 가능한 활동은 아니라 자발적으로 참여할 때 가능한 일이다. 노벨경제학상을 받은 하옉(Hayek)은 모든 개인은 적극적으로 협조할 때만 사용할 수 있는 독특한 정보를 가지고 있다고 하였다. 적극적인 협조를 얻는 일이야 말로 다음 수 십년 동안 핵심적인 경영이슈의 하나가 될 것이다.

자발적 협조는 개인의 행동을 통제하고, 노동자는 관리자가 정한 룰에 맞춰 일을 함으로써 효율성과 일관성을 높이기 위한 관리도구들을 개발했던 테일러가 1세기 전에 마음에 두었던 그것과는 다른 것이다. 테일러의 시간-모션 연구에 기반을 둔 전통적인 경영과학은 자원을 배분하고, 금전적인 인센티브와 보상을 만들고, 성과를 감시하고 측정하고, 권한을 기반으로 조직구조를 편제하는 일에 모든 관리적 에너지를 솥아 부었다. 이러한 전통적 경영방식은 나름대로의 역할이 있었지만 활발한 구성원의 협력을 끌어내는 데는 한계가 있었다. 즉 이러한 방식은 결과의 공정성, 즉 사람이 응분의 자원이나 합당한 조직 내 직책을 맡았을 때 느끼는 만족감과 같은 분배의 정의(distributive justice)를 벗어나지는 못한다. 직원들은 회사에 대한 의무를 다한 후 그것에 대해 보상을 받는다고 생각할 뿐이다. 그러나 공정한 과정 또는 절차적 정의는 이와는 상당히 다르다. 공정한 절차는 신뢰와 충성을 유발하며, 신뢰와 충성은 자발적인 협조를 유발하며, 자발적인 협조는 단순한 의무감을 넘어 스스로 자신의 지식을 나누고 창의력을 발휘함으로써 조직의 성과를 높여준다. 기업경영에 있어 모든 직무에서 이러한 역동적인 관계를 발견할 수 있다.

마케팅, 판매, 생산, 재무성과를 책임지고 있는 베들레헴 철강의

한 사업 부서를 예로 들어보자. 1993년까지만 하더라도 106년이나 된 그 부서는 클래식한 명령과 통제의 방식으로 운영되었다. 사람들은 관리자가 지시한대로 작업하였고, 경영진과 노동자들은 서로를 적대적으로 바라보았다.

그해 베들레헴 철강은 100년 전 바로 그 회사의 자문 엔지니어였던 테일러가 결코 알지 못했던 경영모델을 스패로우 포인트 공장에 도입하였다. 그 새 모델은 경영자와 노동자가 서로 지식과 생각을 공유하는 일에 대한 책임감을 일깨우고, 노동자가 주도적으로 작업하는 일을 장려하는 것이었다. 이는 노동자가 결정에 참여하고, 어떤 결정에 대한 충분한 합리성을 확보하며, 경영진이 기대하는 것을 분명하게 알리는 것이었다.

스패로우 포인트 공장에서는 세(3)단계로 의사결정이 내려지고 집행되고 있었다. 가장 정점에는 상급경영자와 5명의 직원대표로 구성된 조인트-리더십 팀이 있는데, 이 팀은 회사의 전반적인 문제를 다루었다. 다음으로 중간관리자와 공장의 여러 지역에서 파견되어 온 직원들로 구성된 부서(department)수준의 영역별 팀은 고객서비스, 품질관리, 물류와 같은 일상의 문제들을 처리하였다. 직원으로 구성된 특별한 문제를 다루는 팀들도 있었는데, 이들은 작업현장에서 일어나는 기회나 어려움들을 다루었다. 각 단계마다 직원들에게 영향을 미칠 것으로 예상되는 결정에 대해서는 공정하게 의견을 듣는 기회를 충분히 제공하였다. 대규모 변화나 현저한 자원배분을 동반하는 결정은 예외로 하고 모든 결정을 팀들이 스스로 결정하고 집행하였다.

스패로우 포인트 공장은 모든 직원이 결정이 내려진 이유와 집행 방법을 충분히 이해하였는지를 확인하기 위해 다양한 과정과 도구들을 활용하였다. 예를 들면, 내려진 결정들을 게시판에 게시하여 직접 결정에 참여하지 못한 직원들도 무슨 일이 진행되고 있는지를 알도록 하였으며, 50-250명 정도의 직원들을 모아 4시간짜리 세미나를 70회 이상 개최하면서 해당 부서(division)에서 일어나는 변화를 토론하고, 고려중인 아이디어를 학습하고, 그러한 변화가 직원의 역할과 책임에 미칠 영향을 이해하도록 도왔다. 부서별 전략적, 마케팅, 운영적, 재무적 성과를 계절마다 발간되는 뉴스레터나 월보고서를 통해 5,300명의 직원이 잘 알 수 있도록 하였다. 그리고 팀들은 자신의 동료들에게 일어나고 있는 변화를 보고하고, 아이디어를 실천하는데 필요한 도움을 청했다. 오늘날 기업들은 구성원들이 음으로 양으로 보유하고 있는 지식을 기업포탈에 모두 올려놓고 공유할 수 있도록 하는 지식경영시스템을 구축하여 활용하고 있다. 지식경영시스템은 이러한 공정한 참여 또는 프로세스를 위해 긍정적인 IT서비스가 될 수 있을 것이다.

공정한 과정은 사람들의 태도와 행동에 현저한 변화를 준다. 예를 들면, 1992년 스패로우 포인트의 주석공장은 업계에서는 최악의 성과를 기록하고 있었다. 그 무렵, 공장의 직원들은 자신들의 아이디어를 공유하기 시작하였으며, 단순히 작업을 끝내는 것을 떠나 양질의 작업에 관심을 갖기 시작하였다. 경게이지 케이블(light-gauge cable)의 외장을 입히는 부서의 성공적인 사례를 하나 들어보자. 당시 부가가치가 높은 이 공정은 소요 시간이 너무 길어 다른 공정과정의 발목을 잡는 등, 작업의 효율성이 바닥을 기고 있었다. 경영진이 이 문제를 모두에게 알리고 왜 생산 효율성을 높여야 하는 지를 설명한 이후부터 아이디어는 흘러나오기 시작하였다. 처음에 경영진은 왜 과거에는 그렇게 병목현상을 일으켰던 공정이 이제 와서는 잘 돌아가는지를 의아해 했다. 사실인즉 직원들은 그 병목현상을 해결하기 위해 한대의 기계가 아닌 두 대를 연결해서 배치하는 아이디어를 생각해냈던 것이다. 그렇다면 사람들이 더 똑똑해 진 것인가? 아니다. 직원들이 회사의 문제에 관심을 갖기 시작한 것이다. 스패로우 포인트 공장에서 일어난 작업방식의 혁신은 바로 일에 대한 직원들의 지적인 능력과 정서적 충성심을 일깨웠기 때문에 성공할 수 있었다.

1993년 이후 스패로우 포인트 공장은 3년 연속 이윤을 냈는데, 이는 1970년대 후반부터 처음 있는 일이었다. 오늘날 그 사업부서는 지식기반경제에서 사양 업종이 어떻게 하면 재기할 수 있는 지를 보여주는 모범적인 사례가 되었다. 스패로우 포인트 공장의 한 종업원의 말을 빌어보자. "우리들은 회사가 어떻게 돌아가는지 모든 것을 알고 있기 때문에 경영진을 더 신뢰하게 되었고 문제를 해결하는 일에도 더 적극적으로 되었습니다. 사람들은 회사가 정한 책임을 넘어서 더 많은 일들을 하려하고 있습니다."

정신적 장애물 넘기

공정한 과정이라는 것이 이렇게 단순하고 그 효과가 강력하다면 왜 이를 실천하는 기업들은 별로 없는 것일까? 대부분 사람들은 경영인도 예외 없이 자신은 공정하다고 생각한다. 그런데 '공정한 관리자'가 어떤 사람을 의미하는 지를 이들에게 물으며 부하들에게 필요한 권한을 위임하고, 요구하는 자원과 적절한 보상을 제공하는 사람이라고 말하는 것이 전부다. 즉 공정한 결과를 공정한 과정과 혼돈하고 있다는 말이다. 과정을 중시하는 관리자조차도 대부분 공정한 과정의 3가지 원칙 중에 '참여' 정도에 머무는 경우가 많다.

공정한 과정에 대해서 이렇게 이해도가 낮고, 이를 받아드리는 경우가 적은 이유는 다음 2가지의 근본적인 원인에 있다. 첫째는 힘(power)을 들 수 있다. 어떤 관리자는 아는 것이 힘이라는 사실을 믿고, 그것을 자신만이 보유할 때 스스로 힘을 지닐 수 있다고 생각한다. 즉 조직적 관점에서 정보공유의 시너지효과를 모르는 것이다. 이러한 관리자는 성공과 실패를 가르는 기준을 가급적 모호하게 둠으로써 자신이 권한을 행사할 수 있는 여지를 많이 남기려 한다. 또 직원과의 긴밀한 대화방식을 메모나 서류로 대체하여 자신의 권위나 생각에 직원이 감히 도전하지 못하도록 만들어 자신의 프레임 속에 직원들을 묶어두려는 관리자들도 있다. 이러한 스타일의 행동 패턴에 깊이 익숙해진 관리자는 스스로 힘과 권한을 어떻게 행사할지 모르며, 정보공유를 통한 공정한 과정을 하나의 위협으로 생각한다.

두 번째 이유는 상당히 무의식적인 것인데, 이는 대부분 사람들은 눈에 보이는 가치에만 관심을 두며 자신에게 가장 유익한 것에만 신경을 쓴다는 경제적 가정에 기반하고 있다. 그렇지만 앞에서 말했듯이, 많은 사람이 과정이 공정하다면 그 결과가 자신에게 이로운 것이 아닐지라도 수용한다는 증거가 많다. 즉 사람들은 일을 하다보면 타협을 하고 희생이 필요하다는 것을 알고 있으며, 기업의 장기적 이익을 위해 개인의 단기적 이익을 희생할 줄 안다. 이것이 가능한 이유는 서로가 신뢰하기 때문이다. 정보를 서로 나누고 나눈 정보와 정보원에 대한 신뢰가 높을 때 개인의 이기적 욕심을 접을 수도 있는 것이다.

공정한 과정에 대한 연구는 전통적인 경영 실무에서는 다뤄지지 않았던 인간 심리의 영역에까지 이르렀다. 이제 기업들은 공정한 과정을 통해 신뢰를 구축함으로써 사람들의 자발적인 협조에 발을 들여놓도록 해야 할 것이다.

사 례 **폭스바겐과 시멘스 닉스돌프 직원의 비이성적 행동**

경제이론은 인간행동의 이성적 측면을 잘 설명해 주지만, 왜 사람들이 긍정적인 결과를 앞에 두고도 부정적인 행동을 보이는 지를 설명하지 못한다. 공정한 과정은 왜 때로 사람들이 비이성적이고, 비합리적인 행위를 하는 지를 설명할 수 있는 행동이론을 우리에게 제공한다.

1992년 자동차 메이커인 폭스바겐에서 일어났던 일을 예로 들어보자. 당시 폭스바겐은 아메리카 대륙에서는 유일한 생산기지인 멕시코 퓨에블라의 생산설비를 확장하는 중에 있었다. 달러 대비 독일의 화폐(마르크)가 평가절상 됨에 따라 미국 시장에서 자동차 가격이 경쟁력을 잃어가고 있었다. 그렇지만 1992년부터 발효된 북미자유무역협정(NAFTA)으로 인해 폭스바겐의 비용효율적인 멕시코 생산기지는 북미시장을 재탈환하는데 매우 적절한 시설이 되었다.

1992년 여름에 노사간에 새로운 노동계약이 합의되었고, 계약에는 20% 임금인상도 포함되어 있어 모든 노동자들이 기뻐할 것으로 생각되어졌다. 그렇지만 노동조합의 리더들은 계약조건을 논의할 때 직원들을 참여시키지 않았으며, 새로운 계약조건이 노동자들에게 어떠한 의미를 갖는지 수많은 작업 규정의 변경이 왜 필요한지에 대해 조합원들과 적절한 의사소통을 하지 않았다. 조합원들은 리더들이 내린 결정에 대한 근거를 이해하지 못했으며 그래서 배반당한 느낌을 받았다.

7월 21일, 노동자들이 하루에 천만 달러의 손실을 가져다주는 광범위한 파업을 시작할 무렵, 폭스바겐 경영진은 포근한 잠자리에 들어 있었다. 8월 21일에는 300명의 시위자가 경찰견의 공격을 받았으며, 정부는 이러한 과격한 파업행위를 중단시키라는 압력을 받고 있었다. 미국 시장의 진입을 위한 회사의 계획은 길을 잃게 되었으며, 경영성과도 형편없이 떨어졌다.

반면에 유럽에서 가장 규모가 큰 IT서비스 공급업체인 시멘스 닉스돌프 정보시스템(SNI)의 사례를 들어보자. 1990년에 시멘스가 어려움에 처한 닉스돌프 컴퓨터를 합병할 때 4년간에 걸쳐 52,000명의 고용인원을 35,000명으로 줄였다. 그래서 직원들의 불안과 공포는 극에 달해 있었다.

1994년에 새로 임명된 CEO, 게르하트 슐메이어는 가급적이면 많은 직원들과 대화를 하려했다. 크고 작은 회의에서 슐메이어는 11,000명의 직원들을 만나 회사를 위기에서 구하기를 원하는 자신의 사명(mission)을 직원들과 공유하려 했다. 그는 지금 회사가 비용을 줄이기 위해 많은 노력을 하고 있지만, 여전히 손실을 보고 있다는 사실을 정직하게 보여주기 시작하였다. 더 많은 비용절감이 필요하며, 사업부서가 스스로 자생력을 보일 수 없다면 폐쇄할 수밖에 없다는 것을 말하였다. 슐메이어는 결정을 내리는데 적용되는 가혹한 규칙을 분명하게 전했으며, 문제 해결에 필요한 아이디어를 내 줄 것을 부탁하였다.

3개월이 지나면서 초기 30명으로 시작한 자발적 그룹이 75명의 중역들과 300명의 직원들이 동참할 정도로 커갔다. 이 405명의 변화 에이전트(change agent) 그룹은 회사를 구하는데 동참할 동료들을 계속 확대해 나가면서 1000명이 되고, 3000명이 되고, 9000명에까지 이르렀다. 이 과정에서 자신에게 영향을 줄 결정에 대해 관리자나 노동자나 똑같이 아이디어를 내 줄 것을 요청하였고, 결정을 내리는 과정도 이해할 수 있게 되었다. 좋은 아이디어들은 선택되어, 이를 지원하고 예산을 지원할 중역에게 배정되었다. 중역이 매력이 없다고 판단한 아이디어들은 폐기되었고, 폐기된 아이디어가 20-30%에 이르렀지만 직원들은 이러한 과정이 공정하다고 생각하였다.

직원들은 자발적으로 근무시간 후에도 남아 때로 자정까지 잔업을 하였다. 이래서 단 2년 만에 SNI는 유럽 내에서 보기 드문 큰 전환을 이뤄냈다. 누적된 손실이 20억 독일 마르크에 이르렀으나 1995년에는 흑자에 접어들었으며, 힘들고 급격한 변화 속에서도 직원들의 만족도는 배가 되었다.

급여인상이라는 좋은 조건에도 왜 폭스바겐 직원들은 폭력적인 파업을 일으켰으며, 암울한 경제적인 조건에서 조차 SNI 직원들은 어떻게 어려운 회사를 되돌려 놓을 수 있었을까? 문제의 핵심은 두 회사가 무엇을 했느냐가 아니라 어떻게 했느냐에 있다. 이 사례들은 의사결정의 과정에 집행에 있어서의 공정성, 즉 공정한 과정의 힘을 여실히 보여주고 있다. 공정한 과정은 높은 성취를 이뤄내는데 필연적인 태도와 행동에 영향을 미친다.

불공정의 대가

역사적으로 조직 내에 공정한 과정을 위해 입안된 정책들은 주로 종업원들의 불평과 항의에 대응하여 만들어진 것이다. 공정한 과정이 지켜지지 않게 되면 개인들은 분노하게 되어 조직적인 항거를 하기에 이르고, 이들의 요구는 적당한 수준을 넘게 되는데, 이를 이론적으로 보복적 정의(retributive justice)라 부른다. 분노한 다수가 요구하는 보복적 정의란 공정한 과정이 회복되기를 원하며, 명예롭지 못한 불공정 과정을 보상하는 차원에서 이를 어긴 사람들을 응징하고 보복하는 것을 말한다.

경영진을 불신하는 직원들은 굉장히 까다롭고, 융통성이 없고 집행하기가 어려운 안들을 제시한다. 그들은 경영진이 임의로 자신들에게 불공정한 결정을 내릴 여지가 없도록 미리 선수를 치는 것이다. 직원들이 분노하게 되면 비록 내려진 결정이 회사의 경쟁력에 중요하고, 자신들에게도 유익한 것들이라 할지라도 불공평하게 내려진 결정을 되돌려 놓으려 한다. 이게 바로 불공정한 과정으로 야기되는 불필요한 감정적 소모전이라 할 수 있다.

공정한 과정을 경영의 자유를 제한하는 골칫덩어리로 생각하는 관리자는 공정한 과정을 지키지 않는 것이야말로 회사의 성과향상을 좀 먹는 일이라는 사실을 이해해야 한다. 즉 보복적 정의가 치러야 하는 대가가 매우 비싸다는 사실을 알아야 한다.

사 례 지식적 과업에 중요한 공정한 과정

공정한 과정이 지켜지지 않음으로 야기되는 파업, 태업, 높은 불량률과 같은 부작용들은 공장과 같은 생산 현장에서는 쉽게 목격될 수 있다. 그런데 이런 공정한 과정이 전문직종이나 관리직종의 업무의 질에 더 지대한 영향을 미친다는 사실은 잘 알려지지 않았다. 그 이유는 지식기반 경제에서 혁신이란 늘 도전적인 과제이고, 이 혁신은 신뢰를 바탕으로 한 다양한 아이디어의 교환에 있기 때문이다.

회사의 중역이나 전문가들은 피켓을 들고 시위를 하지 않지만 신뢰가 없다면 아이디어를 공유하는 등 협조하는 일을 유보하게 된다. 지식이 요구되는 업무에서 공정한 과정을 거치지 않으면 아이디어를 숨긴다던지 복지부동하는 등의 기회비용을 치러야 한다. 다음 3가지 사례를 들어보자.

신제품을 만들기 위해 다기능 팀이 만들어졌다. 그 팀은 각 부서의 대표자들로 구성되었기 때문에 적은 내부 갈등과 짧은 리드타임 그리고 낮은 비용으로 보다 혁신적인 제품을 생산해야 한다. 팀원들은 만나 회의를 하지만 개개인은 적극적이지 않을 수 있다. 예를 들어, 고성능 워크스테이션을 개발하는 컴퓨터 제조업체의 중역들은 매우 신중하게 전통적인 관리계층을 도입하고, 훌륭한 동기부여 시스템을 개발하고, 적절한 자원을 할당한다. 그러나 모든 사람들이 원하는 신뢰, 아이디어 공유, 헌신은 결코 현실화되지 못하였다. 그 이유는 무엇일까? 프로젝트 초기에 팀의 제조 및 마케팅 쪽의 사람들은 제품의 프로토타입(prototype)을 먼저 만들어 볼 것을 제안하였지만 프로젝트를 주도하는 디자인-엔지니어링 사람들은 이를 무시했던 것이다. 결과적으로 제조(조립)하기 힘든 디자인이 나오게 되었으며, 부적절한 응용소프트웨어 문제도 표면화되었다. 처음부터 제조와 마케팅 쪽의 사람들은 이것이 문제가 될 것이라는 것을 알고 있었지만 워낙 강한 엔지니어들 때문에 침묵해 버렸던 것이다. 대신 이들은 문제가 불거질 때를 기다렸고, 그제야 이 문제를 해결하기에는 치러야 할 비용이 너무 커져 버렸다.

두 회사가 양측 모두에게 이익을 주는 조인트 벤처를 만든다고 가정하자. 그런데 두 회사 모두 자신들의 카드를 너무 숨긴다면 두 회사의 협력은 제한된 가치만을 생성할 것이다. 유럽의 한 엔지니어링 기업의 중국의 조인트 벤처 파트너는 매우 중요한 현장정보를 숨겼다. 즉 고객들이 파트너의 제품을 설치하는데 문제가 있어 새로운 추가 사양을 기다리고 있다는 것을 파트너에게 보고하지 않았다. 이러한 행위는 자신의 비즈니스에 손실을 줄 뿐인데 왜 중국 파트너는 협조를 하지 않았던 것일까?

파트너십의 초기단계에 중국 파트너는 자신들이 핵심 제품과 운영상의 결정에서 배제되고 있다는 것을 느꼈다. 설상가상으로 유럽 기업은 결정을 내린 후 결정을 내린 논리를 설명조차 하지 않았다. 중국 측 파트너가 중요한 정보를 숨김에 따라 유럽 회사는 중국 파트너가 필요로 하는 경영적 노하우를 전수하는데 매우 소극적으로 대하였던 것이다.

두 회사가 저렴한 비용으로 더 높은 가치를 창출하기 위해 공급자 파트너십을 만들었다. 이들은 마치 한 조직인 양 매우 유연한 방식으로 운영할 것에 합의하였다. 그런데 공급자가 파트너십에 신경을 쓰는 것 보다 다른 고객을 관리하는 일에 더 많은 에너지를 쏟는 것 같았다. 예를 들면, 한 소비재 제조업체는 주요 식품소매기업과 전자적 고객 대응 데이터 시스템의 설치를 계속 미루었다. 그 시스템은 양측의 재고관리를 현저하게 향상시킬 수 있음에도 제조업체는 투자하는 일에 매우 조심스러워 했는데, 왜 그랬을까? 그 식품소매기업은 과거에 설명도 없이 제조업체의 일부 품목의 주문을 취소한 적이 있었을 뿐만 아니라, "우선 공급업체" 를 선정하는 기준도 모호해서 이해할 수 없었던 것이다. 공급자에 대한 신뢰가 무너졌기 때문이었다.

구성원들이 과정의 공정성을 의심할 때 지성의 전당이라고 할 수 있는 대학에서 조차 구성원들의 반발이 발생할 수 있다. 2006년에 사립학교법이 개정되면서 각 대학들은 대학의 구성원들, 즉 교수, 직원, 학생들의 의견을 주요 사안에 대한 대학의 의사결정과정에 반영하겠다는 취지로 대학평의원회를 구성해야했다. 한 4년제 종합대학의 본부는 각 단과대학장에게 계열별(인문사회계열, 자연계열, 예술계열)로 두 명의 평의회 위원들을 추천하면 그 중에서 총장이 3명을 추천하겠다는 내용의 공문을 보냈다. 각 단과대학들이 이 요청을 논의하면서 촉발된 쟁점은 '계열별 대표 3명을 단과대학들이 합의하여 추천하면 본부는 그냥 받아드리면 되지 왜 총장이 6명을 추천받아 그 중에 3명을 위촉하려하는가?' 였다. 이건 어떻게 보면 아주 사소한 문제인데도 불구하고 교수들은 본부의 안에 불순한 의도가 있고 6명 중에 3명을 총장이 위촉하면 교수들이 온전히 자신들의 추천권을 행사하지 못했다고 생각한 반면, 본부 측은 6명을 추천받는 것으로 교수들의 의견은 반영되었다고 생각하였고 6명 중에서 연령이나 직급을 고려하여 3명을 뽑는 것이 더 나은 과정이라고 생각하였던 것이다. 대학평의원회의 위원추천안을 추인 받는 전체 교수회의 때 회의를 진행하던 총장은 역시 이 문제로 난관에 부딪쳤다. 결국 위원추천안은 교수들의 주장했던 안이 통과되었고 본부는 당초의 2배수 추천안을 포기할 수밖에 없었다. 이는 본부 측이 조금만 더 사려 깊게 생각하여 시간이 좀더 소요되더라도 위원을 추천하는 절차(과정)까지도 각 단과대학에서 의논하도록 하였으면 발생하지 않았을 오해와 갈등이었다.

글을 마치며

14장에 걸쳐 이 책은 국가와 사회의 선진화의 정도를 과학과 기술의 발전의 관점에서 보았다. 과학과 기술의 발전과 축적은 당시 사회 구성원들의 합리적 사고체계에 영향을 미쳤으며 이는 그 사회와 국가가 부를 축적하고 정치·외교적 힘을 기르는데 필요한 비전을 개발하고 합리적 판단과 결정을 내리는 일을 돕는다.

조선의 역사를 살펴보면 조정과 민간 기구들의 의사결정들이 민주적으로 이루어졌고 서로 견제할 수 있는 견제 조직이나 직책을 두는 등의 합리성을 엿볼 수 있지만 전제적 봉건사회가 갖는 일방적 의사소통문화, 관존민비와 계층적 신분제도는 소수에 의해 의사결정이 이루어지고 집행될 수밖에 없는 한계가 있었다. 게다가 공업과 상업을 상대적으로 천시하였던 유교문화는 물질과 부의 축적에 대한 긍정적 사고와 태도를 형성하는데 걸림돌로 작용하면서 무역(상업)과 기술의 속성으로부터 창출될 수 있는 과학적 사고와 의사결정방식이 사회 전반에 확산될 수 없었다. 이러한 상황에서 과학적 의사결정에 근거하여 미래의 방향을 보다 정확하게 설정하고 중요한 결정의 시점마다 합리적인 판단과 결정을 내렸던 다른 국가들에 비해 뒤쳐질 수밖에 없었다.

19세기 말 그리고 20세기 초에 우리나라는 서서히 서양의 제도, 문물 그리고 과학기술을 수용하면서 근대화의 기틀을 잡아갔다. 특히 과학과 기술을 기반으로 한 근대적 교육을 받는 사람들이 늘어남에 따라 사람들의 사고방식과 의사결정방식이 점점 현대화와 합리화되어갔다. 오늘날 21세기에 이르러 우리나라는 반도체, 철강, 자동차, IT 및 인터넷 분야에서 선진국들을 앞서갈 정도로 최첨단을 달리고 있다. 이제 선진국으로 진입하는데 필요한 과학과 기술의 발전을 우리나라가 주도하고 있고, 교육기관들은 합리적 판단과 결정에 필요한 교육들을 다방면에서 시행하고 있다. 앞으로 합리적 판단과 결정에 근거하여 조직과 국가의 미래의 방향이 바르게 설정되고 수많은 중요한 결정들을 과학적으로 내려질 때 조직과 국가의 경쟁력은 상승하고 선진 조국을 더욱 앞당길 수 있을 것이다.

참 고 문 헌

강재언, 『조선근대사』, 동경; 평범사.

김경일, 『공자가 죽어야 나라가 산다』, 바다출판사, 1999.

김근배, 『한국근대과학기술인력의 출현』, 문학과 지성사, 2005.

김무진, "조선시대 鄕約 및 鄕案조직에서의 의사결정구조," 『기획학술대회 논문집』, 계명대 한국학연구원, 2005.

김운태, 『조선왕조행정사』, 박영사, 1987.

김효석, 홍일유, 『경영정보시스템』, 법문사, 2002.

리처드 니스벳, 『생각의 지도』(원제: The Geography of Thought: How Asians and Westerners Think Differently.. and Why), 최인철 옮김, 김영사, 2004.

문재우, "조선조의 의사결정행태," 『한국행정사학지』, 6호, 1998, pp. 219-255.

문중양, 『우리역사 과학기행』, 도서출판 동아시아, 2006.

배리 슈워츠, 『선택의 패러독스』, 웅진닷컴, 2004.

안서원, 『의사결정의 심리학』, 시그마프레스, 2000.

야쿠시지 타이조, 『강대국의 기술패권 태크노 헤게모니』, 강박광 역, 겸지사, 2002.

유승무, "불교의 정치문화 전통과 민주주의," 『기획학술대회 논문집』, 계명대 한국학연구원, 2005.

이덕주, 『조선은 왜 일본의 식민지가 되었는가』, 에디터, 2002.

이영훈, 『수량경제사로 다시 본 조선후기』, 서울대학교출판부, 2005.

이완재, 『공자에서 퇴계까지』, 이문출판사, 2001.

이태진, 김재호 외, 『고종황제 역사청문회』, 푸른역사, 2005.

이해준, “한국의 마을문화와 자치·자율의 전통,” 『기획학술대회 논문집』, 계명대 한국학연구원, 2005.

전기정, 이희진, 김방희, 『탁월한 결정 vs. 치명적 실수』, 명진출판, 1994.

주강현, 『제국의 바다 식민의 바다』, 웅진싱크빅, 2005.

최낙환 역, 『판단과 의사결정(The Psychology of Judgement and Decision Making)』, 도서출판 대경, 1999.

토마스 사티, 『리더를 위한 의사결정』, 동현출판사, 1995.

피터 드러커, 『Managing in Next Society』, 이재규 역, 한국경제신문, 2007

존 M. 홉슨, 『서구문명은 동양에서 시작되었다(원제: The Eastern Origins of Western Civilization)』, 정경옥 역, 에코리브르, 2005.

Adams, J. S., "Inequity in Social Exchange," In L. Berkowitz (ed.) *Advances in Experimental Social Psychology*, Vol. 2(1965), New York: Academic Press.

Atkinson, J. W., "Motivational Determinants of Risk-taking Behavior," *Psychological Review*, Vol. 64, 1957, pp. 359-372.

Atkinson, J. W., Old and New Conceptions of How Expected Consequences Influence Actions, in N. T. Feather (Ed.), *Expectations and Actions: Expectancy-value Models in Psychology*, pp. 17-52, Hillsdale, NJ: Erlbaum, 1983.

Back, K. W., “Influence through Social Communication,” *Journal of Abnormal and Social Psychology*, Vol. 46, 1951, pp. 9-23.

Beach, L. R., *The Psychology of Decision Making*, CA: SAGE, 1997.

Beach, L. R. and Mitchell, T. R., "A Contingency Model for the Selection of Decision Strategies," *Academy of Management Review*, July 1978, pp. 439-449.

Behn, R. D. and Vaupel, J. W., *Quick Analysis for Busy Decision Makers*, New York: Basic Books, 1982.

Bell, D. E., "Putting a Premium on Regret," *Management Science*, Vol. 29, 1985, pp. 1156-1166.

Benne, K. D. and Sheats, P., "Functional Roles of Group Members," *Journal of Social Issues*, Vol. 2, 1948, pp. 42-47.

Brown, R. C., *Social Psychology*, 2nd Edition, New York: Free Press, 1987.

Burnstein, E. and Vinokur, A., "Persuasive Argumentation and Social Comparison as Determinants of Attitude Polarization," *Journal of Experimental Social Psychology*, Vol. 13, 1977, pp. 315-332.

Brunswick, E., *Systematic and Representative Design of Psychological Experiment with Results in physical and Social Perception, Berkeley*, CA: University of California press, 1947.

Callaway, M. R., Marriott, R. G. and Esser, J. K., "The Effects of Dominance on Group Decision Making: Toward a Stress-reduction Explanation of Groupthink," *Journal of Personality and Social Psychology*, Vol. 49, 1985, pp. 949-952.

Cappelli, M. and Sherer, P. D., "Assessing Worker Attitudes under a Two-tier Wage Plan," *Industrial and Labor Relations Review*, Vol. 43, 1990, pp. 225-244.

Costello, T. W. and Zalkind, S. S., *Psychology in Administration: A Research Orientation*, Eaglewood Cliffs, N.J.: Prentice Hall, 1963.

Davis, J. H. and Restle, F., "The Analysis of Problems and Prediction of Group Problem Solving," *Journal of Abnormal and Social Psychology*, Vol. 66, 1963, pp. 103-116.

Davis, J. H., Group Performance, Reading, MA: Addison-Wesley, 1969.

Diehl, M. and Stroebe, W., "Productivity Loss in Brainstorming Groups:

Toward Solution of a Riddle," *Journal of Personality and Social Psychology*," Vol. 53, 1987, pp. 497-509.

Ebert, R. J. and Mitchell, T. R., *Organizational Decision Processes*, New York: Crane, Russak & Co., 1975.

Fiedler, F. E., A Theory of Leader Effectiveness, New York: McGraw-Hill, 1967.

Fordor, E. M., "Stimulated Work Climate as an Influence on Choice of Leadership Style," *Personality and Social Psychology Bulletin*, Vol. 4, 1978, pp. 111-114.

Forsyth, D. R., *An Introduction to Group Dymanics*, Monterey, CA: Brooks/Cole Publishing Company, 1983.

Gallupe, R. B. and Cooper, W. H., "Brainstorming Electronically," *Sloan Management Review*, Fall 1993, pp. 27-36.

Garvin, D. A, and Roberto, M. A., "What You Don't Know about Making Decisions," *Harvard Business Review*, Sep. 2001, pp. 108-116.

Gouldner, A. W., "The Norm fo Reciprocity: A Preliminary Statement," *American Sociological Review*, Vol. 25, 1960, pp. 161-178.

Hammond, K. R., "Probabilistic Functioning and the Clinical Method," *Psychological Review*, Vol. 62, 1955, pp. 255-262.

Harkins, S. and Jackson, J., "The Role of Evaluation in Eliminating Social Loafing," *Personality and Social Psychology Bulletin*, II, 1985, pp. 457-465.

Harkins, S. and Petty, R. E., "Effects of Task Difficulty and Task Uniqueness on Social Loafing," *Journal of Personality and Social Psychology*, Vol. 43, 1982, pp. 1214-1230.

Herek, G., Janis, I. L. and Huth, P., “Decision Making during International Crises: Is Quality of Process Related to Outcome," *Journal of*

Conflict Resolution, Vol. 31, 1987, pp. 203-226.

Hinsz, V., "Cognitive and Consensus Processes in Group Recognition Memory Performance," *Journal of Personality and Social Psychology*, Oct. 1990.

Hogarth, R., *Judgment and Choice*, 2nd ed, 1987, Chichester: Wiley.

Huber, J., Payne, J. W. and Puto, C., "Adding Asymmetrically Dominated Alternatives: Violations of Regularity and the Similarity Hypothesis," *Journal of Consumer Research*, No. 9, 1982, pp. 90-98.

Isenberg, D. J., "Group Polarization: A Critical Review and Meta-analysis," *Journal of Personality and Social Psychology*, Vol. 50, 1986, pp. 1141-1151.

Iyenger, S. and Lepper, M., "When Choice Is Demotivating: Can One Desire Too Much of a Good Thing?," *Journal of Personality and Social Psychology*, Vol. 79, 2002, pp. 995-1006.

Jackson, J. M. and William, K. D., "Social Loafing on Difficult Tasks," *Journal of Personality and Social Psychology*, Vol. 49, 1985, pp. 937-942.

Janis, I. L., *Victims of Groupthink*, Boston: Houghton Mifflin, 1972.

Josephs, R. A., Lamick, R. P., Steele, C. M. and Nisbett, R. E., "Protecting the Self from the Negative Consequences of Risky Decisions," *Journal of Personality and Social Psychology*, Vol. 62, 1992, pp. 26-37.

Kahneman, D. and Tversky, A., "Prospect Theory: An Analysis of Decision under risk," *Econometrica*, Vol. 47, 1979, pp. 263-291.

Kahneman, D. and Tversky, A., “Choices, Value and Frames," *American Psychologist*, Vol. 39, 1984, pp. 341-350.

Kaplan, M. F. and Miller, C. E., "Group Decision Making and Normative versus Information Influence: Effects of Type of Issue and Assigned

Decision Rule," *Journal of Personality and Social Psychology*, Vol. 53, 1987, pp. 306-313.

Kerr, N. L., "Motivation Loss in Task-Performing Groups: A Social Dilemma Analysis," *Journal of Personality and Social Psychology*, Vol. 45, 1983, pp. 819-828.

Kerr, N. L. and Bruun, S., "The Dispensability of Member Effort and Group Motivation Losses: Free Rider Effects," *Personality and Social Psychology Bulletin*, Vol. 44, 1983, pp. 78-94.

Kim, C. and Mauborgne, R., "Fair Process: Managing in the Knowledge Economy," *Harvard Business Review*, July-Aug 1997, pp. 65-75.

Klein, G. A., A Recognition-primed decision(RPD) model of rapid decision making, in G. A. Klein, J. Orasanu, R. Calderwood, & C. E. Zsambok (Eds.), *Decision Making in Action: Models and Methods* (pp. 138-147), Norwood, NJ: Ablex, 1993.

Klein, G., Sources of Power: *The Study of Naturalistic Decision Making*, Mahwah, NJ: Lawrence Erlbaum, 1996.

Latané, B. and Nida, S., "Ten Years of Research on Group Size and Helping," *Psychology Bulletin*, Vol. 89, 1981, pp. 308-324.

Laughlin, P. R. and Ellis, A. L., "Social Combination Models, Persuasive Arguments Theory and Choice Shift," *Journal of Personality and Social Psychology*, Vol. 42, 1982, pp. 273-280.

Leana, C. R., "A Partial Test of Janis' Groupthink Model: Effects of Group Cohesivensess and Leader Behavior on Defective Decision Making," *Journal of Management*, Vol. 11, 1985, pp. 5-17.

Leavitt, H. J., "Some Effects of Certain Communication Patterns on Group Performance," *Journal of Abnormal and Social Psychology*," Vol. 46, 1951, pp. 38-50.

Lichtenstein, S. and Slovic, P., "Reversal of Preferences between Bids and Choices in Gambling Decisions," *Journal of Experimental Psychology*, No. 89, 1971, pp. 46-55.

Loomes, G. and Sudgen, R., "Regret Theory: An Alternative Theory of Rational Choice under Uncertainty," *Economic Journal*, Vol. 92, 1982, pp. 805-824.

Lopes, L. L., "Between Hope and Fear: The Psychology of Risk," Advances in *Experimental Social Psychology*, Vol. 20, 1982, pp. 255-295.

Maass, A. and Clark, R. D., Internalization versus Compliance: Differential Processes Underlying Minority Influence and Conformity," *European Journal of Social Psychology*, Vol. 13, 1983, pp. 197-215.

Maier, N. R. and Solem, A. R., "The Contribution of a Discussion Leader to the Quality of Group Thinking: the Effective Use of Minority Opinion," *Human Relations*, Vol. 5, 1952, pp. 277-288.

March, J. G. and Simon, H. A., *Organization*, New York: John Wiley & Sons, 1958.

McCauley, C., "The Nature of Social Influence in Groupthink: Compliance and Internalization," *Journal of Personality and Social Psychology*, Vol. 57, pp. 250-260.

Milgram, S., *Obedience to Authority*, New York: Harper & Row, 1974,

Moscovici, S., "Toward a Theory of Conversion Behavior," *Advances in Experimental Social Psychology Vol.* 13, Ed. L. Berkowitz, 1980, New York: Academic Press.

Moscovici, S. and Lage, E. and Naffrechoux, M., "Influence of a Consistent Minority on the Responses of a Majority in a Colour Perception Task," *Sociometry*, Vol. 32, 1969, pp. 365-379.

Myers, D. G. and Bishop, G. D., "Discussion Effects on Racial Attitudes,"

Science, Vol. 169, 1970, pp. 778-779.

Napier, R. W. and Gershenfeld, M. K., Groups: *Theory and Experience*, 2nd ed., Houghton Mifflin Co., 1981.

Osborn, A. F., *Applied Imagination*, New York: Scribners, 1957.

Payne, J. W., "Task Complexity and Contingent Processing in Decision Making: An Information Search and Protocol Analysis," *Organizational Behavior and Human Performance*, Vol. 16, 1976, pp. 366-387.

Payne, J. W., Bettman, J. R. and Johnson, E. J., "Adaptive Strategy Selection in Decision Making," *Journal of Experimental Psychology: Learning*, Memory and Cognition, Vol. 14, 1988, pp. 534-552.

Shafir, E., Simonson, I. and Tversky, A., "Reason-based Choice," *Cognition*, Vol. 49, 1993, pp. 11-36.

Shaw, M. E., *Group Dynamics*, 3rd ed., New York: McGraw Hill, 1981.

Simon, H., *The New Science of Management Decision*, New York: Harper & Row, 1960.

Simon, H., "Decision Making and Problem Solving," *Interface*, Vol. 17, No. 5, Sept-Oct 1987, pp. 11-31.

Stasser, G., "Computer Simulation as a Research Tool. The DICUSS Model of Group Decision Making," *Journal of Experimental and Social Psychology*, Vol. 24, 1988, pp. 393-422.

Stasser , G. and Titus, W., "Effects of Information Load and Percentage Shared Information on the Dissemination of Unshared Information during Discussion," *Journal of Personality and Social Psychology*, Vol. 53, 1987, pp. 81-93.

Steiner, I. D., *Group Process and Productivity*, New York: Academic Press, 1972,

Stoner, J. A. F., "A Comparison of Individual and Group Decisions including

Risk," *Unpublished Thesis*, Massachusetts Institute of Technology, School of Management, 1961.

Suedfeld, P. and Rank, A. D., "Revolutionary Leaders: Long-term Success as a Function of Changes in Conceptual Complexity," *Journal of Personality and Social Psychology*, Vol. 34, 1976, pp. 169-178.

Surowieski, J., "Manic Money (and Other Popular Dilusion)", *New Yorker*, 2001.3.26, p. 38.

Susan, H. and Yamamura, K., *Economic and Demographic Change in Pre-Industrial Japan*, 1600-1868, Princeton: Princeton University Press, 1977.

Swap, W. C., "How Groups Make Decisions: A Social Psychological Perspective." *Group Decision Making*. Ed. W. C. Swap., A SAGE Publications, Inc., 1984.

Tajfel, H., "Experiments in Intergroup Discrimination," *Scientific America*, Vol. 223, 1970, pp. 96-102.

Tetlock, P. E., "An Alternative Metaphor in the Study of Judgement and Choice: People as Politicians," *Journal of Theory and Psychology*, Vol. 57, 1991, pp. 388-398.

Thaler, R., "Toward a Positive Theory of Consumer Choice," *Journal of Economic Behavior and Organization*, Vol. 1, 1980, pp. 39-60.

Thaler, R., "Mental Accounting and Consumer Choice," *Marketing Science*, Vol. 4, No. 3, 1985, pp. 199-214.

Tindale, R. S., "Group vs. Individual Information Processing: The Effects of Outcome Feedback on Decision Making," *Organizational Behavior and Human Decision Processes*, Vol. 44, 1989, pp. 454-473.

Tuckman, B. W. and Jensen, M. A. C., "Stages of Small Group Development Revisited ," *Group and Organizational Studies*, Vol. 2, 1977, pp. 419-427.

Tversky, A., "Elimination by Aspects: A Theory of Choice," *Psychological Review*, Vol. 72, 1972, pp. 281-299.

Tversky, A. and Kahneman, D., "The Framing of Decisions and the Psychology of Choice", *Science*, Vol.211, 1981, pp. 453-458.

von Neumannm J. and Morgenstern, O., *Theory of Games and Economic Behavior*, Princeton, NJ: Princeton University Press.

Williams, L. C., Business Decisions, Human Choices: *Restoring the Partnership between People and their Organizations*, Quorum Books, 1996.

찾 아 보 기

(ㅂ)

(ㅅ)

(ㅇ)

(ㅈ)

(ㅊ)

(기타)

과학적 의사결정과 선진사회

2008년 6월 20일 초판1쇄 인쇄
2008년 6월 25일 초판1쇄 발행

저 자 최 무 진
펴낸이 임 순 재
펴낸곳 한울출판사
등록 제11-403호
121-849
주 소 서울시 마포구 성산동 133-3 한올빌딩 3층
전 화 (02) 376-4298 (대표)
팩 스 (02) 302-8073
홈페이지 www.hanol.co.kr
e-메일 hanol@hanol.co.kr
정 가 12,000원

저자와의 협의하에 인지생략

• ISBN 978 - 89 - 8325 - 986 - 8